子どもの育ちと多様性に向き合う障害児保育

ソーシャル・インクルージョン時代における
理論と実践

小原敏郎・橋本好市・三浦主博　編

みらい

執筆者一覧

（五十音順　＊は編者）

井出　沙里 （神戸元町こども専門学校） ⋯⋯⋯⋯⋯⋯⋯⋯ コラム①、③、⑧、⑨

大城　亜水 （神戸常盤大学） ⋯⋯⋯⋯⋯⋯⋯⋯⋯⋯⋯⋯⋯ 第4章

越智　紀子 （京都光華女子大学） ⋯⋯⋯⋯⋯⋯⋯⋯⋯⋯⋯ 第12章

＊小原　敏郎 （共立女子大学） ⋯⋯⋯⋯⋯⋯⋯⋯⋯⋯⋯⋯⋯ 第11章

川島　直子 （頌栄短期大学） ⋯⋯⋯⋯⋯⋯⋯⋯⋯⋯⋯⋯⋯ 第10章

里見　達也 （山梨県立大学） ⋯⋯⋯⋯⋯⋯⋯⋯⋯⋯⋯ 第7章第4節

恒川　丹 （日本体育大学） ⋯⋯⋯⋯⋯⋯⋯⋯ コラム⑤、⑥、⑩、⑪

鳥海　順子 （山梨大学） ⋯⋯⋯⋯⋯⋯⋯ 第7章第1節、第7章第2節

中澤　幸子 （名寄市立大学） ⋯⋯⋯⋯⋯⋯⋯⋯⋯⋯⋯ 第6章第2節

西館　有沙 （富山大学） ⋯⋯⋯⋯⋯⋯⋯⋯⋯⋯⋯⋯⋯⋯⋯ 第1章

＊橋本　好市 （神戸常盤大学） ⋯⋯⋯⋯⋯⋯⋯⋯⋯⋯⋯⋯⋯ 第3章

氷室　綾 （武蔵野大学） ⋯⋯⋯⋯⋯⋯⋯⋯ 第7章第5節、第7章第6節

古屋　義博 （山梨大学） ⋯⋯⋯⋯⋯⋯⋯⋯ 第6章第1節、第6章第6節

松尾　寛子 （神戸常盤大学） ⋯⋯⋯⋯⋯⋯⋯⋯⋯⋯⋯⋯⋯ 第8章

松下　浩之 （山梨大学） ⋯⋯⋯⋯⋯⋯⋯⋯ 第6章第4節、第6章第5節

松好　伸一 （仙台白百合女子大学） ⋯⋯⋯⋯⋯⋯⋯⋯⋯⋯⋯ 第9章

＊三浦　主博 （仙台白百合女子大学） ⋯⋯⋯⋯⋯⋯⋯⋯⋯⋯⋯ 第5章

吉國　陽一 （田園調布学園大学） ⋯⋯⋯⋯⋯⋯⋯⋯⋯⋯⋯⋯ 第2章

義永　睦子 （武蔵野大学） ⋯⋯⋯⋯⋯⋯⋯⋯ 第6章第7節、第7章第3節

渡邊　恵梨佳 （神戸海星女子学院大学） ⋯⋯⋯⋯⋯ コラム②、④、⑦、⑫

渡邉　雅俊 （國學院大學） ⋯⋯⋯⋯⋯⋯⋯⋯⋯⋯⋯⋯⋯ 第6章第3節

は　じ　め　に

ソーシャル・インクルージョンの考え方とインクルーシブ保育の意義

　インクルーシブ（inclusive）保育という言葉が国内の保育領域に意識され始めてから久しく、近年に至り積極的にこの実践を展開し始めている保育所等が増えてきている。「児童の権利に関する条約」には、「児童の養育及び発達に関して保護者に第一義的責任を有すること、その保護者が児童の養育の責任を遂行できるよう適切な支援を可能とする設備・役務等の提供発展をさせることに関する締約国の責任」を明記している。さらに、「身体的、精神的な障害を有する児童が、その尊厳を確保し、自立を促進し、社会への積極的な参加を容易にする条件下で、十分かつ相応な生活を享受できるよう利用可能な手段や適切な支援を可能な限り無償で与えられ、当該児童が可能な限り社会への統合（ソーシャル・インクルージョン；social inclusion）及び個人の発達を達成することに資する方法が享受できるように」、と締約国への責任をも課している。

　ソーシャル・インクルージョンとは、子どもや大人、性別、文化慣習の異なる各民族・人種・国籍、性別、宗教、病気の有無、障害の有無、貧富の差等に関わりなく、すべての人がお互いの違いを受け入れ、尊重し合いながら同じ社会に包含しともに生きていく、という理念を指している。この理念の実践領域として、主に保育・教育・社会等における取り組みが展開されてきている。つまり、すべての人が社会の一員であるため、個人の背景や状態等に関わらず、その能力や特性を活かしてともに社会参加できる社会状態を目指す活動でもある。

　例えばソーシャル・インクルージョンを目指す方法論として、保育・教育分野での実践における「インクルーシブ保育（互いの異なりを認め合いながらともに育ち合おうとする養護と幼児教育）」や「インクルーシブ教育（ともに育ち合う学びと人格の涵養）」等があげられる。子どもたちを何らかの理由で分断するのではなく、違いを受け入れ認め合おうとするからこそ豊かに育ち合える、との視点からの取り組みを意図している。つまり、子ども個々の違いを理由に分断するのではなく、社会のなかで今を生活している子どもたちが、互いの状態（状況）や背景の多様性を踏まえながら受容し、各自の尊厳を認め合い、ともに支え合いながら育ち生きていこうという動機づけと、かかわり合いへの積極的行為を促していく実践である。

　このように、ソーシャル・インクルージョンは、すべての人が平等に参加できる社会を実現するための重要な理念（テーマ）であり、人間の生活にとってより豊かな社会を構築し

ていく礎ともなり得る実践である。その方法論の一つとなるインクルーシブ保育は、現在と未来の子どもの尊厳と権利の保障（尊重）への架け橋となり、それが多様性の理解と受容、共生社会構築への一翼を担っていくことになろう。特に、障害の有無にかかわりなく子どもがともに同じ場所（環境下）で時間を過ごし、遊び、学び、発達し、成長していくことは、双方の経験知を高め合い、互いの多様性への受容につながり、社会に包含（inclusion）しあうことの当たり前（感覚）を培い、共生社会の基礎を担うことになる。したがって、本来のインクルーシブ保育とは、障害の有無に焦点を当てた子どもへの保育実践のみを意図するものではなく、多様な人種や民族をはじめ社会階層等の相違により、保育を受けることから排除されている子どもたちすべてを包含した保育を保障していくことを目指す理念であり、取り組み（実践）でなければならない。そのためには、ソーシャル・インクルージョンに関する私たち一人ひとりの理解と協力が不可欠なのである。

本書の特徴と構成

　本書は「指定保育士養成施設の指定及び運営の基準（厚生労働省子ども家庭局長通知（2018（平成30）年4月27日））」に基づく保育士養成課程「障害児保育　教授内容」に準じているため、多様な背景を有する児童のなかから児童福祉法の規定に基づく障害児を主とした特別な支援を必要とする児童に焦点を当てた内容としている。本書の目的は、保育現場等において児童が障害の有無や個人・家族の背景等にとらわれず、すべての子どもをインクルージョンされ、社会の一員としてその育ちと生活を支え、社会参加できるように、保育士をはじめとする保育者及び保育士養成関係者が、インクルーシブ保育（障害児保育）に関する理解と知識を深め、次代の保育のあり方を考えていくことにある。つまり、「障害者の権利に関する条約」に明記されている「障害者が地域社会に完全に包容されること」を目指して、保育現場及び教育現場から一人の子どもも排除しない保育実践を展開・拡充していくための知識や方法、配慮事項等、保護者支援を主眼に構成している。

　本書が、保育関係専門職を始めその養成を担う者、将来保育実践現場での活躍を目指す人たちに役立つ書籍となれば幸甚である。そして、ソーシャル・インクルージョンの基礎となるインクルーシブ保育を通して育った子どもたちが、ともに支え合いながら生きていく未来の社会を担ってくれることを期待したいと願ってやまない。ただし、わが国では歴史的にも浅いこの理念と実践であるため、本書には不十分な点もあることを承知している。本書を通して、建設的なご教示をいただけると幸いである。

謝辞

　この場でお断りとご了解をお願いしたい。「障害」という表現について、上記の理念と近年の動向に鑑みて、マイナスイメージを軽減するために「障」や「害」を「しょう」「碍」「がい」と表記すべきでないかとのご指摘があろう。英語表記でいうところの a disabled child" ではなく "a child with a disability (disabilities)"、日本語表記でいうところの「障害児」ではなく「障害のある子ども」、このように英語・日本語ともに表記に語意（彙）的差異がある。これは、子どもをとらえる視点と、子ども観の違いにもよるのであろう。執筆陣は、まず「一人の子ども」「子どもに障害がある」「障害があっても一人の子ども」とする、子どもを主とした考え方に立脚している。しかしながら、わが国の法的・制度的、また社会福祉・保育関係資格養成課程カリキュラム（シラバス等）においては、「障害」「障害児・障害者」「障害児保育」といった用語を適用している。したがって、保育士養成課程にも準じた本書では、この点を顧みないわけにはいかないため忸怩たる思いであるが、「障害・障害児」表記としている。

　換言すれば、わが国における障害福祉領域や実践現場や行政において、理念・思想的に統一した見解の基での適切な表現を導き出せていない現状と表裏の関係であり、今後の大きな課題の一つとして認識すべき点である。これは「健常児」という表現もまた然りである。このように「障害・障害児・障害者」の表現方法について、さまざまな解釈と多くの議論の余地が依然として残されている現在、本書ではあえて上記の表現を使用していることをご理解いただきたい。執筆陣は、社会的な用語の改善へと繋がるソーシャル・アクションへの契機としても期待しつつ使用していることを併せてご理解いただけると幸いである。

　末尾ながら、日常業務の忙しいなか、インクルーシブ保育のさらなる発展と充実のために、本書が有用されることを願いながらご協力頂きました執筆者の皆様には、改めて感謝申し上げます。

　また、本書の出版にあたり、（株）みらい企画編集一課の三浦敬太氏には、細部に渡るご教示と編集へのご尽力を賜わりましたこと、この場をおかりして心より御礼申し上げます。

2024年3月

編　者

Contents 目次

はじめに　3

第1章　障害児保育に関する理念・定義と動向

1. 障害児保育に関する理念 ———————————————————————————— 11
2. 私たちが目指す社会 ————————————————————————————— 11
　■ 私たちが目指すべき社会のあり方を示す概念　12　　■ 多様性や障害についての理解の促進　14
3. インクルーシブ保育 ————————————————————————————— 16
　■ インクルージョンが保育や教育に導入された経緯　16
　■ 保育所等に在籍している障害のある子どもの現状　20
　■ インクルーシブ保育とは　21
　■ インクルーシブ保育とそれ以前の保育は何が違うのか　22
　■ インクルーシブ保育の実現に向けた動きと今後の課題　24

Column 1　誰もが笑い合って、育つ！　インクルーシブ保育　26

第2章　障害児保育の歴史的変遷と現代への基盤構築

1. ソーシャル・インクルージョンの理念に至る国際動向 ————————————— 27
　■ ノーマライゼーションの登場まで　27　　■ ソーシャル・インクルージョンの普及　30
2. わが国における障害児に対する教育・保育の歩み ——————————————— 32
　■ 戦前の障害児に対する教育・保育の歩み　32
　■ 戦後の障害児に対する教育・保育の歩み―養護学校義務制実施以前―　34
　■ 養護学校義務制実施をめぐって　35　　■ 特別支援教育への転換から現代まで　36

Column 2　同じを求めなくていい、それぞれ違うからこそその良さ、ダイバーシティのいま　42

第3章　障害というとらえ方

1. 障害とインクルージョン ————————————————————————— 43
2. 障害（者）の見え方 ————————————————————————————— 44
　■ 歴史的経緯のなかの「障害観」　44　　■ 障害観と4つのバリア　45
3. 障害の概念と定義 ―障害の考え方― ——————————————————— 46
　■ それは弱くもろい社会　46　　■ ICIDHの特徴と概念　47　　■ ICFへの変遷　49
4. 新たな障害観 ——————————————————————————————— 50
　■ ICFの特徴と概念　50　　■ ICFがもたらした意義　51
5. インクルーシブ保育という視点 ————————————————————— 53
　■ インクルーシブ保育の実践的視点　53　　■ インクルーシブ保育がもたらす意義　54

Column 3　あわせて考えたい障害と障壁　56

第4章 障害児保育に関する法律・制度

1. 障害児を支える社会的仕組み ⋯⋯⋯⋯⋯⋯⋯⋯⋯⋯⋯⋯⋯⋯⋯⋯⋯⋯⋯⋯⋯⋯⋯⋯⋯⋯ 57
   1 障害児支援の基本方針 57 　　**2** 障害児への支援やサービスを提供する仕組み 59
   3 障害児への支援やサービスを提供するこども家庭庁の組織体制 61 　　**4** 障害児保育の権限と責務 62

2. 障害児保育の運営と利用 ⋯⋯⋯⋯⋯⋯⋯⋯⋯⋯⋯⋯⋯⋯⋯⋯⋯⋯⋯⋯⋯⋯⋯⋯⋯⋯⋯⋯ 63
   1 指針・要領に示されている障害児に関する事項 63 　　**2** 障害児支援施設からみる障害児対応 64
   3 手帳制度と種類 66

3. 障害児保育の推進に向けて ⋯⋯⋯⋯⋯⋯⋯⋯⋯⋯⋯⋯⋯⋯⋯⋯⋯⋯⋯⋯⋯⋯⋯⋯⋯⋯⋯ 67
   1 障害児の現況と受入動向 67 　　**2** 障害児保育の促進と地域支援の強化 69

Column 4 こどもファーストの支援と家族支援のこれから 71

第5章 障害の特性理解と日常の配慮

1. 日本における障害の分類 ⋯⋯⋯⋯⋯⋯⋯⋯⋯⋯⋯⋯⋯⋯⋯⋯⋯⋯⋯⋯⋯⋯⋯⋯⋯⋯⋯⋯ 72
2. 身体障害 ⋯⋯⋯⋯⋯⋯⋯⋯⋯⋯⋯⋯⋯⋯⋯⋯⋯⋯⋯⋯⋯⋯⋯⋯⋯⋯⋯⋯⋯⋯⋯⋯⋯⋯⋯ 73
   1 肢体不自由 73 　　**2** 視覚障害 75 　　**3** 聴覚障害 77 　　**4** 話し言葉の障害 78
3. 知的障害 ⋯⋯⋯⋯⋯⋯⋯⋯⋯⋯⋯⋯⋯⋯⋯⋯⋯⋯⋯⋯⋯⋯⋯⋯⋯⋯⋯⋯⋯⋯⋯⋯⋯⋯⋯ 80
   1 知的障害とは 80 　　**2** 知的障害の原因 81 　　**3** 知的障害の分類 82
   4 ダウン症候群 82 　　**5** 日常の配慮 82
4. 発達障害 ⋯⋯⋯⋯⋯⋯⋯⋯⋯⋯⋯⋯⋯⋯⋯⋯⋯⋯⋯⋯⋯⋯⋯⋯⋯⋯⋯⋯⋯⋯⋯⋯⋯⋯⋯ 83
   1 発達障害とは 83 　　**2** 自閉スペクトラム症（ASD） 84
   3 注意欠如・多動症／注意欠陥多動性障害（ADHD） 87 　　**4** 学習障害（LD） 88
5. 気になる子ども ⋯⋯⋯⋯⋯⋯⋯⋯⋯⋯⋯⋯⋯⋯⋯⋯⋯⋯⋯⋯⋯⋯⋯⋯⋯⋯⋯⋯⋯⋯⋯⋯ 89
   1 気になる子どもとは 89 　　**2** 気になる子どもの典型的な行動 90
   3 気になる子どもの行動の原因や背景 90 　　**4** 気になる子どもを保育することの難しさ 90

Column 5 集団遊びにおける保育士の配慮 92

第6章 障害児の発達支援 ～障害特性をふまえて～

1. 肢体不自由児 ⋯⋯⋯⋯⋯⋯⋯⋯⋯⋯⋯⋯⋯⋯⋯⋯⋯⋯⋯⋯⋯⋯⋯⋯⋯⋯⋯⋯⋯⋯⋯⋯ 93
   1 肢体不自由について 93 　　**2** 肢体不自由児への発達支援 95
2. 視覚障害・聴覚障害・言語障害児 ⋯⋯⋯⋯⋯⋯⋯⋯⋯⋯⋯⋯⋯⋯⋯⋯⋯⋯⋯⋯⋯⋯⋯⋯ 97
   1 視覚障害児への発達支援 97 　　**2** 聴覚障害児への発達支援 99 　　**3** 言語障害児への発達支援 100
3. 知的障害児 ⋯⋯⋯⋯⋯⋯⋯⋯⋯⋯⋯⋯⋯⋯⋯⋯⋯⋯⋯⋯⋯⋯⋯⋯⋯⋯⋯⋯⋯⋯⋯⋯⋯⋯ 101
   1 保育所・幼稚園・認定こども園等における知的障害児の特徴 101 　　**2** 知的障害児の支援方法 102
4. 発達障害児① ADHD・LD ⋯⋯⋯⋯⋯⋯⋯⋯⋯⋯⋯⋯⋯⋯⋯⋯⋯⋯⋯⋯⋯⋯⋯⋯⋯⋯⋯ 105
   1 ADHD (Attention Deficit/Hyperactivity Disorder) 106
   2 LD (Learning Disorder/Learning Disabilities) 107

Contents
目次

5. 発達障害児②　ASD等 ———————————————————————— 108
　■1 障害特性の理解　109　　　■2 保育における配慮事項と環境設定　110

6. 重症心身障害児・医療的ケア児 ————————————————————— 113
　■1 重症心身障害児への発達支援　113　　　■2 医療的ケア児への発達支援　116

7. その他、特別な配慮を要する子ども ————————————————— 117
　■1 共生社会の形成へ向けて「特別な配慮を要する」対象の広がり　117
　■2 障害の他にも特別な配慮を要する子ども　118
　■3 特別な配慮を要する子どもの問題の理解、アセスメント　121

Column 6　発達に遅れが見られる子どもの食事場面　124

第7章　障害児等の特別な配慮を要する子どもの保育の実際

1. 個別の保育支援計画（教育支援計画）及び個別の指導計画の作成 ———————— 125
　■1 個別の保育支援計画（教育支援計画）及び個別の指導計画の意義　125
　■2 個別の指導計画の作成方法　127

2. 発達を促す生活や遊びの環境 ———————————————————————— 130
　■1 保育における環境の種類と特徴　130　　　■2 発達を促す生活の環境　131
　■3 発達を促す遊びの環境　132

3. 子ども同士のかかわりと育ち合い ————————————————————— 134
　■1 子どもたちにとっての「特別な配慮・支援」と「特別扱い」の違い　134
　■2 子どもの疑問からはじまる他者理解と多様性の受容　134　　　■3 子ども自身の「他者理解」力を育む　136
　■4 子どもたちの育ち合いを育む　137　　　■5 子どもたちがかかわり合い育ち合う環境づくり　139

4. 障害児保育における子どもの健康と安全 ————————————————— 139
　■1 健康状態を把握する視診　140　　　■2「いつもの健康状態」から「いつもと違う健康状態」を把握　140
　■3 障害の重い子どもにとっては生活リズムが大切　141　　　■4 緊急時の対応　143
　■5 安心・安全な環境づくり　144

5. 職員間の連携・協働 ————————————————————————————— 144
　■1 職員間の連携・協働の必要性　144　　　■2 保育所における連携・協働の実際　145
　■3 保育所以外の施設における連携・協働　148　　　■4 連携・協働において大切にしたいこと　148
　■5 連携・協働における留意点　149

6. 専門家の巡回指導と協働 ————————————————————————— 149
　■1 巡回相談（巡回指導）とは　149　　　■2 巡回相談の実際　150
　■3 施設内での巡回相談の活用と協働　152

Column 7　色とりどりの子どもたち　154

第8章 障害児の生活理解と「困りごと」に求められる視点

1. 子どもの生活を支援する ──────────────────────────────── 155
   1 生活を支援する際の基本的事項　155　　**2** 生活を基盤とした支援　156

2. 障害児の生活上の課題 ──────────────────────────────── 156
   1 子どもが困っていることは何かを理解する　157　　**2** 子どもの行動には意味があることを理解する　158

3. 子どもの困りごとにかかわる保護者への支援 ────────────────── 158
   1 生活習慣　158　　**2** 戸外や外出時の行動　160　　**3** その他の行動　161

4. 保育の場における困りごとに求められる視点 ────────────────── 161
   1 集団活動　162　　**2** 遊びの場面　162

5. 保育場面における有意義な活動となるために ────────────────── 163
   1 1日の行動を具体的に示す　164　　**2** 子どもの強み（ストレングス）を知る　165
   3 双方の関係性構築のために　166

6. 障害児の生活理解に求められる視点 ─────────────────────── 166

Column 8 　今をよりよく自分らしく生きていきたい　167

第9章 障害児保育からソーシャル・インクルージョンへの広がり

1. 保育所・幼稚園・認定こども園における障害児保育の理念 ───────── 168

2. 障害児保育を通した家族支援 ─────────────────────────── 169
   1 障害の気づきと家族支援　169

3. 障害児保育とソーシャル・インクルージョン ───────────────── 173
   1 保育所・幼稚園・認定こども園におけるかかわり　173　　**2** 保育ニーズと合理的配慮　174
   3 「その子どものことを知る」ことと障害児保育　176

Column 9 　ソーシャル・インクルージョンの理念実現と合理的配慮って？　178

第10章 障害児の就学支援に向けた保護者ニーズと保護者・家庭への支援

1. 就学に向けた保護者の思い ──────────────────────────── 179
   1 子どもが抱える就学に対する不安やストレス　179　　**2** 保護者が抱える就学に対する不安やストレス　180
   3 保護者の不安を受容する　181　　**4** 相談できる環境　181　　**5** 保護者や保育士など人とのつながり　181
   6 児童発達支援センターとの連携　182

2. 就学支援までのプロセス ──────────────────────────── 183
   1 併用利用の仕組み　183　　**2** 就学先決定の仕組み　183

Column 10 　障害のある子どもの就学支援に向けた取り組み　186

第11章 障害児保育実践における家庭・関係機関との連携
〜ネットワークの意義と実際〜

1. 共生社会におけるネットワークの重要性 187

2. 連携の際に保育者に求められる基本的な考え方 188
   1 子どもや保護者が主体となる連携が求められる　188
   2 チームとして子どもの思いや育ちを共有することが求められる　188
   3 家庭や関係機関をよく知ろうとする姿勢が求められる　188
   4 対等な立場での連携が求められる　189　　5 個人情報の管理を徹底する　189

3. 家庭との連携・協働の実際 190
   1 家庭との連携の際に保育者に求められる専門性　190
   2 「家庭」「園・保育者」「関係機関」の関係性　190
   3 「家庭」を支援するために「園・保育者」「関係機関」が協働している関係を構築するには　192

4. 地域・自治体・関係機関との連携・協働の実際 192
   1 関係機関の理解　192　　2 関係機関を利用するプロセスを理解する　194
   3 関係機関との情報共有について　196

5. 就学支援と小学校との連携 196
   1 小学校との連携の取り組み　196　　2 「小1プロブレム」への対応について　197
   3 障害のある子どもの就学について　198

   Column 11　児童発達支援センターから保育所に転園した子どもへの支援　199

第12章 障害児（インクルーシブ）保育にかかわる現状と課題

1. 医療・保健における現状と課題 200
   1 多様な医療的ニーズのある子どもの増加　200　　2 医療・保健における課題　202

2. 福祉・教育における現状と課題 205
   1 障害や病気のある子どもとライフステージを通じた包括的支援　205
   2 障害児の支援体制と保育所等の役割　206　　3 福祉・教育における課題　208

3. 支援の広がりとつながり 210
   1 児童発達支援・放課後等デイサービス　210　　2 民間団体・ボランティアの活動　211

   Column 12　子どもと保護者（養育者）にとって就学はターニングポイント　214

索引　217

第 1 章

障害児保育に関する理念・定義と動向

学びのポイント

本章では、障害児保育を実践するにあたり理解しておく必要のある理念について学ぶ。障害児保育を行うにあたり何を大切にしなくてはいけないのか、どのような視点で保育を進めていけばよいかを知ることで、これ以降の学習を適切に、効率よく進めることができる。特に、インクルージョンの理念を理解しておくことが不可欠であるため、保育や教育の分野で広まっているインクルージョンの理念や、それに基づくインクルーシブ保育について説明する。また、私たちが目指す社会とはどのようなものであるかというマクロな視点から、保育や教育が果たすべき役割を考えることも大切なことである。そのため、後の章においても登場するソーシャル・インクルージョンや共生社会といった概念についても取り上げ、その定義などについて説明する。

1. 障害児保育に関する理念

　理念とは、ある事柄についての根本的な考え方を示すものであり、時代の移り変わりやそれに伴う社会の状況の変化に応じて改変されることがある。障害児保育の理念も、障害児の個の育ちに目が向けられ、治療や訓練によって障害の軽減を図り、その発達を促すことに重きが置かれていた時代から、集団のなかでの障害児の育ちにも目が向けられ、障害のある子どもと障害のない子どもがともに過ごすことのできる環境を整備すべきであるとする時代へと、徐々に変化してきている。そして、障害のある子どもに限らず、通常の保育を受けるにあたって何らかの困難がある子どもはすべて特別なニーズを有しているととらえ、一人ひとりの特性やニーズに応じた保育を行うとともに、多様な子どもが相互に育ちあえるような保育を行うべきであるという考え方が広まりつつある。多様な子どもが「育ちあう」という表現からわかるように、どのような子どもも可能な限り同じ場で保育を受けられる環境を整えることが基本的な方向性となっている。このような考え方に基づく保育は、「インクルーシブ保育」と呼ばれている。

2. 私たちが目指す社会

　インクルーシブ保育について取り上げる前に、私たちが目指す社会とはどのようなものであるかを確認していく。インクルーシブな保育や教育と、私たちが目指す社会とのつながりを考えることで、保育や教育の果たすべき役割についての理解が深まるであろう。

1 ソーシャル・インクルージョン（Social Inclusion）

インクルージョン（Inclusion、「包摂」「包容」など）という概念は、保育や教育の分野に導入される以前から、社会福祉分野などにおいて用いられてきた。その発端は、1970年代から経済格差の問題や社会的に排除される人たちの問題が議論されるようになったヨーロッパにおいて、ソーシャル・エクスクルージョン（社会的排除）の問題を解決するために目指すべき方向性として、ソーシャル・インクルージョン（社会的包摂）という表現が用いられたことにあるとされている。

わが国では、当時の厚生省が2000（平成12）年に「社会的な援護を要する人々に対する社会福祉のあり方に関する検討会」の結果を取りまとめた報告書において、ソーシャル・インクルージョンを「全ての人々を孤独や孤立、排除や摩擦から援護し、健康で文化的な生活の実現につなげるよう、社会の構成員として包み支え合う」[1]と説明している。

2 共生社会

わが国では、教育や保育、社会福祉の分野において「共生社会」という理念が掲げられることが少なくない。内閣府の「共生社会形成促進のための政策研究会」は表1－1に示したように「共生社会を構成する5つの軸」を、個人のあり方、個人と個人の関係のあり方、個人と集団との関係のあり方、社会における関係の集合と整理している[2]。また、5つの軸に対応する社会像として「それぞれの軸がもたらす社会像」を示している。その上で、例えば障害者分野に関する政策を考える際にも、この5つの社会像をもとに現状や課題をとらえることを提案している。同研究会は、5つの社会像に基づいて、障害者分野における共生社会のキーワードを表1－1の「障害者分野におけるキーワード」のように整理している。なお、同研究会は共生社会の概念を整理するにあたって、ソーシャル・インクルージョンやソーシャル・エクスクルージョンの考え方も参考にしている。そのことは、例えば表1－1の③の「障害者分野におけるキーワード」において、排除がないことを共生社会の不可欠な要素として含めていることに現れていると言える。

これ以降に制定、改正された法律や政策では、この研究会における概念の整理が活用されていることがうかがえる。例えば、2013（平成25）年に改正された障害者基本法において、共生社会は「全ての国民が、障害の有無によっ

表1-1　共生社会を構成する5つの軸と各軸がもたらす社会像・導き出される障害者分野における
キーワード

	共生社会を構成する5つの軸	それぞれの軸がもたらす社会像	障害者分野におけるキーワード
①	**個人のあり方** 他者と共生できる自分・自己があるか	各人が、しっかりとした自分を持ちながら、帰属意識を持ちうる社会	目指すべき共生社会では、障害のある人が、学校や職場、地域などに帰属しながら、社会の一員としての役割を自覚し、ともに在る社会に愛着を感じることができる。
②	**個人と個人の関係のあり方** 異質な他者と関係を持つ力を備えているか	各人が、異質で多様な他者を、互いに理解し、認め合い、受け入れる社会	目指すべき共生社会では、国民一人ひとりが、障害者の立場に立って障害についての関心と理解を持ち、障害のある人が社会の対等な構成員として人格や個性を尊重される。
③	**個人と集団との関係のあり方（ⅰ）** 社会へのアクセスが不当に阻害されていないか	年齢、障害の有無、性別などの属性だけで排除や別扱いされない社会	目指すべき共生社会では、障害のある人がさまざまな面で壁（バリア）や排除を感じることがなく、だれにとっても安全に安心して生活し、社会に参加しやすい環境が実現している。
④	**個人と集団との関係のあり方（ⅱ）** 積極的に自分から社会にアクセスしているか	支え、支えられながら、すべての人がさまざまな形で参加・貢献する社会	目指すべき共生社会では、障害のある人もない人もそれぞれの状況に応じて社会の諸活動に参加・貢献し、障害のある人の社会的自立と活動を支えるような、社会の基盤が整っている。
⑤	**社会における関係の集合** 社会のなかに自発的かつ多様な関係が張りめぐらされているか	多様なつながりと、さまざまな接触機会が豊富に認められる社会	目指すべき共生社会では、障害のある人に対する気配りと障害の有無にかかわらない信頼関係のなかで、さまざまな機会や場で障害のある人とない人がかかわりを持つことができる。

出典：小野達也「共生社会の構想と指標体系—内閣府の試みについて.」pp.5-41 をもとに筆者作成

て分け隔てられることなく、相互に人格と個性を尊重し合いながら共生する社会」であるとされている。特別支援教育の在り方に関する特別委員会の報告書においても、共生社会とは「これまで必ずしも十分に社会参加できるような環境になかった障害者等が、積極的に参加・貢献していくことができる社会である。それは、誰もが相互に人格と個性を尊重し支え合い、人々の多様な在り方を相互に認め合える全員参加型の社会である」[3] と説明されている。

3 SDGs（Sustainable Development Goals：持続可能な開発目標）

　SDGsとは、2015（平成27）年に国際連合（国連）において採択されたものであり、「誰一人取り残すことのない多様性と包摂性のある社会であって、かつ持続可能な社会」の実現を目指すために立てられた目標のことである。①貧困、②飢餓、③保健、④教育、⑤ジェンダー、⑥水・衛生、⑦エネルギー、⑧経

済成長・雇用、⑨イノベーション、⑩不平等、⑪都市、⑫生産・消費、⑬気候変動、⑭海洋資源、⑮陸上資源、⑯平和、⑰実施手段という17のテーマのそれぞれについて、2030（令和12）年までに達成すべき目標が立てられている。わが国では、2016（平成28）年に総理大臣を本部長とし、全閣僚を構成員とするSDGs推進本部が設置され、実施指針が策定された。

　障害児保育に関連する目標についてみると、④教育では、すべての乳幼児が質の高いケアと就学前教育を受けられるようにすること、障害のある子どもがあらゆる教育を平等に受けられるようにすること、障害に配慮した教育施設を整え、安全で非暴力的、包摂的、効果的な学習環境を提供できるようにすることが示されている。また、⑩不平等では、年齢、性別、障害、人種、民族、出自、宗教、あるいは経済的地位その他の状況に関わらず、すべての人の能力の強化と社会的、経済的、政治的な包含を促進すること、差別的な法律や政策、慣行をなくし、適切な関連法規、政策、行動の促進などを通じて、機会均等を確保し、成果の不平等を是正することが示されている。

2 多様性や障害についての理解の促進

1 ダイバーシティ（diversity）の理解

　ダイバーシティは、用語そのものは「多様性」という意味であり、人を対象とする場合には、社会や集団のなかに多種多様な人が共存している状態を指す。ダイバーシティとインクルージョンの関係について、竹下幸男らは複数の文献から、ダイバーシティはインクルージョンの前提となる「多様性のある状態」を指し、その人々の多様なあり方（ダイバーシティ）を尊重し、包含することがインクルージョンであると説明できるとしている[4]。

　また、多様性への理解を促すための教育が必要であるという考えから、そのような教育をダイバーシティ教育と呼び、定義づけを試みる文献もある。例えば、韓昌完らはダイバーシティ教育を「人種、年齢、性別、障害の有無、身体的条件、宗教、価値観、社会経済的状況などの多様な背景を有する他者と共に学ぶことによって、その多様性を理解し、敬意を育む教育」[5]と定義し、インクルーシブ教育が行われる場において、多様性に関する子どもの理解を促すための教育方法であると位置づけている。渡邉健治らは「ダイバーシティを受け入れ、互いに多様性に配慮し、多様性を尊重し合う態度や行動を醸成する教育」[6]と定義している。

2 障害理解

　表1−1の②にあげられた「障害者分野におけるキーワード」にあるように、共生社会の実現においては、市民が障害についての関心と理解を持つことが必要であるとされている。そもそも、障害を理解するとはどういうことであろうか。徳田克己らは、障害理解を「障害のある人に関わるすべての事象を内容としている人権思想、特にノーマライゼーション*1の思想を基軸に据えた考え方であり、障害に関する科学的認識の集大成である」7)と定義づけている。また、徳田らは、障害者に関する理解は「する、しない」という一次元的なものではなく、障害者の完全参加と平等という目標にどのくらい近づいているかが問われるものであるとしている8)。

　市民が同じ社会の一員として、かつ対等な存在として障害のある人と付き合おうとする態度の形成や行動の発現を目標にして行われる教育は障害理解教育と呼ばれている。障害理解教育においては、障害がある人の存在に気づくところから始まり、障害や障害者の生活などについて正しく知ることの積み重ねによって、障害に関する適切な認識（科学的認識）を形成することが目指されている。例えば、目が見えないとはどういうことかを知識のない状態で想像すれば、「一人ではできないことが多い」「暗闇の世界で常に怖い思いをしている」といった誤解が生じやすい。このような誤解は、障害者を対等な存在であると受け止める際の弊害となってしまうことがある。したがって障害理解教育では、さまざまな障害について適切な認識を形成するための幅広い知識を得ていくことが重視されている。また、そのためには段階的かつ系統的な教育の実施が必要であるとされている。

3 合理的配慮

　合理的配慮とは、障害のある人が他の人と平等にいろいろなことができるように、障害者が生活を営むにあたって何らかの困りごとが生じたり、バリアがあったりした場合に、配慮をする側に過度の負担がかからない範囲で、必要かつ適当な変更や調整をすることを言う。例えば、車いす使用者がある施設を利用する際に、段差によって建物に入れず困っていたら、その段差にスロープ（傾斜）を設置するか、それが難しければ施設のスタッフが介助するなどによって、他の人と同じように建物にアクセスしたり、そこで用事を済ませたりできるようにするということである。

　合理的配慮という用語は、2006年に国連で採択された「障害者の権利に関する条約（障害者権利条約）」において用いられた "reasonable accommodation"

*1　ノーマライゼーション (Normalization)
　　第2章参照。

という言葉を、外務省が訳したものである。わが国では、「障害を理由とする差別の解消の推進に関する法律（障害者差別解消法）」において、行政機関等や事業者は障害のある人に対して合理的配慮を提供しなくてはならないと定められている。2021（令和3）年には障害者差別解消法が改正され、2024（令和6）年から事業者による合理的配慮の提供が義務づけられる。内閣府は合理的配慮の提供等事例集をまとめ、この取り組みの普及と浸透を図っている。

3. インクルーシブ保育

インクルーシブ（inclusive）は"包括的な"などと訳されるので、インクルーシブ保育という言葉は、そのまま訳せばすべての子どもを包みこむ保育という意味になる。それでは、すべての子どもを包みこむ保育とは、具体的にはどのような保育のことを言うのであろうか。このことについて、インクルーシブ保育という概念が生まれた経緯や保育所等に在籍している障害児の現状をふまえながら、読み解いていこう。

1 インクルージョンが保育や教育に導入された経緯

わが国の保育や教育にインクルージョンという概念が導入されたきっかけは、「サラマンカ宣言」や障害者権利条約にあるとされている。サラマンカ宣言（1994年）は、UNESCO（United Nations Educational, Scientific and Cultural Organization：国連教育科学文化機関）とスペイン政府によって開催された「特別なニーズ教育に関する世界会議」で話し合われた内容が取りまとめられたものである。一方、障害者権利条約（2006年）は、障害者の基本的人権や自由を保障し、障害者の尊厳を尊重するために、国連において採択されたものである。

1 サラマンカ宣言

サラマンカ宣言では、すべての子どもには教育を受ける権利があり、「万人のための教育（Education for All：EFA）」を実現するために、通常の教育を受けるにあたって何らかの困難がある子どもはすべて特別な教育的ニーズ（Special Educational Needs）[*2] を持つととらえて、その多様なニーズに応えることのできる教育システムを作らなくてはならないとされた。また、特別な教育的ニーズを持つ子どもたちは、通常の学校に通うことができ、そこで子ども中心の教

*2 **特別な教育的ニーズ（Special Educational Needs）**
　1978年にイギリスのメアリー・ウォーノック（Warnock, M.）を議長とする委員会報告において用いられた概念で、従来の医学的視点による障害カテゴリーにとらわれずに子どもの学習支援を可能にするために導入された。学習に困難を抱える子どもであれば明確な障害のない子どもも含まれる。

育（child-centered program）を受けられるようにすべきであるとされた。

　UNESCOは2005年にインクルージョンについてのガイドライン「Guideline for Inclusion: Ensuring Access to Education for All」をまとめている。そのなかで、インクルージョンは、一部の人たちが差別や排除を受けることなく教育を受けるために必要な概念であり、これを基本理念として教育プログラムを作っていくことが、万人のための教育（EFA）の達成において重要であると説明している。

2 障害者の権利に関する条約（障害者権利条約）

　障害者権利条約においては、第24条に「あらゆる段階において障害者を包容する教育制度（インクルーシブ教育システム：Inclusive Education System）及び生涯学習を確保する」ことが示された。また、障害のある子どもへの教育については無償の義務教育から排除されないこと、生活する地域で質の高い教育が受けられること、合理的配慮（reasonable accommodation）が提供されること、一般的な教育制度の下で必要な支援を受けられること、完全な包容という目標に合致する効果的で個別化された支援措置がとられることの実現を目指さなくてはならないとされた。

　なお、この条約では障害者差別についても定義されている。それによると、差別とは「障害に基づくあらゆる区別、排除又は制限であって、政治的、経済的、社会的、文化的、市民的その他のあらゆる分野において、他の者との平等を基礎として全ての人権及び基本的自由を認識し、享有し、又は行使することを害し、又は妨げる目的又は効果を有するもの」を言い、合理的配慮の否定を含んだあらゆる形態の差別を意味するとしている。つまり、障害を理由にして区別したり排除したり制限したりすること、障害者の人権や自由を奪うことに加えて、障害者のために必要な合理的配慮をしようとしないことも差別にあたるとされたのである。

3 インクルーシブ教育と特別支援教育

　わが国では、インクルーシブ教育システムを構築するにあたって、障害のある子どもが生活する地域のなかで、その地域にいる子どもとともに学んだり、その地域の人たちと交流したりできる環境を整えるとともに、障害のある子どもへの教育を充実させることが必要であると考えられた。これまでの障害児教育は「特殊教育」と呼ばれ、障害の種類や程度に応じた教育の場で、子どもの特性や状態に合わせて実施されていた。しかし、障害の重度・

重複化や通常の学校における発達障害児の存在の認知などにより、障害児教育のさらなる充実が必要とされた。そこで、2007（平成19）年に学校教育法が一部改正され、これまでの特殊教育で対象とされてきた視覚障害、聴覚障害、言語障害、知的障害、肢体不自由、病弱・虚弱、情緒障害だけでなく、ADHDやLD[*3]などの発達障害も対象に含まれることになった。また、特別支援学校や小・中学校、医療・福祉機関等が連携協力する支援体制のなかで、子ども一人ひとりの教育的ニーズに応じて教育が行われることになった。さらに、教育の名称も「特殊教育」から「特別支援教育」に改められた。

＊3　ADHDやLD
第5章参照。

　特別支援教育では、障害児一人ひとりのニーズに応じた教育を行うために、個別の教育支援計画や個別の指導計画を作成することになっている。個別の教育支援計画というのは、乳幼児期から学校を卒業した後までの長期的な視点で、一貫した的確な教育的支援を行うことを目的に作成されるものである。個別の指導計画は、教育支援計画や学習指導要領などをふまえて、1年間の指導の目標や内容などを具体的に示したものである。

　インクルーシブ教育は、「あらゆる段階において障害のある子どもを包容する教育」のことを指しており、障害児を排除することなく教育を行うという観点を示している。これに対して、特別支援教育は「障害のある子どもに対する教育」を指す。特別支援教育の在り方に関する特別委員会が2012（平成24）年にまとめた報告書「共生社会の形成に向けたインクルーシブ教育システム構築のための特別支援教育の推進」には、特別支援教育はインクルーシブ教育システムの構築に不可欠なものであり、表1-2の3つの考え方に基づいて進められるべきであるとされている。また、障害児に対しては、でき

表1-2　特別支援教育の考え方

①	②	③
障害のある子どもが、その能力や可能性を最大限に伸ばし、自立し社会参加することができるよう、医療、保健、福祉、労働等との連携を強化し、社会全体の様々な機能を活用して、十分な教育が受けられるよう、障害のある子どもの教育の充実を図ることが重要である。	障害のある子どもが、地域社会の中で積極的に活動し、その一員として豊かに生きることができるよう、地域の同世代の子どもや人々の交流等を通して、地域での生活基盤を形成することが求められている。このため、可能な限り共に学ぶことができるよう配慮することが重要である。	特別支援教育に関連して、障害者理解を推進することにより、周囲の人々が、障害のある人や子どもと共に学び合い生きる中で、公平性を確保しつつ社会の構成員としての基礎を作っていくことが重要である。次代を担う子どもに対し、学校において、これを率先して進めていくことは、インクルーシブな社会の構築につながる。

出典：特別支援教育の在り方に関する特別委員会「共生社会の形成に向けたインクルーシブ教育システム構築のための特別支援教育の推進（報告）」
https://www.mext.go.jp/b_menu/shingi/chukyo/chukyo3/044/attach/1321669.htm（2023年11月17日閲覧）

る限り障害のない子どもと同じ場でともに学べる環境を整えつつ、通常の学級、通級による指導、特別支援学級、特別支援学校といった連続性のある多様な学びの場を用意し、適切かつ効果的な教育を受けられるようにすることが必要であるとされている。

4 保育所保育指針や幼稚園教育要領の改訂

　上記の流れを受けて、保育所保育指針や幼稚園教育要領も改訂されている。2017（平成29）年に改訂された保育所保育指針には「障害のある子どもの保育については、一人一人の子どもの発達過程や障害の状態を把握し、適切な環境の下で、障害のある子どもが他の子どもとの生活を通して共に成長できるよう、指導計画の中に位置付けること。また、子どもの状況に応じた保育を実施する観点から、家庭や関係機関と連携した支援のための計画を個別に作成するなど適切な対応を図ること」と記されている。なお、同年に告示された幼保連携型認定こども園教育・保育要領の記載は、保育所保育指針と幼稚園教育要領の説明を合わせたものとなっている。

　同年に改訂された幼稚園教育要領には「障害のある幼児などへの指導に当たっては、集団のなかで生活することを通して全体的な発達を促していくことに配慮し、特別支援学校などの助言又は援助を活用しつつ、個々の幼児の障害の状態などに応じた指導内容や指導方法の工夫を組織的かつ計画的に行うものとする。また、家庭、地域及び医療や福祉、保健等の業務を行う関係機関との連携を図り、長期的な視点で幼児への教育的支援を行うために、個別の教育支援計画を作成し活用することに努めるとともに、個々の幼児の実態を的確に把握し、個別の指導計画を作成し活用することに努めるものとする」と記されている。「障害のある幼児など」には、発達障害の可能性のある子どもも含まれている。

　このように現在の指針や要領には、インクルージョンや特別支援教育の概念が導入されており、保育所や幼稚園、認定こども園で障害児の保育を行うことのできる体制を整えようとしていることがわかる。また、幼稚園教育要領には「障害のある幼児児童生徒との交流及び共同学習の機会を設け，共に尊重し合いながら協働して生活していく態度を育むよう努めるものとする」とあり、障害児の保育だけでなく、障害児の周りにいる子どもの障害理解を促進する活動についても言及されている。

　厚生労働省保育課の調べによれば、保育所に在籍する障害のある子どもの人数は年々増加している。日本保育協会による公営保育所と民営保育所の両方を対象とした調査[9]では調査対象となった保育所の6割に障害児が在籍していること、公営保育所の方が民営より障害児が在籍する園の割合が高いこと、障害種別の内訳は自閉症35.4％、知的障害19.8％、ADHD14.5％、肢体不自由7.6％、聴覚障害1.9％、LD1.6％、視覚障害0.7％であったことが明らかにされている。また、この調査では、9割以上の保育所に、障害等の診断がついていない、いわゆる「気になる子ども」が在籍していることも確認されている。保育者が気になっている子どもの状態として最も多くあがったのは、発達上の問題（発達の遅れや言語、理解力など）であり、次いでコミュニケーション（やりとり、視線、集団参加など）、落ち着き（多動、落ち着きのなさ、集中力など）、情緒面（乱暴、こだわり、感情のコントロールなど）、運動面（ぎこちなさ、不器用など）であった。このように障害やその可能性のある子どもが多くの園に在籍している状況は、幼稚園や認定こども園においても同様である。

　ところで、「気になる子ども」という表現は、1990年代あたりから配慮が必要な子どもに関する保育研究や実践報告において用いられている。野村朋は、保育研究において使われた障害児を表す用語の変遷を調べている。それによると、1960年代には「問題児」という表現が障害児を含む広義の意味で用いられていたが、1970年以降には「障害児」を対象とした研究が取り組まれるようになり、障害児以外で保育に困難さを感じる子どもを「気になる子ども」「保育しづらい子」と表現した研究や書籍が見られるようになったとしている。また、「気になる子ども」について、当初はどのような子どもを指すのか、どのような特徴があるのかが議論の対象となることが多かったが、2004（平成16）年に発達障害者支援法が制定され、従来は障害に含められていなかった発達障害の存在が認知されるようになったことで、気になる子どもの特性や状態を発達障害と結びつけた発表や議論が増えていったと言う[10]。

　子どもの障害は、生まれた当初にはわからず、幼児期に入ってから気づかれることがある。特に知的障害や発達障害は、子どもの成長・発達とともにわかってくることが多く、幼児期以降に診断されることが少なくない。そのため、保育所などにおいて障害があることが明確にわかる子どもにだけ支援を行うのでは不十分である。さらに言えば、保育所などには障害やその可能

性のある子どもだけでなく、喘息やアレルギーなどの疾患のある子どもや、母語が日本語でない子ども、貧困家庭の子どもなど、さまざまな子どもがいる。まさに多様な子どもに、個別に対応する必要のある場なのである。

3　インクルーシブ保育とは

　ソーシャル・インクルージョンで重視されているのは、誰かが孤立したり、排除されたり、不平等な状態に置かれたりしないことである。これは、保育や教育におけるインクルージョンにおいても同じである。UNESCOは教育におけるインクルージョンを「学習、文化、コミュニティへの参加を増やし、教育からの排除や教育内での排除を減らすことによって、すべての子どもの多様なニーズに対応するプロセスである」[11]と定義づけ、教育の内容（content）や方法（approaches）、構造（structures）、計画（strategies）の変更や修正もこのプロセスに含まれるとしている。また、インクルージョンを「子どもの多様性を尊重し、個人の違いを問題として見るのではなく、学習を豊かにする機会である」[12]ととらえるべきであるとしている。当然のことながら、これらのことは、障害児を含むすべての子どもには教育を受ける権利があるということを前提にしている。

　以上のことから、インクルーシブ保育とは、保育を受けるにあたって何らかの困難がある子どもたちが差別や排除を受けることのない環境を整備し、子ども一人ひとりの多様なニーズに応じた保育を行うものであり、多様な子どもがともに学び、育ち合えることを目指すものであると説明できる。本書は障害児保育について学ぶことを目的としているため、インクルーシブ保育の対象のうち障害がある子どもや、障害の可能性のある子どもに焦点を当てて、インクルージョンの理念をふまえた保育のあり方を学んでいくことになる。

　まず、インクルーシブ保育の考え方に立つと、基本的には障害のある子どもが生活する地域の保育所や幼稚園、認定こども園で保育を受けられることが目指される。ただし、障害やその可能性がある子どものニーズに的確に応え、その育ちを支えるという観点から、障害のある乳幼児期の子どもを対象とした保育所等以外の保育の場として、特別支援学校幼稚部、児童発達支援センター、障害児入所施設も用意されている。このうち児童発達支援センターは、障害の可能性のある子どもも対象としている。加えて児童発達支援センターは、例えば保育所に通いながら週1日だけ利用するというように、保育所等と併行して利用することができる。

また、障害やその可能性のある子ども一人ひとりのニーズに応じた保育を行うためには、保育者が障害児保育についての知識や技術を身につけ、子どものニーズを的確にとらえて、子どもが生活や遊びを進めやすいように環境を整えたり、個別の配慮や支援をしたりすることが必要である。

　ある保育所に、周りで起こっていることが気になって朝の身支度に集中できないA児がいたとしよう。A児は、気が散りにくく身支度に集中しやすい環境を必要としているととらえることができる。しかし、A児が身支度をしている間に他の子どもたちを別室に移動させることは、他の子どもの身支度や遊びを中断させてしまうことになるのだから適当ではない。保育者は、まずA児が着替えるところにパーティションを立てて、周囲の様子が視界に入りにくい状態を作ってみた。A児は以前より気が散りにくくなったけれど、パーティションの向こうの友だちの声が気になって着替えの手が止まってしまう。そこで保育者は、A児の大好きな恐竜のシールやタイマーなどを用意し、A児が恐竜に応援してもらいながら、目標を持って朝の支度に取り組めるようにしてみた。これによって、A児は以前より早く支度を済ませることができ、友だちと遊べる時間が増えた。このように、保育環境を整えるにあたっては、どの子どもにとっても良い環境を維持しつつ、障害のある子どものニーズに応じて環境を変えたり調整したりすることが必要になる。

　さらに、保育所などでは子どもの多様性が認められ、活かされ、子どもが相互に育ちあうことのできる保育を目指すことが必要である。そのためには、障害やその可能性のある子どもが集団のなかでさまざまな人間関係を経験することにより成長するという視点に加えて、周りにいる子どももまた、障害のある子どもとのかかわりによって成長するという視点を持つ必要がある。

4　インクルーシブ保育とそれ以前の保育は何が違うのか

　UNESCOは、排除からインクルージョンまでのプロセスを図1-1のように整理している。これによれば、排除（Exclusion）につながる段階とは特定の人を否定・拒否（Denial）する段階である。そこから一歩進んだ受容（Acceptance）の段階は慈善的な意味合いが強く、受容する側とされる側が分離（Segregation）している。次の理解（Understanding）の段階に入ると統合（Integration）が実現し、障害児等に対して特別なニーズに応じた教育が提供される。そして、教育におけるインクルージョン、すなわち万人のための教育の実現につながるのが、最後の知識（Knowledge）に裏付けられた理解がある段階である。

図1-1　排除からインクルージョンまでのプロセス

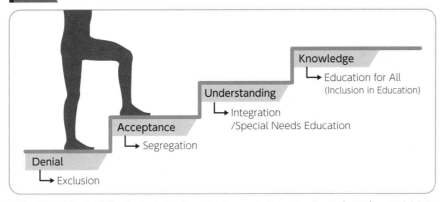

出典：UNESCO：Guideline for Inclusion: Ensuring Access to Education for All（2005）. p.24をもとに
筆者作成

　インクルージョンという概念が導入される以前には、わが国においても
ノーマライゼーション（normalization）やインテグレーション（integration）
といった考え方に基づく統合保育が実践されていた。統合保育は、障害の有
無で子どもを分けることをせず、障害のある子どもを集団のなかの一人とし
てとらえて保育のなかで共生できる形を作ろうとしたものである。しかし、
実践レベルでは単に場を同じくしているだけで、障害児が十分に参加できて
いないケースがあることが課題として指摘されてきた。また、障害児への個
別支援のあり方の検討は進められたものの、これまで障害のない子ども集団
を想定して行われてきた保育を見直すことまではせず、そこに障害児をどう
参加させるかという視点で支援のあり方が模索された[13)14)]。浜谷直人は、こ
のような実践における課題として、「保育者が、子ども集団において、一定
水準以上の密接な関係をつくる保育実践を創ろうとするとき、しばしば、そ
の主要な集団の活動から、特定の子どもを排除しようとする力学が働き、特
定の子どもは、放置されたり、不本意に強制される事態が生じることになる」
ことを指摘している。また浜谷は、個別の配慮や支援を必要とする子どもが
増えたことで、集団での活動において保育者が個別の配慮が必要な子どもへ
の対応に手いっぱいとなり、行動上の問題が目立たない子どもたちが放置さ
れてしまう事態も生じたとしている[15)]。

　インクルーシブ保育は、保育の対象となる子ども集団には多様な子どもが含
まれているという考えに立っている。これまでの、障害のない子ども向けの保
育活動に障害児をどう参加させるかという考え方から抜け出して、子どもの多
様性を前提にして保育のシステム、保育の内容や方法を見直していこうとして
いるところに、特徴があると言える。サラマンカ宣言やその後のUNESCOの

ガイドラインにおいて「子ども中心の教育」が掲げられたように、保育者が描く保育の形に子どもを合わせるためにどうすればよいかではなく、子どもたちのニーズに保育をどう合わせればよいかを考えることが求められている。

5 インクルーシブ保育の実現に向けた動きと今後の課題

　UNESCOは、インクルージョンはプロセスであるとして、さまざまな変更や修正を加えながら真のインクルージョンに近づけていくことを求めている。ここでいう変更や修正は、保育者が行う日々の保育に限定されるものではない。必要であれば、制度や保育課程を変えることをも求めるものである。例えば現在でも、障害の重い子どもを中心に、保育所などに通えず、平日の日中の時間帯を自宅で過ごしている子どもがいる。2020（令和2）年に行われた調査[16]では、医療的ケア児を受け入れることのできる保育所などがあるとした自治体は32.3%であり、調査時点で医療的ケア児の受け入れを行っているとした自治体は22.3%にとどまっている。この現状を受けて、2021（令和3）年に医療的ケア児及びその家族に対する支援に関する法律が制定され、保育所などでの医療的ケア児の支援に関するガイドラインが策定されたところである。今後も障害のある子どもの保育を受ける権利を保障するために、さまざまな方策を検討していく必要がある。

　堀智晴はインクルーシブ保育を実現するにあたり、変更や修正を行うべきポイントとして、①保育・教育の在り方の根本的な問い直し（教師主体の教育から子ども主体の教育への転換）、②子ども主体の保育実践の創出、③障害のある子どもという見方から特別なニーズのある子どもという見方への転換、④多様な子どもたちが相互に育ちあえる保育実践の創出、⑤社会環境の整備、をあげている。このうち①から④については、保育のあり方を再検討するだけでなく、保育者一人ひとりが保育や子どもをとらえる視点を変えていく必要があるとしている[17]。

　また、堀がポイント⑤にあげたように、社会の環境を整備することも必要であろう。保育のなかで多様性が認められていても、社会に出た際に多くの排除を受けてしまうのでは、障害児にとって生きにくい社会であることに変わりない。この点については、今の社会を変えていくという視点に立った取り組みと、これからの社会を創っていく子どもたちの認識を変えていくという視点に立った取り組みがあると整理できる。文部科学省は、後者の視点をもって、誰もがお互いに尊重し合い、多様性を認め合うなかで、社会のあら

ゆる活動に参加できる共生社会を形成するためにもインクルーシブ教育システムの構築が必要であるとしている。

◆引用文献

1) 厚生省「社会的な援護を要する人々に対する社会福祉のあり方に関する検討会」報告書　2000年
https://www.mhlw.go.jp/file/05-Shingikai-12201000-Shakaiengokyokushougaihokenfukushibu-Kikakuka/0000024650_1_2.pdf　(2023年11月17日閲覧)

2) 小野達也「共生社会の構想と指標体系―内閣府の試みについて―」　三重野卓編『共生社会の理念と実際』東信堂　2008年　pp.5-41

3) 特別支援教育の在り方に関する特別委員会「共生社会の形成に向けたインクルーシブ教育システム構築のための特別支援教育の推進(報告)」　2012年
https://www.mext.go.jp/b_menu/shingi/chukyo/chukyo3/044/attach/1321669.htm　(2023年11月17日閲覧)

4) 竹下幸男・渡邉健治・深田將揮・生野勝彦「海外のダイバーシティについての検討に基づく日本の小学校の実情と課題」『Journal of Inclusive Education』Vol.6　2019年　pp.65-85

5) 韓昌完・矢野夏樹・上月正博「ダイバーシティ教育の再定義と構成概念の検討」『Journal of Inclusive Education』Vol.1　2016年　pp.19-27

6) 渡邉健治・大久保賢一・竹下幸男・深田將揮「日本の小学校における「ダイバーシティ教育」に関する調査」『畿央大学紀要』Vol.14　No.2　2017年　pp.25-40

7) 徳田克己・水野智美『障害理解―心のバリアフリーの理論と実践』誠信書房　2005年　p.2

8) 前掲7)　p.7

9) 日本保育協会　保育所における障害児やいわゆる「気になる子」等の受入れ実態、障害児保育等のその支援の内容、居宅訪問型保育の利用実態に関する調査研究報告書　2016年
https://www.nippo.or.jp/Portals/0/images/research/kenkyu/h27handicapped.pdf　(2023年11月17日閲覧)

10) 野村朋「「気になる子」の保育研究の歴史的変遷と今日的課題」『保育学研究』Vol.56　No.3　2018年　pp.70-80

11) UNESCO　*Guideline for Inclusion: Ensuring Access to Education for All* (2005)
https://www.ibe.unesco.org/sites/default/files/Guidelines_for_Inclusion_UNESCO_2006.pdf　(2023年11月17日閲覧)　p.13

12) 前掲11)　p.12

13) 浜谷直人「統合保育からインクルーシブ保育の時代へ―今日の保育実践の課題」『人文学報. 教育学』Vol.53　2018年　pp.1-45

14) 茂木俊彦『障害は個性か―新しい障害観と「特別支援教育」をめぐって』大月書店　2003年

15) 前掲13)　p.4

16) みずほ情報総研株式会社「保育所等における医療的ケア児の受け入れ方策等に関する調査研究報告書」　2021年
https://www.mhlw.go.jp/content/11900000/000861867.pdf　(2023年11月17日閲覧)

17) 堀智晴「インクルーシブ保育の意義とその実践上の課題」『保育学研究』Vol.55　No.1　2017年　pp.84-99

◆参考文献

• 厚生労働省『保育所保育指針〈平成29年告示〉』フレーベル館　2017年
• 文部科学省『幼稚園教育要領〈平成29年告示〉』フレーベル館　2017年
• 多賀一郎・南恵介『間違いだらけのインクルーシブ教育』黎明書房　2021年
• 垂見直樹「インクルーシブ保育のエスノグラフィ―発達障害児への異別処遇の過程」『保育学研究』Vol.57　No.2　2019年　pp.76-86
• UNESCO　*Guideline for Inclusion: Ensuring Access to Education for All* (2005)
https://www.ibe.unesco.org/sites/default/files/Guidelines_for_Inclusion_UNESCO_2006.pdf　(2023年11月17日閲覧)
• UNESCO　*Policy Guidelines on Inclusion in Education* (2009)
https://unesdoc.unesco.org/ark:/48223/pf0000177849?posInSet=1&queryId=7cbe73be-c948-470d-8d52-05e998f6edf8　(2023年11月17日閲覧)

誰もが笑い合って、育つ！　インクルーシブ保育

　ある保育者とインクルーシブ保育をどのように保育現場で実践されているのか話した際、「保育現場は、障害のある子どももない子どもも一緒に保育をしています」と答えた。これは一緒に同じ空間にいるだけでインクルーシブ保育と考えている大きな誤解である。

　そもそもインクルーシブ保育とは、障害の有無や文化の違いにかかわらず、多様な子どもがともに生活し、ともに遊び、個別のニーズに合わせた保育を実践することである。

　ある学生が、実習後の報告で「障害のある子どもに加配の先生がついて、同じ保育室にいても保育活動はまったく別で、加配の先生自身も孤立感を感じていると話されていた」と聞き、失望した記憶がある。

　目の前の子どもを見るとき、実践したい保育に子どもの「やりたい、やってみたい、楽しい」があること、保育の主人公は子どもであることを忘れていないだろうか。

　すべての子どもの個別のニーズに気づき、子どもの発達や心の内を理解し、子どもの背景にかかわりなく子ども一人ひとりがのびのびと活動し、成長できることがインクルーシブ保育である。

　「特別なニーズ教育に関する世界会議」で採択した「サラマンカ宣言および行動のための枠組み」では、障害のある子どもにかかわらず、ストリートチルドレンや労働させられている子ども、へき地出身や遊牧民の子ども、その他恵まれていない子どもたちもしくはその辺境で生活している子どもたちを含めたすべての子どもが排除されないこと、つまり多様性が排除されないことがインクルーシブととらえている。

　保育者の「気になる子ども」とは、すべての子どもも「気になる子ども」でなくてはならないのである。年齢や性別、障害の有無などにかかわらず、一人ひとりが参加して、遊びこんで、楽しめる活動こそがインクルーシブ保育である。個々の持ち味を認め合い、一人ひとりが満足し、笑い合い、育つ、そんな保育を実現していきたい。

考えてほしい視点

▶ 保育活動に「参加する」と「参加している」の違いはなんだろう。

▶ 「遊ぶ」と「遊びこむ」の違いは何だろう。ここに無意識の排除が含まれていないだろうか。

参考文献
●嶺井正也・正畠綾子訳「サラマンカ宣言と行動計画」『季刊福祉労働　第74号』現代書館　1997年
●芦澤清音・浜谷直人・五十嵐元子・林恵・三山岳・飯野雄大・山本理絵編『すべての子どもの権利を実現するインクルーシブ保育へ―多文化共生・障がい・家庭支援・医療的ケア』ひとなる書房　2023年

第2章

障害児保育の歴史的変遷と現代への基盤構築

学びのポイント

本章ではソーシャル・インクルージョンが国際社会で認知されるまでの動向を紹介する。また、そうした国際動向を背景に日本における障害児保育が辿ってきた歴史的変遷を概観する。

ソーシャル・インクルージョンは障害児（者）にかかわらず、排除されてきた人々を社会に包摂することを目指すものである。障害児保育との関連では通常の学校において自分のニーズに合った教育を受けることはすべての子どもが無条件に享受すべき権利であるという理念がソーシャル・インクルージョンの背景にある。人権とは人が人であるという理由のみで保障されるべき権利である。教育を受ける権利を子どもの人権ととらえるならば、障害の有無にかかわらずそれは平等に保障されるべきものである。このような理念が根付くまでには障害のある子どもに対する差別や排除の歴史があり、現在もこの理念が完全な形で実現されているとはいえない。

そこで本章では権利としての教育という観点から障害児保育の歴史的変遷を辿り、インクルーシブ保育の実現に向けた課題を整理する。歴史を学ぶことは過去を過去として知るだけではなく、現在社会における課題を理解し、未来を展望することにもつながることであると考えてほしい。

1. ソーシャル・インクルージョンの理念に至る国際動向

1 ノーマライゼーションの登場まで

　始めに、現在の障害児保育における最重要概念であるソーシャル・インクルージョンが普及するまでの国際動向を確認していく。ソーシャル・インクルージョンの理念を理解するためには1950年代の北欧に起源を持つノーマライゼーションの原理を踏まえる必要がある。

　ノーマライゼーションは主に知的障害者に対する非人間的で大規模な施設への隔離収容政策を批判する動きのなかで生まれてきた思想である。「ノーマライゼーションの父」と呼ばれるデンマークのバンク–ミケルセン（Bank-Mikkelsen, N.E.）や彼の考えに影響を受けたスウェーデンのベンクト・ニィリエ（Nirje, B.）において、ノーマライゼーションは平等主義の原理に立ち、障害者の尊厳と人権の保障を目指す考えとして用いられた。

1 経済的効用の観点から行われた障害児教育

　ノーマライゼーションが登場する以前は、障害のある子どもの教育は慈善・救貧政策として、または経済的効用の観点から職業的自立を目指すために行わ

れていた。障害のある子どもに対して施設を設け、集団として教育を行う試みは18世紀後半からみられるようになり、当初はヨーロッパや北米にみられたものであった。職業的自立に向けた教育的な効果を期待して義務教育の必要性が早い段階で認識され、発展したのは視覚障害児や聴覚障害児の教育であった。視覚障害児と聴覚障害児への教育は、早くは1870年代にドイツの州・市レベルで実施され、国家レベルでは1881年にノルウェーで、1890年にスイスで法制化された。ここで目指されたのは主に教育によって就労の可能性を高めることによる経済的な効用や社会負担の軽減であった。第一次世界大戦後の人権意識の高まりのなかで1922年に「世界児童憲章」が、1924年に「児童の権利に関するジュネーブ宣言」が採択されるなど、障害のある子どもの権利として教育をとらえる思想の芽生えも見られたが、十分に開花することはなかった。

2 教育が障害のある子どもの権利としてとらえられていなかった時代

　教育を障害のある子どもの権利としてとらえる視点の欠如が顕著に表れたのが、知的障害児（当時は「白痴」や「精神薄弱」などと称された）の教育である。知的障害児の教育は職業的自立につながる等、明確な教育効果が見出しにくいということがその背景にはあった。

　例えば、アメリカではフランスの医師セガン（Seguin, E.O.）の生理学的教育学等に影響を受けて、知的障害児の教育を行う「白痴」学校が設立された。当初は「精神薄弱者」は心身の発達を維持するために自分の育ったコミュニティーで生活すべきであるという主張もなされた。しかし、南北戦争後に貧困・犯罪等が増加し、「精神薄弱」との関連が指摘されると、社会的脅威の軽減などを理由に「白痴」学校の施設化＝大規模、隔離化へと知的障害児の処遇は変化した。

　また、ヨーロッパにおいてもドイツやイギリス、フランスなど19世紀後半から特殊学級、特殊学校の設立が進んだが、軽度の知的障害児や学業不振児が多くを占め、中度〜重度の知的障害児のほとんどが公教育から排除され続けていた。教育効果の有無によって知的障害児の教育を受ける機会の有無も左右されていたという事実は、教育がすべての人間に保障されるべき権利としてではなく、社会負担の軽減や経済的効用の観点からとらえられていたことを示唆している。

　アメリカの作家であるパール・バック（Buck, P.S.）が知的障害のある娘を入所施設へ入所させるまでの経緯を記した手記『母よ嘆くなかれ』にはこの時代の知的障害児に対する人々の見方や差別の厳しさがよく描かれている。彼女は親として娘を愛するとともに、知的障害児（者）を擁護する専門委員会の議長を務めて社会啓発にも尽力した人物である。彼女は本書のなかで「人は

人間として平等であること、また人はみな人間として同じ権利を持っていること」[1]を娘から教えられたと述べている。他方で彼女は家族から引き離され、自由も制限された施設で生活することが過酷な差別から身を守ることができるという点において娘の幸せにつながるという考えに苦悩の末に至っていた。こうした考えにはパターナリスティックな側面があり、知的障害児に対する人権制約を容認するものであったことは否めない。ここにみられる矛盾は障害児（者）に対する人権保障の理念が未成熟な時代状況のなかで子どもの幸福を実現しようとすることの限界の表れとして理解することができるだろう。

3 「ノーマライゼーション」の登場

　ノーマライゼーションはこのような欧米にみる状況を背景として、デンマークにおいて生まれた。デンマークでは、1950年代まで入所施設における知的障害者に対し非人間的な扱いが行われていた。その扱いに対し、疑問を感じたデンマーク「精神遅滞者」親の会による状況の改善に対する要望をきっかけに社会大臣直属の福祉サービス問題検討委員会が設置された。その委員会の取りまとめ役を務めたバンク－ミケルセンによって「精神遅滞者」の生活をできるだけノーマルな生活状態に近いものにすることをうたった「精神遅滞者福祉法」が1959年に制定された。これがノーマライゼーションという言葉が世界で初めて用いられた法律であるとされている[*1]。

　ノーマライゼーションはその後、スウェーデンの知的障害者の親の会のオンブズマンとして活動していたニィリエによって発展させられ、1971年の「知的障害者の権利宣言」において初めて国際的な場で公式に用いられた。その後、1975年の「障害者の権利に関する宣言」では障害者が同年齢の市民と同等の権利を持つことが確認され、1989年の「児童の権利に関する条約」においては初めて障害のある子どもの権利が独立した条項として設けられた。

　ノーマライゼーションの登場により、その具現化の方法としてインテグレーション（統合）が注目されるようになった。インテグレーションとは障害児（者）と健常児（者）の分離を可能な限りなくそうというものであり、大規模入所施設への知的障害者の収容や特殊学校、特殊学級における障害のある子どもの隔離といった処遇を見直すきっかけとなった。

　ノーマライゼーションについて、バンク－ミケルセンは「ノーマライゼーションとは、例え障害があっても、その人を平等な人として受け入れ、同時に、その人たちの生活条件を普通の生活条件と同じものとするよう努めるという考え方」[2]であると述べている。ノーマライズ（普通にする）のが障害そ

*1
　河東田によれば、既にノルウェーで設置された障害者雇用検討委員会が1946（昭和21）年に出した報告書のなかでノーマライゼーションという用語が用いられていたという。その存在はスウェーデン国内外においてほとんど知られておらず、軽度の障害者に力点が置かれて重度障害者のことが脇に置かれていたことなど、不十分な点はあるが、社会的不平等をなくして障害のある人々の雇用や生活をノーマライゼーション化することが明確に記されていたという。このことから、河東田はバンク－ミケルセンを「ノーマライゼーションの父」と呼ぶことに疑問を呈している。

のものではなく、障害児（者）の生活条件であるということが重要である。バンク-ミケルセンは障害者が社会に適応することを求めるのではなく、社会の側が障害者の人権を保障するように変わるべきであると考えていた。バンク-ミケルセンは知的障害者の大規模入所施設への入所も生活条件を「できる限りノーマルに近づけること」を妨げるものであり、さらには費用がかかり過ぎるという点からも望ましくないものであると述べていた[*2]。

*2
　バンク-ミケルセンは教育を障害のある子どもを含むすべての子どもにとっての人権であるととらえており、特殊学校の存在に対して否定的な立場を取っていたということを補足しておきたい。バンク-ミケルセンは障害のある子どもを含むすべての子どもが互いに知り合う機会をもち、仲間になることがノーマライゼーションの実現につながると考えていた。
　障害のある子どものニーズに応じながら可能な限り障害のない子どもと分離せずに教育を行うことが差別を解消し、共生社会を創ることにつながるという考えは、後のソーシャル・インクルージョンにもつながるものである。

2　ソーシャル・インクルージョンの普及

1 ソーシャル・インクルージョンの登場

　ノーマライゼーションを実現するための方法として注目されたインテグレーションに代わり、1980年代末から1990年代初頭にかけてインクルージョンが欧米を中心に用いられるようになった。インテグレーションは障害児（者）を健常児（者）と分離せずに社会に受け入れることに重点を置くのに対し、インクルージョンは障害児（者）に限らず社会から排除されてきたあらゆる人を包摂する社会を創ることを強調する。インテグレーションにおいては既存の社会のなかに障害児（者）を適応させる傾向にあったのに対し、ソーシャル・インクルージョンは障害児（者）に限らず多様なニーズのある人々を排除しないような社会の構築を目指した。

　経済のグローバリゼーションや市場主義によって格差が拡大し、社会から排除されて周辺化する人が増えたことがソーシャル・インクルージョンの登場の背景にある。貧困による排除のみならず、文化や教育、医療からの排除、人間関係からの排除など、さまざまな排除がソーシャル・エクスクルージョンとして概念化され、そうした状況に対処するためにエクスクルージョンの対義語としてインクルージョンに注目が集まるようになった。

　例えば、フランスでは経済のグローバル化の過程でアフリカ系イスラム教徒である移民労働者が流入し、周辺化した貧困層を形成した。そうした状況のなかで社会的正義と公平を求める政策としてソーシャル・インクルージョンが主張されるようになった。アメリカにおいては主に障害児教育の文脈でソーシャル・インクルージョンの考え方は受容された。可能な限り障害児が学ぶことができるように通常学級を改革することを目指すREI（通常教育主導運動）を引き継ぐ形でソーシャル・インクルージョンの考え方が広まったのである。

　インクルージョンの概念は1994年の「サラマンカ宣言」において初めて国連で用いられた。サラマンカ宣言は障害のある子どもを分離することを前提

に障害カテゴリーに即して行われる教育特殊教育からインクルーシブ教育への転換を各国に呼びかけたものである。ソーシャル・インクルージョンは障害者に限らず、多様なニーズを持つ人々を排除しない社会の構築を目指すものであったが、サラマンカ宣言はこの理念を教育の文脈において示したものといえる。この宣言において教育を受ける権利が障害のある子どもを含むすべての子どもの権利であり、「特別な教育的ニーズ」*³を持つ子どもが通常の学校にアクセスできる必要があると述べている点は重要である。障害のある子どもの教育を受ける権利は、単に自分のニーズに合った教育を受けるというだけでは十分とはいえず、分けられることなく障害のない子どもとともに学ぶインクルーシブ教育において保障されるという考えがサラマンカ宣言を貫いている。

*3　**特別な教育的ニーズ**
第1章参照。

　2006年には「障害者の権利に関する条約」が採択され、インクルーシブ教育システムを保障するために「合理的配慮」*⁴を提供することが必要であるという考え方が述べられた。また、この条約において障害者に対する個別化された教育的支援は「完全なインクルージョン（full inclusion）」³⁾という目標を目指して行われるべきであると述べられていることは重要である。

*4　**合理的配慮**
第1章参照。

2 ソーシャル・インクルージョンの実現に向けた課題

　サラマンカ宣言や障害者の権利に関する条約において示されたインクルーシブ教育の理念のとらえ方と実現にむけた具体的取り組みという点においては各国による違いがあった。

　例えば、イタリアでは1970年代にいわゆるフルインクルーシブ教育に向けて、障害のある子どもだけの学校を廃止し、すべての子どもを通常の学校に受け入れるための教育制度、学校改革が行われた。1992年に制定された法律*⁵においては障害の有無にかかわらず、すべての子どもが地域の学校に就学することが保障された。

*5
　1992年2月5日法律第104号は障害者の援助、社会的統合及び諸権利に関する基本法であり、大学を含むすべての学校教育段階でのインクルージョンを規定している。

　他方、イギリスではメアリー・ウォーノックによってすべての子どもを通常学校で教育しようという意味でのインクルーシブ教育の考えに批判的な見解が示されている。ウォーノックは障害のある子どもが通常の学校で学ぶことで必要な支援が得られず、いじめの対象となったり、他の子どもの学習の妨げになったりしていることがしばしばあると指摘した。ウォーノックはサラマンカ宣言においても用いられた「特別な教育的ニーズ」の提唱者である。しかし、サラマンカ宣言では「特別な教育的ニーズ」に応じた教育がインクルーシブ教育の文脈で述べられているのに対し、ウォーノックは通常学級で

「特別な教育的ニーズ」に応じることが困難な子どもについては分離教育の必要性を主張している。彼女はすべての子どもを同じ場所で教育しようとすることは「特別な教育的ニーズ」のある子ども一人ひとりの差異に目を向けず、「子どもたちのニーズに対応しようとする試みを台無しにしかねない」[4]ものであると述べた。そして、通常の学校のリソースではそのニーズに応じることのできない子どものための教育の場として、小規模な特別専門学校や特殊学校の重要性を説いた。同じ場所で学ぶことと、個々の子どものニーズに応じることの葛藤を背景としたウォーノックの主張はイギリス国内でインクルーシブ教育のあり方をめぐる論争を引き起こした。

　わが国においては2022（令和4）年、国連の障害者の権利に関する委員会から障害のある子どもへの分離された特別教育が続いているという指摘を受けるなど、多様なニーズを持つ子どもがともに学ぶことを前提としたインクルーシブ教育本来の理念に照らせば多くの課題があるといえる。

　ここまで障害のある子どもの権利として教育をとらえる理念の普及について述べてきた。しかし、社会負担の軽減や経済的効用の観点から障害のある子どもの教育を考える視点も各国において依然として残されていることに注意したい。ノーマライゼーションの普及は小さな政府と市場原理を唱える新自由主義政策の広まりと時期を同じくしていた。例えば、インクルージョンが予算削減の観点から障害のある子どもの学校や学級を廃止するための口実として利用されることもあった。

2. わが国における障害児に対する教育・保育の歩み

1 戦前の障害児に対する教育・保育の歩み

1 わが国における障害児教育の始まり

　ソーシャル・インクルージョンの理念の普及とその実現という観点から、近代的な教育制度が確立された明治時代以降のわが国の障害児教育・保育の歩みを振り返ってみたい。

　わが国で最初の障害のある子どものための学校は、1878（明治11）年に開設された京都盲唖院であったといわれる。近代学校を制度化した1872（明治5）年の「学制」において、既に「廃人学校アルヘシ」という形で障害のある子どもの学校の必要性が記されている。しかし、当時強調されたのは「無用」な存在である障害のある子どもを「有用」にするというものであり、先述の欧米

*6　石井亮一（1867-1937）

　教育者であり、立教女学院教頭を務めた。アメリカに渡り、セガンの生理学的教育法を学んだ。財団法人日本知的障害者福祉協会の創設者である。

にみる障害児教育の初期の流れと同じく社会負担の軽減や経済的効用の観点に立つものであった。そのため、まずは職業的自立等の観点から成果を上げやすい視覚障害児（盲児）と聴覚障害児（聾唖児）の教育が普及し、特に知的障害児の教育の普及は遅れた。1886（明治19）年の第一次小学校令、1890（明治23）年の第二次小学校令、1900（明治33）年の第三次小学校令において就学猶予・免除制度が確立し、職業的自立が困難な重度の知的障害児等は本人や保護者の意志にかかわりなく義務教育の対象から合法的に排除された。そのため、知的障害児に対する教育は1897（明治30）年に石井亮一[6]によって設立されたわが国で最初の知的障害者施設である滝乃川学園や、1909（明治42）年の脇田良吉[7]による白川学園、1916（大正5）年の岩崎佐一[8]による桃花塾など、社会福祉施設によって担われた。国家が知的障害児に対する教育を放任するなか、民間が慈善活動としてそれを補っていたといえる。

2 障害児保育の状況

　明治期の幼稚園において障害のある子どもが受け入れられていたという明確な記録はない。障害のある子どもを対象とした保育の歴史上の記録は大正期以降のことである。京都盲唖院が1916（大正5）年に幼稚科を設置し、発音指導を主とする教育が実施された。1926（大正15）年には聾児のための最初の幼稚園である京都聾口話幼稚園が京都盲唖保護院内に設置された。盲学校については1924（大正13）年に横濱訓盲院に幼児を対象とした初等予科が設置されたのを始まりとして、1927（昭和2）年には東京盲学校に予科が設置された。

　知的障害児の保育が初めて行われたのは恩賜財団母子愛育会によって1938（昭和13）年に設立された愛育研究所異常児保育室においてであった。異常児保育室では戦争の影響で閉園となる1944（昭和19）年までの7年間で、就学猶予・免除となった子どもを含む47名の障害のある子どもが通園した。この保育室を担当した三木安正[9]は城戸幡太郎[10]を中心とした民間保育運動団体である保育問題研究会の第三部会「困ツタ子供ノ問題」のチューターを務め、障害のある幼児の問題の科学的研究に従事していた。当時は優生思想[11]の影響も強く、障害児（者）が戦争に役に立たない者として差別される傾向が強くなっていた。そうした時代に、それまで保育の対象として排除されていた障害のある子どもの問題を取り上げたことは重要な取り組みであるといえる。ただし、保育問題研究会においても知的障害児の存在は幼稚園や託児所における保育に支障をきたすとして、知的障害児と健常児の保育は異なる施設で行うことが望ましいと考えられていた。

＊7　脇田良吉 (1875-1948)

　特殊教育の実践者であり、楽石社特殊教育研究部の主任を務めた。「低能児のための学校」を設けるために欧米の治療教育や補助学校の理論に学び、白川学園を設立した。

＊8　岩崎佐一 (1876-1962)

　教育者であり、大分石城尋常高等小学校訓導兼校長等を務めた。スピノザの哲学やペスタロッチの教育思想、セガンの生理学的教育に学び、桃花塾を創設した。

＊9　三木安正 (1911-1984)

　心理学者であり、東京帝国大学医学部付属脳研究室研究生を経て愛育研究所で幼児教育、障害児保育の研究を行った。戦後は全日本特殊教育研究連盟、旭出学園、手をつなぐ親の会等の設立に携わった。

＊10　城戸幡太郎 (1893-1985)

　心理学者であり、法政大学教授を務めた。表現心理学、日本精神史、教育地理学、心理学問題史等幅広い学問的業績を持つ。法政大学児童研究所設立の中心となり、その研究活動を基盤として保育問題研究会の設立に至る。

＊11

　イギリスのフランシス・ゴールトン (Galton, F.) の研究に起源を持つ思想であり、環境要因よりも遺伝的な要因を重視する立場から優良とされる人間を増大させ、逆に劣等とされる人間を減少させようという考え方を指す。ナチス・ドイツによる断種政策が知られているが、アメリカやドイツ、北欧諸国などでも優生思想に基づく政策は実施された。わが国においても戦後、1948（昭和23）年に優生保護法が成立し、1996（平成8）年に廃止されるまで続いた。

2 ▶ 戦後の障害児に対する教育・保育の歩み－養護学校義務制実施以前－

1 盲学校、聾学校の義務制実施

　第二次世界大戦後、1947（昭和22）年の学校教育法制定により、障害のあ
る子どもを対象とした学校は視覚障害児を対象とする盲学校、聴覚障害児を
対象とする聾学校、知的障害児、肢体不自由児、病弱児を対象とする養護学
校から成る特殊教育学校として制度化された。盲学校、聾学校は保護者や教
員らの要求もあり、1948（昭和23）年に義務制実施が確定した。義務制実施
により、視覚障害児、聴覚障害児については日本国憲法第26条で保障された
教育を受ける権利を保障する基盤が整った。また、学校教育法において「盲
学校、聾学校及び養護学校には、幼稚部及び高等部を置くことができる」と
されたため、制度上は幼児を含む障害のある子どもに教育の門戸が開かれる
ことになった。ただし、養護学校については戦前までに制度的基盤ができて
いなかったこともあり、この段階では義務制実施が実現しなかった。また、
就学猶予・免除制度も残されていたために重度の知的障害児等の教育を受け
る権利が十分に保障されることはなかった。このように、戦後の学校制度の
下で障害のある子どもの教育を受ける権利の保障は一部進んだものの、依然
として障害のある子どもの教育・保育は社会負担の軽減や経済的効用、ある
いは慈善主義の観点から行われていた。

　制定直後の学校教育法では、養護学校に幼稚部を設置することは制度上可
能でも実際には学校の整備は進まなかった。例外的な存在が愛育養護学校幼
稚部である。戦前に設立された愛育研究所異常児保育室は戦後、1949（昭和
24）年に特別保育室として再開された。特別保育室を担当したのは当時、愛
育研究所で教養相談を行っていた津守真[12]であった。津守らによって知的障
害のある子どもの保育実践が積み重ねられる一方、卒園児の教育の場をどう
するかという問題が生じた。そこで母子愛育会は1955（昭和30）年に私立愛
育養護学校（現愛育学園）を設立し、小学部とともに幼稚部を置いた。愛育
養護学校幼稚部はわが国で最初の養護学校幼稚部である。

2 幼稚園、保育所における障害のある子どもの受け入れ

　一般の幼稚園、保育所については障害のある子どもの受け入れに関する制
度の整備は遅れ、篤志的な一部の幼稚園や保育所で受け入れが行われるのみ
であった。例えば、東京都杉並区の杉並教会幼稚園、埼玉県深谷市のさくら
んぼ保育園、大阪府高槻市の教育研究所内のうの花学級、北海道札幌市の浄

＊12　津守真（1926-
2018）
　心理学者・保育学者で
あり、お茶の水女子大学
教授、愛育養護学校（現
愛育学園）校長等を務め
た。客観的実証科学の方
法により、『乳幼児精神
発達診断法』を開発した。
その後、研究の方法論の
転回を経て子どもとかか
わる人間学の立場から保
育研究を試みた。

恩幼稚園、札幌市立すずらん幼稚園等で障害のある子どもを受け入れたことについて報告がある。しかし、障害のある子どもに対する保育の保障は一部に留まり、教育、福祉において無権利状態に置かれる子どもが多くいた。

　障害のある子どもの権利として教育をとらえる認識が広まり始めるのは1960（昭和35）年中盤以降である。その背景として高度経済成長に伴う公害、薬害等の社会問題により、国民の健康や生活が脅かされたことがある。こうしたことを背景に人権としての生存権思想が深まり、障害のある子どもの学習権や発達保障など、権利として教育を求める運動へとつながっていった。例えば、教師、親、施設職員などから成る全国障害者問題研究会は就学免除・猶予となっていた重度障害児の就学権保障や養護学校の充実整備を訴えた。

　こうした運動は障害のある幼児の保育の状況にも影響を与えた。1961（昭和36）年に厚生省（当時）によって3歳児健診制度が創設された。しかし、養護学校幼稚部が愛育養護学校にしか設置されていない時代であったために、健診において発見された知的障害児が就学できず、多くの場合在宅で過ごしていた。そこで、各地で保護者やボランティアによる自主的な保育が試みられるようになり、障害のある子どものための民間通所施設へと発展するようになった。例えば東京都では、小金井市手をつなぐ親の会が発足し、障害のある子どもの自主保育を行った。1968（昭和43）年には市の施設を使用してグループ指導を開始し、1975（昭和50）年にはピノキオ幼児園という専門施設にまで発展した。

3　養護学校義務制実施をめぐって

　このように障害のある子どもの権利としての教育、保育を求める運動の影響もあり、1979（昭和54）年より養護学校の義務制実施が実現した。その結果、就学猶予・免除は激減した。養護学校義務化によって義務教育としての学校教育が制度的に完成し、障害のある子どもも含めた教育を受ける権利を保障する体制が整った。しかし、幼稚部への就学は義務ではないため、養護学校幼稚部の設置は進むことはなかった。第2項で述べたような民間による障害のある子どもの自主的な保育の取り組み等も受けて、1970（昭和45）年頃より一般の幼稚園においても障害のある子どもの受け入れが進むようになり、1974（昭和49）年には「私立幼稚園特殊教育費国庫補助金制度」と公立幼稚園を対象とする「心身障害児幼稚園助成事業補助金交付要綱」が策定された。

　保育所については、1951（昭和26）年の児童福祉法の改正において、入所対象を「保育に欠ける乳幼児」に限定したことで、主に低所得家庭の就労支援

を充実させるという、幼稚園とは異なる目的を持つ制度として出発した。当初「保育に欠ける」対象として障害のある子どもは含まれなかったため、障害のある子どもの保育所への入所は困難な状況であった。そうしたなかで、「保育に欠ける」状況の解釈として障害のある子どもを含めることについての議論が徐々になされるようになり、1974（昭和49）年に厚生省によって「障害児保育事業実施要綱」が策定された。この要綱では、おおむね4歳以上の知的障害児、身体障害児で障害程度が軽く、集団保育が可能で日々通所可能な子どもを一般の子どもとともに保育をすることがうたわれている。

　この受け入れの条件については多くの保育所から異議も出され、1978（昭和53）年に厚生省は「保育所における障害児の受け入れについて」を通知した。そして、おおむね4歳以上という年齢制限が撤廃されるとともに、中程度の障害児まで受け入れることとされ、「障害児保育事業実施要綱」に比べて受け入れの範囲が広まった。このように、養護学校義務化の時期と並行して保育所においても障害のある子どもの受け入れが進んでいった。

　なお、養護学校義務化をめぐっては、障害のある子どもが障害のない子どもと分けられることなく学ぶ権利を擁護する立場から義務化に反対し、普通学級への就学を求める運動もあったことを指摘しておきたい。小国喜弘が「共生教育運動」と呼ぶこれら一連の運動は、能力主義によって普通学級から障害のある子どもが排除され、学びの場を分けられてしまうことに抗議し、普通学級を障害のある子どもが障害のない子どもと共生できる場になるように変革することを要求するものであった。小国によれば「共生教育運動」はその主張が十分に理解されることなく、公教育を否定する過激なものとして理解されがちであったが、共生を目指すための教育のあり方や、能力主義や分離教育の是非など、共生をめぐる原理的、実践的な問いが提起されていた。

　サラマンカ宣言において示されたすべての人を包摂する万人のための学校を目指すインクルーシブ教育の理念を踏まえれば、「共生教育運動」が提起した問いはわが国の特別支援教育、障害児保育が現在に至るまで未解決のまま積み残した課題に光を当てているといえよう。

4 特別支援教育への転換から現代まで

1 特別支援教育への転換

　養護学校義務化以降、文部省（当時）は1990（平成2）年代初等まで特殊教育制度に固執する態度を取っていたが、1994年の「サラマンカ宣言」がわが

国に紹介されると、特別ニーズ教育の理念に基づく制度改革が議論されるようになった。こうしたなかで特殊教育制度についても転換が図られるようになった。そして、2006（平成18）年に学校教育法が改正され、2007（平成19）年から特別支援教育制度が実施された。特別支援教育は子ども一人ひとりの教育的ニーズを把握して適切な指導及び支援を行い、従来の特殊教育の対象の障害だけでなく発達障害も含めてすべての学校で行うものとされた。特別支援教育制度の開始により、盲学校、聾学校、養護学校は特別支援学校に、特殊学級は特別支援学級に名称変更された。この変更は従来の障害カテゴリーにとらわれずに子ども一人ひとりの教育的ニーズに応じた教育を行うという意味がある。また、「障害者の権利に関する条約」の批准に伴う国内法制度の整備の一環として「障害を理由とする差別の解消の推進に関する法律（障害者差別解消法）」が2013（平成25）年に制定され、2016（平成28）年から施行された。この法律により、行政機関や事業者による障害を理由とする「不当な差別的取り扱い」が禁止され、障害児（者）に対する「合理的配慮」と「基礎的環境整備」の提供が求められた。

2 幼稚園や保育所等の現状

　1998（平成10）年に厚生省（当時）から「保育所に入所している障害をもつ児童の専門的な治療・訓練を障害児通園施設で実施する場合の取り扱いについて」が通知され、障害のある子どもが保育所に入所しながら並行通園という形で児童発達支援センター等の療育機関において言語訓練、ソーシャルスキルトレーニング[*13]等を受けることが可能になった。現在では幼稚園、認定こども園の在籍児も条件を満たせば並行通園が可能である。

　また、幼稚園、保育所における障害のある子ども、特別な支援を要する子どもの在籍率も年々増加傾向にある。ベネッセ教育総合研究所によれば2007（平成19）年の調査と2018（平成30）年の調査を比較した時、国公立幼稚園では66.8％から92.9％へ、私立幼稚園では50.0％から80.6％へ、公営保育所では78.7％から89.5％へ、私営保育所では65.4％から76.9％へと、いずれも顕著に増加している[5]。また、2008（平成20）年改定の幼稚園教育要領からは、障害のある子どもに対して「個別の指導計画」[*14]を作成することが留意事項として記され、一人ひとりの教育的ニーズへの配慮が高まっているといえる。

　このように、障害のある子どもの教育を受ける権利の保障という観点から、わが国の保育をめぐる状況は改善が進んでいるといえるが、インクルーシブ教育の実現という観点からはなお多くの課題を残している。特に、「特別な

*13　ソーシャルスキルトレーニング
　第6章参照。

*14
　第7章参照。

教育的ニーズ」のある子どもの教育の多くが特別支援学校や特別支援学級といった障害のない子どもとは別の「特殊な場」で行われている状況はサラマンカ宣言において示されたインクルーシブ教育の理念からはかけ離れているといえる。文部科学省作成の資料によれば、児童数は減少しているが、知的障害児を中心に特別支援学校の在籍児は増え続けている。また、特別支援教育を受ける児童生徒の割合は2022（令和4）年度で全児童生徒数の6.3%であるが、その内、通常の学級で学ぶ児童生徒は1.7%であり、4人に1人程度しか通常学級で学ぶことができていないという状況がある[6]。障害のある子どもの就学先の決定は2013（平成25）年の学校教育法施行令の一部改正によって保護者の意向を可能な限り尊重することとされているものの、最終的な決定権は教育委員会にある。

3 障害児に対する教育・保育の今後の課題

こうした状況を受けて国連の障害者の権利に関する委員会は2022（令和4）年の勧告において「障害のある児童への分離された特別教育が永続している」[7]こと、「障害のある児童を受け入れるには準備不足であるとの認識や実際に準備不足であることを理由に、障害のある児童が通常の学校への入学を拒否されている」[8]ことなどを指摘している。また、文部科学省が2022（令和4）年の通知において、特別支援学級の児童が通常の学級で過ごす時間を授業時間の半分以上にしてはならないとしたことについても懸念が示されている。特別支援学校や特別支援学級の存在は2012（平成24）年の中央教育審議会において「共生社会の実現に向けたインクルーシブ教育システム構築のための特別支援教育の推進（報告）」において、通常の学級と連続性のある多様な学びの場として位置づけられているが、以上の事実を踏まえれば分離教育としての側面が強く、インクルーシブ教育の一環として位置づけることには疑問も残る。

今日的な課題として重要なものの一つに、自閉スペクトラム症（ASD）、注意欠如・多動症／注意欠陥多動性障害（ADHD）、学習障害（LD）等の発達障害の診断を受ける、または発達障害を疑われる子どもの増加がある。保育現場においては「発達障害者支援法」が施行された2005（平成17）年前後に「気になる子ども」という呼称で集団保育の中で何らかの不適応を指摘される子どもの報告が増えている。「気になる子ども」は必ずしも発達障害児に限定されるものではないが、「発達障害者支援法」において発達障害の早期発見、早期支援の方針が示されていることからも発達障害との関連を問う視点が強化

されていると考えられる。近年は障害の要因を個人ではなく、社会のあり方から生じるさまざまな社会的障壁に求める障害の社会モデルの視点が注目されている。発達障害は総じて社会的要因の影響が指摘される障害である。赤木和重が「『気になる』という用語を使わざるをえない保育のあり方を見直すべき」[9]であると述べているように、保育の場を多様なニーズがある子どもを包摂できるようなインクルーシブな場にしていくことが期待されている。

表2-1 障害福祉の動向

	国際的動向	日本の動向
1948 (昭和23) 年	国連「世界人権宣言」採択 (12月10日)	
1949 (昭和24) 年		「身体障害者福祉法」制定
1950 (昭和25) 年	1950年代　ノーマライゼーション理念の提唱 (デンマーク:「1959年法」) ・1960年代　スウェーデン ・1970年代　米国	「精神衛生法」制定 (→1988年「精神保健法」→1995年「精神保健及び精神障害者福祉に関する法律」へ)
1960 (昭和35) 年		「精神薄弱者福祉法」制定 (1999年「知的障害者福祉法」へ)
1970 (昭和45) 年		「心身障害者対策基本法」制定 (1993年「障害者基本法」へ)
1971 (昭和46) 年	国連「知的障害者の権利宣言」採択	
1975 (昭和50) 年	国連「障害者の権利宣言」採択 (12月9日)	
1979 (昭和54) 年		養護学校義務化 (「54義務化」)
1980 (昭和55) 年	国連「国際障害者年行動計画」採択 WHO「国際障害分類 (ICIDH)」発行	
1981 (昭和56) 年	国連「国際障害者年」(「完全参加と平等」)	国際障害者年実施
1982 (昭和57) 年	国連「障害者に関する世界行動計画」採択	
1983 (昭和58) 年	国連「障害者の十年」開始 (〜1992年)	「障害者対策に関する長期計画」発表
1986 (昭和61) 年		障害者基礎年金導入
1988 (昭和63) 年		「精神保健法」改正
1989 (平成元) 年		知的障害者地域生活援助事業 (グループホーム) 開始
1990 (平成2) 年	「ADA」制定 (米国)	
1993 (平成5) 年	ESCAP「アジア太平洋障害者の十年」開始 (〜2002年) 国連「障害者の機会均等化に関する基準規則」採択	障害者対策に関する新長期計画発表 「障害者基本法」公布
1994 (平成6) 年	UNESCO「サラマンカ宣言」採択 (特別ニーズ教育:そのアクセスおよび質に関する世界会議 (特別なニーズ教育に関する世界会議))	「21世紀福祉ビジョン」発表
1995 (平成7) 年	「DDA」制定 (英国)	「精神保健及び精神障害者福祉に関する法律」制定 障害者プラン〜ノーマライゼーション7か年戦略〜策定 (〜2002年度)

	国際的動向	日本の動向
1997 (平成 9) 年		「今後の障害保健福祉施策の在り方について」発表
1999 (平成11) 年		「知的障害者福祉法」へ改正 地域福祉権利擁護制度施行
2000 (平成12) 年		成年後見制度施行 「社会福祉事業法」→「社会福祉法」に改正 (障害相談支援事業、第三者評価事業等)
2001 (平成13) 年	WHO国際障害分類改訂「国際生活機能分類 (ICF)」発行	
2002 (平成14) 年	「アジア太平洋障害者の十年」最終年度	「身体障害者補助犬法」制定
2003 (平成15) 年	第二次 アジア太平洋障害者の十年 (〜2012年)	支援費支給制度実施 障害者基本計画・重点施策実施5か年計画 (前期5か年計画〈障害者プラン〉) 実施 (4月〜)
2004 (平成16) 年		「今後の特別支援教育の在り方について」発表 「特定障害者に対する特別障害給付金の支給に関する法律」策定 「今後の障害保健福祉施策について〜改革のグランドデザイン案〜」発表 「障害者基本法」改正 (差別の禁止等)
2005 (平成17) 年		「発達障害者支援法」施行
2006 (平成18) 年	国連「障害者の権利に関する条約」採択〜私たち抜きで私たちのことを決めないで〜 (12月)	「障害者自立支援法」施行 「学校教育法」改正 (特別支援学級・学校)
2007 (平成19) 年		「障害者権利条約」署名
2008 (平成20) 年	国連「障害者権利条約」発効 (5月)	重点施策実施5か年計画 (後期5か年計画〈新障害者プラン〉) 実施 (4月〜)
2012 (平成24) 年		「障害者虐待の防止、障害者の養護者に対する支援等に関する法律」施行 「障害者基本法」改正
2013 (平成25) 年	第三次 アジア太平洋障害者の十年 (〜2022年)	「障害者総合支援法」施行 「国等による障害者就労施設からの物品等の調達の推進等に関する法律」施行 障害者基本計画 (第3次) (〜2017年度)
2014 (平成26) 年		障害者権利条約批准 (1月20日) (発効：2月19日 (批准世界141番目))
2015 (平成27) 年	インチョン (仁川) 宣言採択 (「世界教育フォーラム」「2030年に向けた教育：包括的かつ公平な質の高い教育及び万人のための生涯学習に向けて」)	
2016 (平成28) 年		「障害を理由とする差別の解消の推進に関する法律」施行
2018 (平成30) 年		障害者基本計画 (第4次) (〜2022年度)
2023 (令和 5) 年		障害者基本計画 (第5次) (〜2027年度)

出典：編者作成

◆**引用文献**

1) パール・バック、伊藤隆二訳『母よ嘆くなかれ』法政大学出版局　1993年　p.118
2) バンク-ミケルセン、花村春樹訳『「ノーマリゼーションの父」N・E・バンク-ミケルセン ―その生涯と思想―』1994年　pp.155-156
3) United Nations General Assembly. *Convention on the Rights of Persons with Disabilities.*（2006）
   https://www.mofa.go.jp/mofaj/files/000018094.pdf（2023年10月12日閲覧）
4) ロレラ・テルジ編、メアリー・ウォーノック，ブラーム・ノーウィッチ著、宮内久絵・青柳まゆみ・鳥山由子監訳『イギリス特別なニーズ教育の新たな視点 2005年ウォーノック論文とその後の反響』ジアース教育新社　2012年　p.17
5) ベネッセ総合研究所「第3回幼児教育・保育についての基本調査」2018年
   https://berd.benesse.jp/up_images/research/chapter1.pdf（2023年10月12日閲覧）
6) 文部科学省初等中等局特別教育支援課「特別支援教育の充実について」2022年
   https://www.mhlw.go.jp/content/001076370.pdf（2023年10月12日閲覧）
7) United Nations Convention on the Rights of Persons with Disabilities. *Concluding observations on the initial report of Japan.*（2022）
   https://view.officeapps.live.com/op/view.aspx?src=https%3A%2F%2Fwww.dpi-japan.org%2Fwp-content%2Fuploads%2F2022%2F09%2F4b40e52dfcbeb4069f914f29dd82baf2.docx&wdOrigin=BROWSELINK（2023年10月12日閲覧）
8) 前掲7）
9) 赤木和重・岡村由紀子編『「気になる子」と言わない保育　こんなときどうする？考え方と手立て』ひとなる書房　2013年　p.103

◆**参考文献**

• 河東田博『ノーマライゼーションの原理　人権と共生の原理の探究』現代書館　2009年
• 小国喜弘編『障害児の共生教育運動　養護学校義務化反対をめぐる教育思想』東京大学出版会2019年
• 小國喜弘『戦後教育史　貧困・校内暴力・いじめから不登校・発達障害問題まで』中公新書　2023年
• 柴崎正行編『障がい児保育の基礎』わかば社　2014年　pp.167-183
• 『障がい児保育』光生館　2012年　pp.19-32
• 中村満紀男・荒川智編『障害児教育の歴史』明治書店　2003年
• 清水貞夫『インクルーシブな社会をめざして　ノーマライゼーション・インクルージョン・障害者権利条約』クリエイツかもがわ　2010年
• 茂木俊彦『統合保育で障害児は育つか　発達保障の実践と制度を考える』大月書店　1997年
• 日本精神薄弱者福祉連盟編『発達障害白書　戦後50年史』日本文化科学社　1997年
• 野村朋「『気になる子』の保育研究の歴史的変遷と今日的課題」『保育学研究』第53巻第3号　2018年pp.70-80
• 吉川和幸「我が国の幼稚園における障害児保育の歴史的変遷と現在の課題」『北海道教育大学大学院教育学研究院紀要』第123号　2015年　pp.155-173
• World Conference on Special Needs Education: Access and Quality（1994）. The Salamanca Statement and Framework for Action on Special Needs Education.
   https://www.european-agency.org/sites/default/files/salamanca-statement-and-framework.pdf（2023年10月12日閲覧）

同じを求めなくていい、
それぞれ違うからこその良さ、ダイバーシティのいま

わが国において1950年代は、障害のある子どもの教育や保育の受け入れが十分とは言えなかった。近年は、社会全体で多様な人とかかわり合うことで、より発展的な考えにつながるとして、多様な人材が活躍できる職場環境の推進としてダイバーシティの考え方を取り入れる企業も増えてきている。

教育の場面でもダイバーシティの考え方は少しずつ浸透してきており、例えば、ジェンダーに関する分野はわかりやすく改変されている。教育の場で、制服や体操服を各園や各校で指定しているところもあるだろう。それぞれ、男子のもの女子のものと分けられていたが、現在は体操服については男女共通のものとなり、制服も自認する性のものを選択できるようになってきている。これは、保育や幼児教育にかかわる園や施設でも制服の廃止などの動きをみせている。

障害に関する分野では、特に新型コロナウイルス感染拡大の影響が大きな転換期でもあったことから、小・中・高・大の教育機関ではオンデマンド配信（ライブ配信）型の授業が急速に発展した。このことは、障害のある方にとっても好転的であり、障害により移動が困難な場合でも受講することができたり、動画配信には字幕をつけることが可能であるため聴覚障害のある方にとっては他の生徒・学生と同様にサポーター等を介さずに受講することができるようになった。

また、発達障害（限局性学習障害など）の場合でも何度も動画を見たり止めたりすることができ、自分のペースで文字の書き写しなども可能となった。また、不登校の子どもたちの居場所としてインターネット上の仮想空間“メタバース”を利用し、メタバース内の教室で授業を受けたり、質問や相談が気軽にできたり、他者とコミュニケーションをとることも可能となっていることから、近い将来、大学においてもメタバースキャンパスができることも考えられるだろう。ICTをうまく活用することでどのような人でも教育を受けやすくなってきており、教室という場で授業を受けるといった従来の型にはまったものに柔軟性が出てきている。

障害のある子どもたちの保育や教育の場はどこであるのだろうか。みんなが同じような場所で、同じように教育を受けなくても良いのではないだろうか。厚生労働省から公表された「職場におけるダイバーシティ推進事業について」では、企業での取り組みが行われているが、これからは子どもたちの保育や教育の場も含め、社会全体の考え方となっていくことだろう。

人間には個性や特性があり、“いろいろな人がいて当たり前”と、その違いを互いに認め合い、尊重することがニューノーマルになっていく。マイノリティ（少数派）という言葉や考え方の必要がなくなる社会となっていくのではないだろうか。

考えてほしい視点

▶ 未来を担う子どもたちに、ダイバーシティの考え方をどう伝えればよいだろうか。

▶ ダイバーシティとは何か？自分たちの身近なことと照らし合わせながら考えてみよう。

参考文献
● 厚生労働省「職場におけるダイバーシティ推進事業について」
　https://www.mhlw.go.jp/stf/seisakunitsuite/bunya/koyou_roudou/koyoukintou/0000088194_00001.html（2023年10月12日閲覧）

第 3 章

障害というとらえ方

学びのポイント

> 「障害」に対する概念については、既にWHO（世界保健機関）からの提起を受けて久しい。子どもの「育ち」・「巣立ち（自立）」といった成長・発達に欠かすことのできない専門的支援や保育場面において格差を生じさせないためには、子どもの支援にかかわる保育士などの専門職者が障害に関する正しい観点や国際的動向などへの共通理解が必要となる。
> そこで、本章では障害児への理解の基本とも言うべき障害の概念について、WHO「ICIDH（国際障害分類）」「ICF（国際生活機能分類）」から確認し、子どもの支援に携わる専門職としての「障害の考え方」について言及していきたい。

1. 障害とインクルージョン

　「障害者の権利に関する条約（障害者権利条約）」[*1]には、当事者の権利と尊厳を保護・擁護し、障害を理由とする差別の禁止、障害の有無にかかわらず当たり前に暮らすための施策、障害児保育・教育、等に関する条項について包括的に定めている。同条約では、差別と合理的配慮の定義に基づき、障害者が「地域社会に完全に包容される社会（ソーシャル・インクルージョン）」づくりを目指すよう、その取り組みについても締約国に対する責任を課している。さらに、インクルーシブで質の高い教育（保育）制度を確保すること、子どものニーズに応じた合理的配慮を行い、完全なインクルージョンを目標にすること、に関する締約国の措置をも明記している。

　このように、同条約で障害児の保育・教育にかかわる基本的方向性を明確化している[*2]のと同様に、「児童の権利に関する条約（児童権利条約）」[*3]においても、「身体的、精神的な障害を有する児童が、その尊厳を確保し、自立を促進し、社会への積極的な参加を容易にする条件下で、十分かつ相応な生活を享受できるよう利用可能な手段や適切な支援を可能な限り無償で与えられ、当該児童が可能な限り社会への統合（ソーシャル・インクルージョン）及び、個人の発達を達成することに資する方法が享受できるよう」に、締約国への責任を課している。このように、国連（国際）レベルでは既にソーシャル・インクルージョンの観点からの教育や保育のあり方に関する基本姿勢を表明している。

　さらに、「障害」に対する概念、定義についても、既にWHO（世界保健機関）

*1　障害者の権利に関する条約
　2006 年 12 月 13 日第61回国連総会採択、2008 年 5 月 3 日発効、2007年9月28日日本条約署名、2014 年 1 月 20日日本批准、同年 2 月 19日日本国内効力発生。

*2
　法体系からみて、条約（国際法）は日本国憲法より下位であるが、法律よりも上位に位置づけられるため、本条約を批准した場合、わが国の関連法律は条約に拘束されることとなる（憲法→条約→法律→条例の順）。したがって、本条約の内容と関係法律の整合性を踏まえた改正が随時検討される。

*3　児童の権利に関する条約
　1989（平成元）年11月20日第44回国連総会採択、1990（平成2）年9月21日日本条約署名、1994（平成6）年4月22日日本批准、同年5月22日日本国内効力発生。

からの提起を受けて久しい。したがって、保育士などの専門職者がこれから
のインクルーシブ（障害児）保育について考えていくにあたっては、障害に
関する国際的概念や観点、国際的動向等の共通理解も必要となろう。

　しかしながら、子どもに障害があるという理由だけで社会的排除や市民的
利益の共有を妨げられる等の不利益を被る場面は社会生活上に多々見受けら
れる。特に、保育や教育等の子どもたちの「育ち」・「巣立ち（自立）」といっ
た成長・発達に欠かすことのできない専門的支援や場面において格差を生じ
させないためには、今なお教育的・社会的な努力が要請されていることは論
を待たない。

　そこで、本章ではインクルーシブ保育の基本とも言うべき障害の概念につ
いて、WHO「ICIDH」「ICF」から検討し、子どもの支援に携わる専門職とし
ての「障害の考え方」について言及していきたい。

2. 障害（者）の見え方

1 歴史的経緯のなかの「障害観」

　過去の社会が認知、判断してきた障害のとらえ方や障害者の社会的位置づ
けや処し方は、当時の社会状況（社会相）、社会集団への同調意識や判断基準、
常識といった観念の反映でもあった。特に、医療や科学技術が未発達な時代
では、因果応報の観点から「罪と罰の対象」「戒め・罪の贖い」として障害や
疾病（癩病）をとらえることの方が、生活者の納得や社会秩序の維持、安寧
にとって有益（有効）かつ効率的な手段になり得たと考えられる。古代の自
然的不平等の時代を端緒に、障害者は「罪業・触穢」「排除・遺棄・抹殺」「憐
れみ・嘲笑」「慈善」「治療」の対象という歴史を長く背負ってきた。当事者
が同じ市民として対等に社会を歩むことのできる日常を取り戻すまでには、
20世紀を待たざるを得なかった。

　障害者への処遇や取り巻く状況については、長い時代を経てもなお障害者
の生活や人生、人間としての市民的権利が保障されてきたかという問いにつ
いては、未だ明確な答えを得ることは難しいであろう。「歴史は現代を映す
鏡である」という言説がある通り、常識や慣習、生活様式等は歴史的経緯の
なかで育まれ文化として成立し、現代に継承されてきた。したがって、現代
社会に散見する障害者に対する見方や行為もまた、過去の歴史からの映し鏡
と言える。つまり、過去から継承されてきた非科学的な正当化に基づくとら

え方が障害者差別を容認する一要因にもなっている。

　このような障害者に対する見方（とらえ方）である「障害観」について、「現代は、相対的価値体系のもとにある社会である。障害者は、障害という差異を曲解あるいは、その差異に対する価値づけという形を通して、相対的価値体系の支配を受ける。相対的価値体系は、少なくとも古来以来のものであり、現代においては、一人ひとりを大切にしない歪曲された合理主義と共に、資本主義生産様式によって、助長・強化されている」[1]との指摘もある。障害観が形成されるに至るには複雑な要因が絡み合うと考えられるが、いずれにしても障害に対する無知・誤った・偏ったとらえ方は、当事者の人生（権）や生活に多大な影響を及ぼすことになる。

2　障害観と4つのバリア

　障害者の社会生活を阻害する要因となる障壁（バリア）について「4つのバリア」がよく知られている。『平成7年度　障害者白書』では、障害者が社会参加する上での障壁（バリア）について「物理的」・「制度的」・「文化・情報面」・「意識上」の4分類（4つのバリア）を提起している。特に大きなバリアとなり、古くて初歩的であるものの解決が最も難しいと言われるのが障害者への無知・無関心・障害に関する誤解や偏った見方（偏見）、つまり「意識上のバリア」である。

　障害者に対する見方（意識の壁）は、当事者の権利と生活だけではなく、存在そのものにまで影響を及ぼしてしまうことがある。例えば、障害者を「神に近い存在」「先祖の祟り」「戒めや教訓（罰）の対象」「社会にとって役に立たない」「迷惑な存在」「好奇・嫌悪・嘲笑の対象」「犯罪と障害とを短絡的な結びつけ」「遺伝」などの誤解や否定的見解（解釈）、「かわいそう」「気の毒」「不幸」という哀れみ・同情といった観念などは、障害を有しない者からの一方的かつ根拠に乏しい認識があることは実体験として理解できるであろう。それは、障害者福祉事業所やグループホーム等の建設反対運動にみる「地域コンフリクト」、障害児の小学校就学時にかかわるトラブル、就職差別、結婚差別、補助犬同伴障害者の入店・乗車拒否等、社会において垣間見られる当事者への不利益につながる行為から想像に難くない。

　子どもの「育ち」「巣立ち（自立）」にかかわる専門職者は、子どもたちの人生に足跡を残すほどの影響力を持つ。保護者の良き理解者であり助言者であるべき保育士などを始めとする支援者が、障害をどのようにとらえ、考えて

いるかによっては、障害のある子ども本来の姿を歪め、その子どもが最善の利益に向けた支援つまり保育実践に影響を与え兼ねない。したがって、正しい障害の概念を理解することは、対人サービスを担う専門職には欠かすことのできない資質であり、共通基盤であると言える。次節では障害の概念についてWHO「ICIDH（国際障害分類）」「ICF（国際生活機能分類）」から整理し、確認していく。

3. 障害の概念と定義 ─障害の考え方─

1 それは弱くもろい社会

　障害のとらえ方及び社会のあり方について、資料としては古いものの「国際障害者年行動計画（抜粋）」（表3−1）は今もなお示唆に富んでいる。特に、「障害者の抱える問題は全体としてとらえる（第58項）」とともに、「障害という問題をある個人とその環境との関係としてとらえることがずっとより建設的な解決の方法であるということは、最近ますます明確になりつつある（第63項）」と既に述べている。つまり障害の問題は環境との関係としてとらえることが建設的な解決方法であるという提起を約40年前に当たり前のこととして指摘している。

　また、「社会は、文化的・社会的生活全体が障害者にとって利用しやすいように整える義務を負っている（第63項）」と、社会に対する責任を述べた上で、それら取り組みの結果は「社会全体にとっても利益となるもの（第63項）」であると言及している。さらには、「社会がその構成員のいくらかの人々を閉め出すような場合、それは弱くもろい社会なのである（第63項）」と現在で言うところのソーシャル・インクルージョンの萌芽とも言うべき排除なき社会の構築をこのような表現で謳いあげるとともに、障害者は「特別な集団ではなく、その通常の人間的なニーズを充たすのに特別の困難を持つ普通の市民である（第63項）」と、人としての対等性をも明確に提言している。

　本計画は、1981年開催の国際障害者年に向けた行動指針を示すために国連総会にて1980年に採択されたものであるが、世界の障害児・者を取り巻く状況を鑑みると、今なお新鮮な言説を含んだ内容と言っても過言ではないだろう。

表3-1 国際障害者年行動計画 (抜粋)

> 国連総会決議34／158・1980 (昭和55) 年1月30日採択
>
> A　序：国際障害者年行動計画の概念構想と主な原則
>
> 57.　国際障害者年の目的は、障害者がそれぞれの住んでいる社会において社会生活と社会の発展における「完全参加」並びに彼らの社会の他の市民と同じ生活条件及び社会的・経済的発展によって生み出された生活条件の改善における平等な配分を意味する「平等」という目標の実現を推進することにある。こうした考え方は、すべての国において (中略) 同様に、等しい緊急性をもってとり入れられるべきである。
>
> 58.　障害者の抱える問題は全体としてとらえるとともに、発展のあらゆる側面を考慮に入れなければならない。
>
> 61.　国際障害者年の重要目的の一つは、障害とは何か、それはどのような問題をもたらすかについての公衆の理解を促進することでなければならない。今日、多くの人々は、障害とは「人体の物理的動作の支障」と等しいと考えている。しかし、障害者といっても等質の集団をなすものではない。例えば耳が全く聴こえない者及び聴覚機能に障害のある者と、視覚障害者、精神薄弱者及び精神病者、身体の動きに障害のある者、そして様々な医学的支障を有している者は、それぞれ異なった解決法を有する異なった問題を有しているのである。
>
> 63.　障害という問題をある個人とその環境との関係としてとらえることがずっとより建設的な解決の方法であるということは、最近ますます明確になりつつある。過去の経験は、多くの場合社会環境が1人の人間の日常生活に与える身体・精神の不全の影響を決定することを示している。社会は、今なお身体的・精神的能力を完全に備えた人々のみの要求を満たすことを概して行っている。社会は、全ての人々のニーズに適切に、最善に対応するためには今なお学ばねばならないのである。社会は、(中略) 文化的・社会的生活全体が障害者にとって利用しやすいように整える義務を負っているのである。これは、単に障害者のみならず、社会全体にとっても利益となるものである。ある社会がその構成員のいくらかの人々を閉め出すような場合、それは弱くもろい社会なのである。障害者は、その社会の他の者と異なったニーズを持つ特別な集団と考えられるべきではなく、その通常の人間的なニーズを充たすのに特別の困難を持つ普通の市民と考えられるべきなのである。障害者のための条件を改善する行動は、(中略) 国の改革プログラム及び国際協力のための常例的プログラムの一環でなければならない。
>
> (下線筆者)

2　ICIDHの特徴と概念

　1980 (昭和55) 年にWHOから「ICIDH*4」が発表された。ICIDHはこれまでの、社会的・文化的・宗教的観念などの個人的主観によって異なる障害のとらえ方から、当事者を取り巻く物理的、制度的、文化・情報、心理的 (意識) などの周囲にある"環境との関係性"というベクトルにより、障害を客観

＊4　ICIDH
　国際障害分類：International Classification of Impairments, Disabilities, and Handicaps　1980年

的に把握し、理論的に共通理解可能な構造モデル（概念化）を試みている。

　ICIDHの考え方は、「疾患・変調（disease or disorder）」から「機能・形態障害（impairment）」へ向かい、次いで「能力障害（disability）」及び「社会的不利（handicap）」へと向かう構造となっている（図3−1参照）。つまり、障害を一元的な見方や考え方ではなく、構造化した3つの次元（観点）からのとらえ方で理論化した。これにより、障害を、個人や当事者家族への問題に帰結せず、環境（社会）からの視点で考える契機となった。

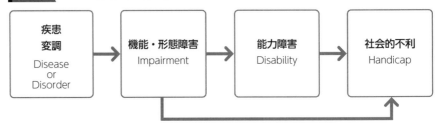

図3-1 ICIDH（国際障害分類）1980年

出典：厚生労働大臣官房統計情報部編『WHO国際障害分類試案（仮訳）』厚生統計協会1984年

1 機能・形態障害

　1つ目の観点を「機能・形態障害」と提起し、身体的機能や形態および脳の機能的側面にみる「心理的、生理的又は解剖的な構造又は機能の何らかの喪失又は異常」と定義した。これは、生物学的・医学的観点でとらえる障害を意味し、脳の機能障害による知的発達の遅れ（知的障害）・交通事故による脊椎損傷・脳性麻痺による手足手指などの機能面での状態を示す「機能障害」、また手足の欠損などの形態という側面における状態を示す「形態障害」を指している。この考え方は、「生物学的・医学的レベル」での認識であり、主に医学上の判定に用いることが可能な概念である。一般的には、見た目や特徴的理解のしやすさから障害をこの次元で判断してしまうことが多い。

2 能力障害

　2つ目の観点を「能力障害」と提起し、「人間として正常と見なされる方法や範囲で活動していく能力の（機能障害に起因する）何らかの制限や欠如」と定義した。これは、個人の能力的な程度・範囲、主観などとの関連で考える生活上のしづらさである。足の機能・形態障害の結果、歩くことや走るといった移動する能力が能力的にしんどい・しづらい・支障をきたす・時間を要するなどの「個人的レベル」における状態・状況を意味する。つまり、機能・形

態障害を起因として何かを行う上での個人的な能力上の支障を指す。人間の生活という観点から考えた場合、この次元は当事者が人生を送る上でのキーワードとなる。当事者が補装具や日常生活用具・環境調整などを上手く活用できるかどうかで、日常生活上のしづらさ・支障（能力障害・能力低下）を軽減し（補い）社会参加を左右するという点で重要となる。

3 社会的不利

3つ目の観点を「社会的不利」と提起し、「機能障害や能力低下の結果として、その個人に生じた不利益であり、その個人にとって（年齢、性別、社会文化的因子からみて）正常な役割を果たすことが制限されたり、妨げられたりすること」と定義した。例えば、能力障害を車椅子で補い、その当事者が社会参加をしようとした時に物理的・心理的な種々の不利益を「環境」側から被ることがある。そのような、周囲の環境に存在する障壁（バリア：物理的・制度的・文化的・意識）から被る不利益は、当事者の努力とは異なる次元の課題であり、自己解決や自己による克服も困難なものであり、当事者の責任とは言い難い場合が多い。当事者が能力を補う工夫や努力をしているにもかかわらず、社会参加しようとした時に外的要因（環境の側）から被る不利益という現象がある。この点を「社会的レベル」にかかわる障害として位置づけた。

つまり、個人の身体に付随する「障害」は当事者やその家族の問題という第一義的責任としての自己・自助努力に基づく障害観に委ねるだけではなく、障害を社会的多角的な次元でとらえることによって、多様な状態や要因から障害を解釈し直す契機となった。

3 ICFへの変遷

環境との関係性による「社会的不利（handicap）」も障害として組み込んだ視点は、生活のしづらさの要因が個人のみにあるのではなく、周囲の環境（社会の側）にも解決すべき課題があり、環境が障害を作り出すこともある、という点を提起した。このことは、1980年代以降盛んとなったバリアフリー*5やユニバーサルデザイン*6の取り組みへの契機となっていく。

また、国連「障害者に関する世界行動計画（1982年12月3日第37回国連総会採択）」においても「ハンディキャップ（不利）とは障害者と彼らをとりまく環境との関係のあり方から生まれるものである。市民が利用できる社会の

＊5　バリアフリー
　バリアフリー（Barrier-Free）は、身体障害等の制限を有する人々に対して、建物や環境へのアクセスや利用が容易になるように設計していく取り組みを指し、国際障害者年を契機に1980年代以降盛んとなったアプローチである。バリアフリーデザインは、障害者のニーズに合わせたアクセシビリティを提供することに焦点を当てており、例えば、階段の代わりにエレベーターやスロープを設置することで、車椅子使用者や高齢者の利用を容易にするための設計等が該当する。

＊6　ユニバーサルデザイン
　ユニバーサルデザイン（Universal Design）は、もとからすべての人にとって使いやすい、利用可能な環境や製品を設計することをコンセプトとしている。ユニバーサルデザインは、年齢、身体的能力、性別、文化的背景等に関係なく、特別な配慮を必要とする人々だけでなく、多様なニーズを有するより多くの人々が利用可能で快適な体験を共有できるように設計していく考え方を指す。ユニバーサルデザインは、社会全体にとってより包括的で効果的なアプローチとされており、バリアフリーデザインはその一部として考えられる。

種々のシステムについて、利用を妨げる文化的、物理的あるいは社会的障壁に障害者自身が実際にぶつかったときに生じる。このように、ハンディキャップとは、他の人々と平等に社会生活に参加する機会を喪失、または制約されることである」と指摘している。障害者が同じ市民として社会生活を送ることができるように社会環境を改善（調整）していこうとする潮流は、1950年代以降から提唱されてきたノーマライゼーション理念と矛盾するものではない。

　しかし、障害とは生活上の多様な現象との複雑な相互作用により顕在化するため、ICIDHの構造モデルについては、一方向的な因果関係論的概念図で表現している点、環境の位置づけの不明瞭さ、社会参加の責任を安易に環境や社会へすべて責任転嫁してしまう「社会的不利」の妥当性と曖昧さなど、指摘や批判があった。そのため、約20年後の2001年5月22日WHO総会第54回世界保健会議において、ICIDHは「ICF」へと改定されるに至った。

4. 新たな障害観

1 ICFの特徴と概念

＊7　ICF
　国際生活機能分類：International Classification of Functioning, Disability and Health　2001年

　ICF[*7]では、ICIDHの概念・定義を再検討し、「機能・形態障害」「能力障害」「社会的不利」の3つの次元（レベル）を「生活機能」ととらえ、人生・生活（その人の生きること、その状況・状態）すべてを包含する用語とした（図4-2）。つまり、「生命レベル・生活レベル・人生レベル」の3つのレベルで人が生きていることを総合的にとらえる点[2]に特徴がある。そのため、ICIDHにみられる「障害」という否定的表現を下記の通り中立的表現へと変更した。

「機能・形態障害」→「心身機能・身体構造（body functions and structures）」
「能力障害」→「活動（activities）」
「社会的不利」→「参加（participation）」

　さらに、「背景因子」として、個人と外的関係性（外部からの影響）を示すこれまでの「環境因子」に加え、個人の人生や生活の特別な背景（人格や成育歴等）を意味する「個人因子」という概念を追加した。人々の社会生活には、それらすべての諸因子が相互に関連し影響し合うという点も明確化した。

　これらの概念を基に、人の生活機能と障害は、健康状態（病気、変調、傷害、ケガ等）と「3つのレベル（心身機能・身体構造、活動、参加）」及び「背景因

子（環境、個人）」とのダイナミックな相互作用によるもの（相互作用モデル）とする考え方に深化させた（図3－2・表3－2参照）。

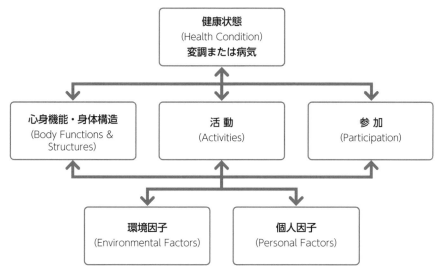

図3-2　ICF（国際生活機能分類）2001年

出典：障害者福祉研究会編『ICF国際生活機能分類-国際障害分類改定版-世界保健機関（WHO）』中央法規出版　2002年

2　ICFがもたらした意義

　人は、多様な環境因子や個人因子との相互関係によりながら生活を送っていく。その際に支障や制限・制約を感じる状態・状況が出てくることがある。ICFでは、その状態・状況を「機能障害」「活動制限」「参加制約」と再定義し、この支援を要する状況を障害と考えた。つまり、その人自身にラベリングされる障害者や障害という前提（認識）を覆し、当事者そのものが障害ではないことを明確化した。障害の有無などにかかわりなく、人が日常生活や社会参加（環境にアクセス）をしようとした時に生じる困難や活動制限、参加制約に陥った状況や状態を障害として考える。したがって、社会生活上の困難や問題・制限・制約を感じた状況・状態・現象に着目し、生活全体を通してその状況を把握しながら当事者にかかる制限や制約の在り様を評価していく、という当事者の肯定的側面を重視した。

　さらに、共通言語として「人が生きることの全体像」[3]という概念を位置づけ、障害の有無よりも生活機能という観点に基づいた人生・生活の全体性をとらえていくことを要件としている。これにより、医療・保健・福祉・教育・

表3-2 「国際生活機能分類」定義一覧

用　語	定　義
健康状態	健康状態とは、病気（急性あるいは慢性の疾患）、変調、傷害、ケガ（外傷）の包括的用語である。妊娠、加齢、ストレス、先天性異常、遺伝的素質のような状況も含んでいる。
生活機能	生活機能とは、心身機能・身体構造、活動と参加の包括用語であり、個人とその人の背景因子（環境因子と個人因子）との相互作用のうちの肯定的な側面を表すものである。
心身機能・身体構造	心身機能とは、身体系の生理的機能である。 身体構造とは、器官・肢体とその構成部分などの、身体の解剖学的部分である。 身体とは、人体機構の全てを指し、脳とその機能である心も含まれる。したがって、精神的機能は心身機能に含まれる。 機能障害とは、著しい変異や喪失などといった、心身機能または身体構造上の問題である。ある健康状態の一部であったり、そのひとつの表れであったりする。必ずしも病気が存在しているとか、その人を病人とみなすべきだということを示すものではない。
活　動	活動とは、課題や行為の個人による遂行のことである。それは、生活機能の個人的な観点を表す。 活動制限とは、個人が活動を行うときに生じる難しさのことである。活動を行う際に期待される方法や程度と比較しての差異であり、それは質的・量的な面、または軽度から重度までわたる。
参　加	参加とは、生活・人生場面へのかかわりのことである。 参加制約とは、個人が何らかの生活・人生場面にかかわるときに経験する難しさのことである。参加制約が存在するかどうかは、ある人の参加状態と、その文化や社会において障害のない人に期待される参加状態を比較することによって決定される。
背景因子	背景因子とは、個人の生活・人生に関する背景全体を構成する因子を表す。それは、「環境因子」と「個人因子」の2つの構成要素からなり、その人の健康状況や健康関連状況に影響を及ぼす。 環境因子とは、人々が生活し、人生を送っている物的・社会的環境、人々の社会的態度による環境を構成する因子である。この因子は、その人の社会の一員として実行状況、課題や行為の遂行能力、心身機能・構造に対して、肯定的・否定的影響を及ぼす。（機能への外部からの影響） 環境因子には、個人的（家庭・職場・学校などの場面を含む個人にとって身近な環境。人が直接接触するような物的・物質的環境や家族・知人・仲間・他者との直接的接触を含む）及び社会的（コミュニティーや社会における公式または非公式な社会構造、サービス、制度であり、個人に影響を与えるもの。就労環境、地域活動、政府機関、コミュニケーション、交通サービス、非公式社会ネットワーク、法律、規定、公式・非公式な規則、人々の態度、イデオロギーなどに関連する組織を含む）なレベルに焦点を当てる。環境因子は、心身機能、身体構造、活動、参加といった構成要素と相互作用する。 個人因子とは、個人の人生や生活の特別な背景であり、健康状態や健康状況以外のその人の特徴からなる。性別・年齢・人種・健康状態・体力・ライフスタイル・習慣・生育歴・困難への対処方法・社会的背景・教育歴・職業・過去及び現在の経験（出来事）・全体的な行動様式・性格・個人の心理的資質・その他の特質などが含まれる（機能への内面からの影響）。
阻害因子 (barriers)	阻害因子とは、ある人の環境において、それが存在しないこと、あるいは存在することにより、生活機能が制限され、障害を生み出すような因子をいう。 これらには、利用不可能な物的環境、適切な福祉用具がないこと、一般の人々が障害に対してもつ否定的態度、また、人が生活・人生のあらゆる分野に関与することを促進することを目的としたサービス・社会制度・政策が存在しないか、かえってそれを妨げるものになっていることが含まれる。

出典：障害者福祉研究会編『ICF国際生活機能分類－国際障害分類改定版－世界保健機関（WHO）』中央法規出版　2002年　をもとに筆者作成

　　　　　就労等の場における障害の総合的評価およびサービス計画・評価等の臨床的手段の提供、障害分野の諸問題としてのニーズの把握・サービス構築、法制度上の問題、生活上の問題等に関する標準的枠組みの提供が可能となった。

　　　　個人やその家族のみが障害の問題を抱え、責任を感じるのではなく、環境

（物理的・制度的・心理的等）とのかかわりのなかで生じる不利益を生じさせる現象も含めて障害としてとらえる視点は、人の生活の全体像からとらえることを促し、過去の障害観からの転換を図る上で重要な役割を担ってきた。同じような身体的状態であっても、国や文化・社会的状況、つまりその周囲の環境下によって生活しづらさや生活・人生レベルも個々人により異なる。したがって、障害を把握する時、個人の努力も必要であるが、それだけに責任転嫁するのではなく、「個人とそれを取り巻く環境とのかかわりのなかで生じる問題」として障害をみつめ直し、環境改善や調整を図っていくことで障害の程度（生活のしづらさ）が軽重されるという障害観の確立へと至った。

5.　インクルーシブ保育という視点

1　インクルーシブ保育の実践的視点

　ICFの重要性は、生活上の制限や制約・問題の要因を、その人の生活機能の全体像から把握することの大切さを教えてくれている点にある。一般的に障害を「機能・形態障害」でとらえがちとなる。例えば、わが国も「身体障害・知的障害・精神障害・発達障害」という「機能・形態障害」の枠組みで法的に規定している。そのため、障害の「原（病）因」となる箇所を治療し改善することに重きを置く「医学モデル*8」に基づき障害児の生活上の課題や問題の解決を図ろうとする。故に、当事者や家族への自己努力・自助努力に責任を求めてしまう。したがって、子どもの障害を「治療」の対象としてとらえてしまうことで、そのマイナスをプラスに転じていくための要求や努力を強いてしまい、「組織的・集団的な保育」についていけない場合は「手のかかる・困った・乱す子ども」というラベリングに陥る。つまり、保育にかかわる専門職者の障害観の持ち様によっては、その子どもと家族への重圧となることも考えられるし、子どもの全体をとらえた支援と社会参加への可能性を狭めてしまう不安も否めない。

　保育という対人援助（支援）で大切なことは、いったん私たちがマイナスと見たところにプラスを見出し、病気と見たところに健康を見出し、失敗と感じたところに達成を見出すことを心がける「加点評価」の視点である。この視点が共有されなければ、子どもの障害は常に集団において「手のかかる困った（気になる）子」という対象としてカテゴライズされてしまう。本来、すべての子どもは「手がかかる」「気になる」「ニーズを有する」状態のはずであろう。

*8
　「医学モデル（個人モデル）」とは、障害は個人の心身機能によるため治療の対象や個人の問題として当事者（その家族）をとらえる考え方を指す。
　これに相対する用語として、「社会モデル」があるが、これは、障害は社会（環境）と個人の心身機能の障害が関係し合うことで生じるため、その障壁の軽減（除去）は社会の責務であり、社会全体の問題としてとらえる考え方を指す。

保育に携わる専門職には、子どもの発達支援という価値観を共通基盤に、障害の有無にかかわらず子どもがいかに人間らしく生活し、自身の人生に対して能動的に希望を持って歩んでいくことができるか、という「人が生きることの全体像」を見据えた支援を担ってほしい。

2　インクルーシブ保育がもたらす意義

　インクルーシブ保育の実践的意義は、障害児を治療して正常にする、「健常児」に近づける、という趣旨ではなく、多様な人間関係のなかで個々の子どもたちが有する能力を活かしながら、今日よりも明日を期待しつつ今の生活を送ることのできる方策について探求し合うことであり、人生における力強いスタート（きっかけ）を考えていくことにあろう。

　それは、生活上の課題や問題の要因を個人の「身体障害・知的障害・精神障害・発達障害」に求めず、その家族に責任転嫁するのでもなく、子どもの生きるということを総合的にとらえる広角的視野に基づいて判断できる能力と専門的スキルに期待されるのである。

　人間の顔や性格、身長、体重、肌の色などが個々人で異なるのと同様に、身体的・知的な状態もまたその人そのものであり、その人固有の状態である。それらをも含めた生きることの全体的様相を考え、個人や家族の解決可能な課題はそこに委ねつつも、環境との関係性という視点を踏まえたバランスのとれた支援のあり方を検討していくことで構築される実践を目指したい。

　すべての子どもは生活上多様なニーズを有していると述べた「サラマンカ宣言」[9]「インチョン宣言」[10] 以降の国際的なインクルーシブ保育・教育の動向等を踏まえると、障害も多様なニーズの一つとしてとらえながら一人の子どもも排除されずにインクルージョン（包含）できるように、公正で質の高い保育・教育的なかかわりと支援が世界標準として求められてきているのである。このような解釈や視点は保育に従事する専門職者に求められるべき共通認識であろう。その上で、子どもの障害を受容しつつも、障害の有無にとらわれず、互いのできることを活かし伸ばしていくことを可能とする環境（物的・人的）へと工夫された柔軟性のある保育実践が望まれる。

＊9　サラマンカ宣言
　第1章参照。

＊10　インチョン（仁川）宣言
　2015（平成27）年、韓国・仁川「世界教育フォーラム」において「2030年に向けた教育：包括的かつ公平な質の高い教育及び万人のための生涯学習に向けて」というテーマにて新たな教育ビジョンとして採択した宣言。

◆**引用文献**

1) 吉本充賜『障害者福祉への視座』ミネルヴァ書房　1978年　p.102
2) 上田敏『国際生活機能分類ICFの理解と活用 ―人が「生きること」「生きることの困難（障害）をどうとらえるか」―』きょうされん　2005年　p.16

◆**参考文献**

・厚生労働大臣官房統計情報部編『WHO国際障害分類試案（仮訳）』厚生統計協会　1984年
・総理府編『平成7年版　障害者白書 ―バリアフリー社会をめざして―』大蔵省印刷局　1995年
・狭間香代子『社会福祉の援助観 ―ストレングス視点／社会構成主義／エンパワメント―』筒井書房　2001年
・障害者福祉研究会編『ICF国際生活機能分類―国際障害分類改定版― 世界保健機構（WHO）』中央法規出版　2002年
・上田敏『国際生活機能分類ICFの理解と活用 ―人が「生きること」「生きることの困難（障害）をどうとらえるか」―』きょうされん　2005年
・独立行政法人国立特別支援教育総合研究所編『ICF（国際生活機能分類）活用の試み ―障害のある子どもの支援を中心に―』ジアース教育新社　2005年
・厚生労働省大臣官房統計情報部編『生活機能分類の活用に向けて ―ICF（国際生活機能分類）：活動と参加の基準（暫定案）―』厚生統計協会　2007年
・独立行政法人国立特別支援教育総合研究所編『ICF及びICF-CYの活用　試みから実践へ ―特別支援教育を中心に―』ジアース教育新社　2007年
・『障害者権利条約で社会を変えたい』福祉新聞社　2008年
・橋本好市「中世における障害（者）観 ―鎌倉期の仏教思想から考察する障害（者）観―」『緑葉16 2021／NOV』神戸常盤大学　2021年
・相原譲治、橋本好市、津田耕一編『障害者福祉論 ―障害者ソーシャルワークと障害者総合支援法―』みらい　2021年
・橋本好市「障害者との共存と障害者観の源流を探る ―古代期にみる障害者観に関する一考察―」『緑葉17　2022／NOV』神戸常盤大学　2022年

あわせて考えたい 障害と障壁

障害とは何か。広辞苑には障害とは「さまたげになること。また、さまたげとなるもの」「心身の機能が十分に働かないこと」とある。大方、障害についてこのように理解されてきたことが大きい。

ICFは、生活機能上の問題は誰にでも起こりうる問題であり、特定の人のものではなく「すべての人に関する分類」としてとらえられ、あわせて生活機能低下を起こす原因を疾患から健康状態という新しい健康観を提起したことが障害のとらえ方を肯定的な解釈へと変えた。社会の仕組みや環境が障害という障壁を生み出しているという考え方である。

私たちの社会は多数派の人に合わせて作られている。集団の行動様式に合わせなくてはならないからそこに障害が生まれるのである。障害とは、ある特定の人だけのものではなく、環境との関係から生まれるものなのである。

例えば、絵本の読み聞かせの保育の場面で考えてみたい。

①しばしば手足をそわそわ動かしたりトントン叩いたりする、またはいすの上でもじもじする。

②しばしば席を離れる。

③絵本の内容で気になるところをしゃべりだす。

このような反応がみられる場合、多動性及び衝動性の傾向があることが予測される。

このときこうあるべき姿という認識から逸脱する子どもの姿を問題としてとらえる保育の場に問題があるという考え方である。じっとしていられないことに問題があるのではなく、じっとしておかなければ困るような保育活動に問題があるのである。また「○○してはダメ」と否定されただけでは、どのような行動をとればいいかわからないという子どももいる。「手はひざに置きます」「おなかを先生に向けます」というような具体的な指示を与えることもある。また一斉活動に参加したくないために、その場からいなくなる子どももいる。無理に戻らせるのではなく「みるだけでもいいよ」という部分的な参加でもよいことにし、「スモールステップで少しずつ集団に参加できるように」という保育者の姿勢が大切である。

環境を整えることによってともに活動すること、活動に参加していることが可能になる。この方法を考えることが、保育者に求められる。

 考えてほしい視点

▶ 絵本の読み聞かせの場面でクラスの子どもたち全員が保育活動を楽しむためにはどのような環境構成をすればよいか考えてみよう。また、どのような点に配慮することが必要か考えてみよう。

▶ じっと椅子に座っていられない子どもには理由がある。その理由はさまざまだが、椅子に座っていられない理由を考えてみよう。

参考文献
●高橋三郎監訳『DSM-5 ガイドブック─診断基準を使いこなすための指針』医学書院　2016年
●「ICF（国際生活機能分類）」─「生きることの全体像」についての「共通言語」─厚生労働省　2006年

第 4 章

障害児保育に関する法律・制度

学びのポイント

本章では、障害児保育に関する法律や制度について、障害児支援の歩みからたどり、障害児への支援やサービスを提供する仕組みや組織体制について整理する。また、障害児保育のあり方を保育所保育指針や幼児教育要領などから考える。そして、新動向・省庁の再編等を踏まえ、障害児保育の推進に向けた取り組みについてまとめる。

1. 障害児を支える社会的仕組み

　障害児保育の歴史的な流れ（第2章参照）やソーシャル・インクルージョンとのつながり（第3章参照）は各章でみてきた通りである。ここでは、まず障害児支援にかかわる法律や制度を整理し、その成立背景や重要なポイントを確認する。次に、障害児にかかわるサービスを提供する組織体制やその役割などについても確認していく。

1　障害児支援の基本方針

1　障害児支援に関する法制度の歩み

　障害児支援に関連する法律や制度の歴史的流れをまとめると、表4−1の通りである。

　障害のある子どもは早期発見や早期予防、またできるだけ早い支援を行うことにより、生活の質的向上を図り社会参加へつなげる環境づくりが可能である。このため、児童福祉法は障害児支援の強化を図るべく、従来の障害種別に分かれていた体系を2012（平成24）年から、通所による支援を「障害児通所支援」に、入所による支援を「障害児入所支援」として、障害児施設や事業の一元化が行われた（図4−1）。

　また、2022（令和4）年6月に「児童福祉法の一部改正法」が、同年12月に「障害者の日常生活及び社会生活を総合的に支援するための法律（障害者総合支援法）の一部改正法」が成立した（両法は2024（令和6）年4月1日から施行）。

　なお、図4−2のとおり、主な障害児に対する福祉サービスは「障害者総合支援法」ではなく、「児童福祉法」で規定されている。

表4-1 障害児支援関連の法制度

年	法制度
1948 (昭和23) 年	● 児童福祉法施行
1950 (昭和25) 年	● 身体障害者福祉法施行
1960 (昭和35) 年	● 精神薄弱者福祉法施行 (1998 (平成10) 年に「知的障害者福祉法」へ改正)
1961 (昭和36) 年	● 日本心身障害児協会 (島田療育園) に重症心身障害児の療育研究を委託
1965 (昭和40) 年	● 肢体不自由児施設における母子入園の制度化
1966 (昭和41) 年	● 国立療養所に重症心身障害児 (者) の委託病棟を設置
1967 (昭和42) 年	● 重症心身障害児施設を児童福祉施設として位置づけ (児童福祉法の改正)
1969 (昭和44) 年	● 肢体不自由児通園施設の制度化
1972 (昭和47) 年	● 心身障害児通園事業の制度化
1975 (昭和50) 年	● 難聴幼児通園施設の制度化
1979 (昭和54) 年	● 心身養護学校への就学等の義務化 (1973 (昭和48) 年公布の政令の施行)
1980 (昭和55) 年	● 障害児総合通園センターの制度化
1990 (平成2) 年	● 心身障害児 (者) 施設地域療育事業 (短期入所等メニュー) 制度化 ● 重症心身障害児 (者) 通園モデル事業開始
2003 (平成15) 年	● 支援費制度の施行 (身体障害者福祉法・知的障害者福祉法の改正) ※障害児の場合、居宅サービスのみ支援費制度に移行 (施設サービスは措置制度)
2005 (平成17) 年	● 発達障害者支援法施行
2006 (平成18) 年	● 障害者自立支援法施行 ※契約制度の導入 (ただし、障害児の場合、保護者が不在、虐待等により契約が困難な場合に「措置」を適用)
2011 (平成23) 年	● 改正障害者基本法の成立、「療育」に関する規定の新設
2012 (平成24) 年	● 改正児童福祉法の施行 (障害児支援の強化等) ● 障害者虐待防止法の施行 ● 子ども・子育て支援法の成立
2013 (平成25) 年	● 障害者差別解消法の成立、改正学校教育法施行令の施行
2016 (平成28) 年	● 超党派の議員立法により、「発達障害者支援法の一部を改正する法律」が成立 ● 障害者総合支援法・児童福祉法の一部改正法成立
2019 (令和元) 年	● 3歳から5歳までの障害のある子どもたちのための児童発達支援等の利用者負担が無償化 (10月以降)
2021 (令和3) 年	● 医療的ケア児及びその家族に対する支援に関する法律の成立
2022 (令和4) 年	● 児童福祉法の一部改正法成立 (6月) ● 障害者総合支援法の一部改正法成立 (12月)

出典：こども家庭審議会障害児支援部会「障害児支援施策について」2023年及び内閣府『令和5年版障害者白書』より筆者作成

*1
　中核的な役割とは、「幅広い高度な専門性に基づく発達支援・家族支援機能」、「地域の障害児通所支援事業所に対するスーパーバイズ・コンサルテーション機能（支援内容等の助言・援助機能）」、「地域のインクルージョン推進の中核としての機能」、「地域の障害児の発達支援の入口としての相談機能」を示す。

2 改正のポイント

1 で述べた児童福祉法の一部改正法の改正のポイントは、次の通りである。

❶ 児童発達支援センターの役割・機能の強化

　地域における障害児支援において、児童発達支援センターが中核的な役割*1を担うとともに、児童発達支援センターの類型（福祉型・医療型）を一元化した。

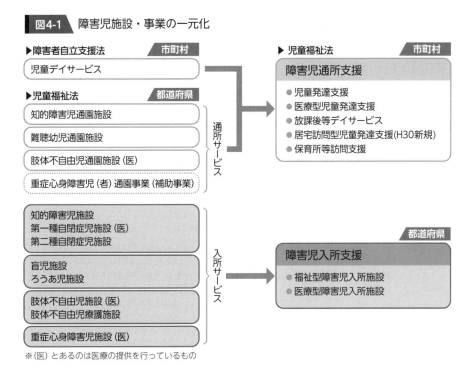

| **図4-1** | 障害児施設・事業の一元化 |

※(医)とあるのは医療の提供を行っているもの

注：2024（令和6）年度より医療型児童発達支援は児童発達支援に一元化された。
出典：こども家庭審議会障害児支援部会「障害児支援施策について」2023年

❷放課後等デイサービスの対象児童の見直し

　学校教育法第1条に規定する学校（幼稚園・大学を除く）である小学校、中学校、高校、特別支援学校に就学している障害児を対象としていたが、新たに専修学校や各種学校へ通学している障害児も対象とした。

❸障害児入所施設からの円滑な移行調整の枠組みの構築

　障害児入所施設から成人としての生活への移行調整の責任主体を都道府県及び政令市とすることを明確化した[2]。また、これまでは原則入所できる年齢は「18歳未満であり、20歳未満までは入所の延長が可能」としていたが、22歳満了時までの入所継続が可能となった。

＊2
　都道府県・政令市が「関係者との協議の場」を設けたり、「移行調整及び地域資源の整備等に関する総合的な調整」などに取り組む。

2　障害児への支援やサービスを提供する仕組み

　図4－1で示した障害児関係の児童福祉施設や各種事業の一元化に加え、2012（平成24）年には、学齢期の支援強化として「放課後等デイサービス」や、保育所等に通う障害児の集団生活を支援するための「保育所等訪問支援」が創設された。また、同年には在宅の重症心身障害児（者）への適切なリハビリや療育、あるいは日中活動の場を確保する「重症心身障害児（者）通園事業」

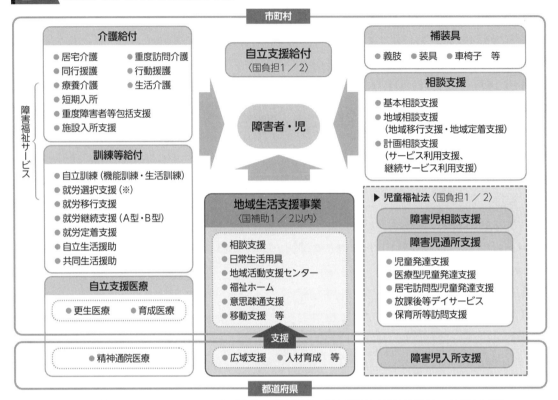

図4-2 障害者（児）に対する給付及び事業

市町村

介護給付
- 居宅介護　● 重度訪問介護
- 同行援護　● 行動援護
- 療養介護　● 生活介護
- 短期入所
- 重度障害者等包括支援
- 施設入所支援

自立支援給付
〈国負担1／2〉

補装具
- 義肢　● 装具　● 車椅子　等

相談支援
- 基本相談支援
- 地域相談支援
  （地域移行支援・地域定着支援）
- 計画相談支援
  （サービス利用支援、
  継続サービス利用支援）

障害福祉サービス

訓練等給付
- 自立訓練（機能訓練・生活訓練）
- 就労選択支援（※）
- 就労移行支援
- 就労継続支援（A型・B型）
- 就労定着支援
- 自立生活援助
- 共同生活援助

障害者・児

地域生活支援事業
〈国補助1／2以内〉
- 相談支援
- 日常生活用具
- 地域活動支援センター
- 福祉ホーム
- 意思疎通支援
- 移動支援　等

▶ **児童福祉法**〈国負担1／2〉

障害児相談支援

障害児通所支援
- 児童発達支援
- 医療型児童発達支援
- 居宅訪問型児童発達支援
- 放課後等デイサービス
- 保育所等訪問支援

自立支援医療
- 更生医療　● 育成医療

支援

- 精神通院医療
- 広域支援　● 人材育成　等

障害児入所支援

都道府県

※障害者の日常生活及び社会生活を総合的に支援するための法律等の一部を改正する法律（令和4年12月16日公布）により新たに創設。
（施行日：公布後3年以内の政令で定める日）

注：2024（令和6）年度より医療型児童発達支援は児童発達支援に一元化された。
出典：こども家庭審議会障害児支援部会「障害児支援施策について」2023年

が法定化され、安定的な財源措置が講じられた。

　さらに、2016（平成28）年成立の児童福祉法の一部改正法により、外出困難な子どもに対し、居宅を訪問して発達支援を行う「居宅訪問型児童発達支援」が2018（平成30）年に新設された。また、保育所等訪問支援の対象として、2018（平成30）年から乳児院や児童養護施設に入所している障害児も追加された。

　加えて、2019（令和元）年10月から、就学前の障害児について、満3歳から3年間を対象に、障害児通所支援・障害児入所支援の利用料が無償化された。2022（令和4）年6月からは、先述した地域の障害児支援における児童発達支援センターの中核的役割や、都道府県及び政令市の移行調整の責任主体が明確化され、2024（令和6）年4月に施行された。さらに、2023（令和5）年4月に「こども家庭庁」が創設され、障害児支援は「こども基本法」、「こども家庭庁設置法」の下で、一元的に推進されることになった。

3 障害児への支援やサービスを提供するこども家庭庁の組織体制

これまで厚生労働省、文部科学省、内閣府はそれぞれ保育所、幼稚園、認定こども園を管轄していたが、それぞれの制度や指針は異なっており、幼児教育・保育の分野での縦割りが問題視されていた。

そこで、政府は「こどもまんなか」社会の実現を目指し、切れ目のない子ども・子育て支援を行うため、2023（令和5）年4月に「こども家庭庁」を設立した。こども家庭庁の設立目的の一つは、この縦割りを解消し、統一された子ども関連施策を実現することである。結果的に、保育所と認定こども園はこども家庭庁に移管され、幼稚園は引き続き文部科学省の管轄下に留まることになった。幼保一元化は完全には達成されなかったが、こども家庭庁と文

図4-3　こども家庭庁の組織体制

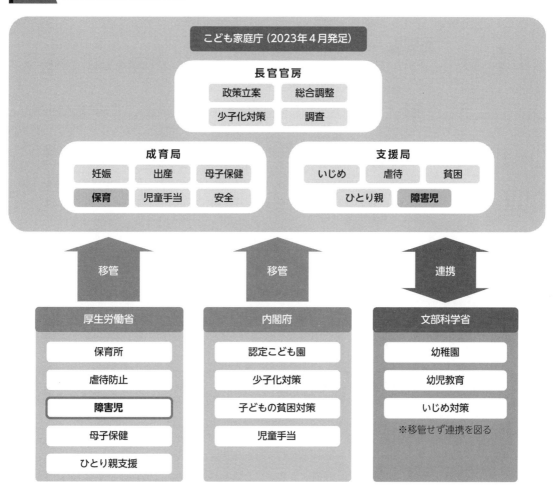

出典：筆者作成

部科学省は子ども施策の調整について連携・協議を行う方針である。

　加えて、同庁は、子どもの最善の利益を図るための司令塔として位置づけられ、長官をトップに、長官官房、成育局、支援局の1官房2局体制で構成されている。また、支援局の障害児支援課は障害児への支援やサービスを提供する組織であり、地域社会における障害児の健やかな育成を乳幼児期から学校卒業、そして成人後も切れ目なくサポートできる体制を目指している。

4　障害児保育の権限と責務

　市町村は障害児保育の実施主体であり、その権限と責務を果たすことで、すべての子どもが確実に学校教育や保育を受けられる仕組みが必要である。この視点に基づき、「児童福祉法」と「子ども・子育て支援法」は市町村の権限と責務を位置づけている。

表4-2　障害児保育を支える2つの法制度

● 児童福祉法
第24条〔保育の利用〕　市町村は、この法律及び子ども・子育て支援法の定めるところにより、保護者の労働又は疾病その他の事由により、その監護すべき乳児、幼児その他の児童について保育を必要とする場合において、次項に定めるところによるほか、当該児童を保育所（認定こども園法第三条第一項の認定を受けたもの及び同条第十項の規定による公示がされたものを除く。）において保育しなければならない。

● 子ども・子育て支援法
第3条〔市町村等の責務〕　市町村（特別区を含む。以下同じ。）は、この法律の実施に関し、次に掲げる責務を有する。
　一　子どもの健やかな成長のために適切な環境が等しく確保されるよう、子ども及びその保護者に必要な子ども・子育て支援給付及び地域子ども・子育て支援事業を総合的かつ計画的に行うこと。
　二　子ども及びその保護者が、確実に子ども・子育て支援給付を受け、及び地域子ども・子育て支援事業その他の子ども・子育て支援を円滑に利用するために必要な援助を行うとともに、関係機関との連絡調整その他の便宜の提供を行うこと。
　三　子ども及びその保護者が置かれている環境に応じて、子どもの保護者の選択に基づき、多様な施設又は事業者から、良質かつ適切な教育及び保育その他の子ども・子育て支援が総合的かつ効率的に提供されるよう、その提供体制を確保すること。

　児童福祉法第24条では保育の利用に関する規定があり、子ども・子育て支援法では児童福祉法に基づく市町村などの責務が表4－2の通りに明記されている。保育を必要とする子どもに対して、その特性やニーズに応じた適切な支援が規定されており、そのなかには、障害のある子どもたちが適切な保育を受けられるようにするための施策も含まれる。具体的には、障害のある子どもたちが日常生活や学びの場で支援を受けられるよう、保育施設での支援が盛り込まれている。これには、個々の子どもの状況に合わせた支援計画の立案や、専門的な支援者や教育者との連携も含まれる。

　また、子ども・子育て支援法第3条では、全市町村における市町村計画の策定を義務づけ、計画的な保育整備を規定している。加えて、障害児など、特別な支援が必要な子どもについて、市町村による斡旋・要請などの利用支援を明文化している（同法第61条3の二、第62条2の五）。

　以上の条文に基づく障害児保育は、子どもたちが健やかに成長し、可能な限り社会参加や自立を達成できるよう、多岐にわたる面で支援を提供することを目指している。

2. 障害児保育の運営と利用

　保育所で障害児保育が始まったのは1974（昭和49）年のことである。厚生労働省は「障害児保育事業実施要綱」を策定し、保育所における障害児保育が公式に認可された。そこで、保育所保育指針や幼稚園教育要領などから障害児保育のあり方について考える。また、障害児保育や障害児福祉サービスを利用する方法についても確認する。

1 指針・要領に示されている障害児に関する事項

1 保育所保育指針

　保育所における子どもたちへの保育の基本方針を示す「保育所保育指針」は、1965（昭和40）年に制定され、1990（平成2）年、2000（平成12）年、2008（平成20）年、2018（平成30）年と4度に渡って改正された。障害児保育においては2018（平成30）年改正は2008（平成20）年改正を踏襲する形で明記されている（第10章・表10－1参照）。また、第4章2（2）において、「子どもに障害や発達上の課題が見られる場合には、市町村や関係機関と連携及び協力を図りつつ、保護者に対する個別の支援を行うよう努めること」とある。

2 幼稚園教育要領

　保育所保育指針と同様、2018（平成30）年に改訂された「幼稚園教育要領」では、第1章第5節で特別な配慮を必要とする幼児への指導が明記されている（第10章・表10－1参照）。

3 幼保連携型認定こども園教育・保育要領

　幼保連携型認定こども園教育・保育要領では、第1章第2節3（1）で障害のある園児などへの指導を明記している（第10章・表10－1参照）。

　また、第3章第3節6（3）で障害のある園児への対応として、「障害のある園児に対し、他の園児と異なる食事を提供する場合があり、食事の摂取に際しても介助の必要な場合、児童発達支援センター等や、医療機関の専門職の指導・指示を受けて、園児一人一人の心身の状態、特に、咀嚼や嚥下の摂食機能や手指の運動機能等の状態に応じた配慮が必要である。また、誤飲をはじめとする事故の防止にも留意しなければならない。さらに、他の園児や保護者が、障害のある園児の食生活について理解できるような配慮が必要である」とされている。

　さらに、第4章第3節6で障害や発達上の課題のある園児の保護者支援として、「園児に障害や発達上の課題が見られる場合には、市町村や関係機関と連携及び協力を図りつつ、保護者に対する個別の支援を行うよう努めること」が明記されている。

2　障害児支援施設からみる障害児対応

1 児童発達支援ガイドライン

　児童発達支援ガイドラインは、「障害のある子ども本人の最善の利益の保障」、「地域社会への参加・包容の推進と合理的配慮」、「家族支援の重視」、「障害のある子どもの地域社会への参加・包容（インクルージョン）を子育て支援において推進するための後方支援としての専門的役割」を障害児支援の基本理念として掲げている。具体的には、児童福祉法により子どもの権利が重視され、障害のある子どもの意思を尊重し最善の利益を考慮する必要がある。また、障害者権利条約に基づき、障害のある子どもの地域社会への参加・包容が重要であり、合理的な配慮が求められる。さらに、家族への支援も重要であり、子どもの育成において丁寧な支援が良い影響を与えると期待される。そして、専門的な支援を通じて障害のある子どもの地域社会への参加を後方

支援し、地域の関連機関との連携を強化して一貫した支援を提供することも必要である。

　この理念に基づき、障害のある子どもの支援について以下の点が明記されている。乳幼児期は、子どもの成長が著しく、周囲の信頼関係に支えられた環境で、健全な心身の発達と生涯の人間形成の基礎を培う重要な時期である。児童発達支援の職員は、子どもの障害や発達を理解し、個々の特性に応じた適切な援助と環境を提供する必要がある。また、3歳未満の障害のある子どもには、健康や生活習慣に十分な配慮をしながら、親子関係を考慮した支援が必要であり、3歳以上の場合には、個々の成長と子ども同士の関係を促進しつつ、地域社会への参加を支援することが重要である。

2 障害児入所施設運営方針

　障害児入所施設における障害児支援の基本理念は、「児童の権利に関する条約」や児童福祉法の精神に基づいている。これにより、障害のある子どもに対する差別のない権利の保障や最善の利益の確保が求められる。また、児童福祉法の改正により、すべての子どもは適切な養育と心身の健やかな成長を保障される権利を有する。障害児支援では、個々の子どもの発達段階や障害の種類・程度に応じた支援を提供することが重要である。また、行動障害のある子どもの場合、専門的な支援や環境の整備が不可欠であり、彼らを「困っている子」として受け入れ、適切な対応をすることが重要である。さらに、子どもの育成は保護者だけでなく、国や自治体、そして社会全体の責任であり、子どもの最善の利益を優先して考慮する必要がある。

　また、障害児支援における原理として、「権利擁護の重要性」、「良好な家庭的環境の提供と個別性の尊重」、「各ライフステージにおける発達目標の達成と自立支援」、「家族との協働、家族を含む包括的な支援」、「継続的な支援と連携アプローチ」、「心身の発達保障・回復を目指した支援」を明記している。具体的には、子どもの権利には「受動的権利」と「能動的権利」が含まれ、児童福祉法では良好な家庭環境での育成が強調され、子どもの特性に応じた支援が必要である。加えて、年齢や発達段階に応じた目標を設定し、自己実現を支援することが重要であり、子どもや保護者とのコミュニケーションや意思決定のサポートが必要である。さらに、保護者の支援や家族関係の再構築を目指し、子どもの発達や養育を保障する必要がある。そして、さまざまな機関や専門家が連携し、子どもの生活の実現や社会的自立を支援し、一貫性のある支援を提供するために、特定の職員が中心となって養育を担うことが

望ましい。特に乳幼児期や被虐待児などでは、愛着形成やトラウマからの回復に専門的なケアが必要であり、子どもの健康や安全を保障するために、日常的なケアや事故防止の対策が重要である。

　保育者などの対人援助職を目指す者にとっては、上記の第1・2項の内容を十分に理解すると同時に、自らの役割を明確に把握しておく必要がある。

3　手帳制度と種類

　障害児支援のための療育・通所施設や保育所等での障害児保育を受けるためには、障害があることを示す「手帳」が原則必要となる[*3]。手帳の種類と概要については次の通りである。

＊3
　発達障害の子どもに対する手帳はない。そのため、療育手帳か精神障害者保健福祉手帳で対応する。

1　身体障害者手帳

　「身体障害者福祉法」第15条に基づき、同法に定める身体上の障害がある者に対して、都道府県知事、指定都市市長または中核市市長が交付する。交付対象者は、「①視覚障害、②聴覚又は平衡機能の障害、③音声機能、言語機能又はそしゃく機能の障害、④肢体不自由、⑤心臓、じん臓又は呼吸器の機能の障害、⑥ぼうこう又は直腸の機能の障害、⑦小腸の機能の障害、⑧ヒト免疫不全ウイルスによる免疫の機能の障害、⑨肝臓の機能の障害」など身体上に障害がある者である。身体障害者福祉法施行規則別表第5号「身体障害者障害程度等級表」において、障害の種類別に重度の順から1級（重）から7級（軽）（種別により異なる）の等級が定められている（第5章参照）。

2　療育手帳

　知的障害者福祉法における知的障害者の手帳制度は規定されていないが、厚生労働省所管の「療育手帳制度要綱」に基づく基準がある。療育手帳制度の目的は、「知的障害児（者）に対して一貫した指導・相談を行うとともに、これらの者に対する各種の援助措置を受けやすくするため、知的障害児（者）に手帳を交付し、もって知的障害児（者）の福祉の増進に資すること」である。手帳は、児童相談所や知的障害者更生相談所で判定された知的障害者に交付され、都道府県知事や指定都市の長が市町村その他の関係機関の協力を得て実施する。手帳には、知的障害者の氏名、住所、生年月日、性別などが記載されるほか、指導や相談の記録も含まれる。交付は申請を経て行われ、都道府県知事等は判定結果に基づき手帳の交付を決定する。交付後は、障害の程

度を原則として2年ごとに児童相談所、または知的障害者更生相談所において判定を行う。障害程度の判定は18歳以上の場合、日常生活において常時介護を要する程度のものを重度のA区分、A以外の程度のものをB区分としている（自治体によっては、最重度、重度、中度、軽度や、A1、A2、B1、B2と定めているところもある）。

❸ 精神障害者保健福祉手帳

「精神保健及び精神障害者福祉に関する法律」第45条に基づき、精神障害者の社会復帰、自立及び社会参加の促進を図ることを目的として、都道府県知事または指定都市市長が交付する。また、精神障害（統合失調症、うつ病、そううつ病などの気分障害、てんかん、薬物依存症、高次脳機能障害、発達障害（自閉症、学習障害、注意欠陥多動性障害等）、そのほかの精神疾患（ストレス関連障害等））を有し、長期にわたり日常生活または社会生活への制約がある者を対象としている。精神障害者保健福祉手帳の等級は、精神疾患の状態と能力障害の状態の両面から総合的に判断され、重度の1級（重）から3級（軽）まである。

3. 障害児保育の推進に向けて

障害児保育の推進に向けて、障害児の現況を確認し、障害児保育あるいは障害児福祉サービスの受入状況について確認する。

❶ 障害児の現況と受入動向

❶ 障害児数

図4－4によると、2016（平成28）年は在宅で生活している18歳未満の障害児数は約28.2万人であり、18歳未満人口の1.4％にあたる。また、身体障害児は6.8万人、知的障害児は21.4万人に上る。

❷ 障害児保育の実施状況

障害児が利用する施設は年々増加傾向にある。2010（平成22）年時点では1万3,950か所だったのに対し、2021（令和3）年時点で2万1,143か所に増えている（第12章参照）。図4－5をみると、全体では、76.6％が障害児保育を実施しており、設置・運営主体別にみると、公設公営で実施割合が高く、

図4-4 障害児の状況

◆在宅で生活している障害児数（18歳未満）

約28.2万人（推計値） ※18歳未満人口（約1,935万）の1.4% ● 身体障害のある児童　6.8万人 ● 知的障害のある児童　21.4万人	（内訳） ● 障害者手帳所持者：26.1万人 ● 障害者手帳非所持の 　障害福祉サービス等の利用者：3.7万人	（参考） 施設に入所している障害児数（概数） 　・福祉型障害児入所施設：約0.7万人 　・医療型障害児入所施設：約0.8万人 出典：社会福祉施設等調査

出典：厚生労働省「生活のしづらさなどに関する調査」（平成28年）

身体障害児数の推移

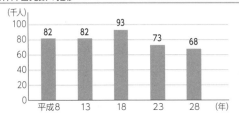

知的障害児数の推移

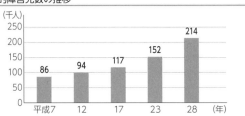

身体障害児数の障害等級別

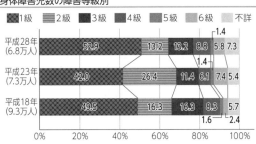

知的障害児数の程度別

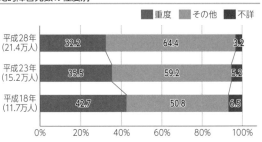

出典：こども家庭審議会障害児支援部会「障害児支援施策について」2023年

図4-5 設置・運営主体別障害児保育実施の有無（単数回答）

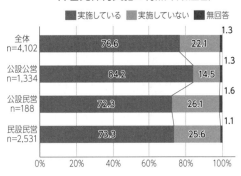

出典：全国保育協議会『会員の実態調査報告書2021（令和4年7月）』

図4-6 家庭支援の内容（複数回答）（n=3,143）

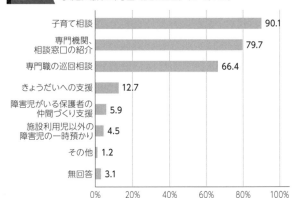

出典：全国保育協議会『会員の実態調査報告書2021（令和4年7月）』

84.2％となっている。

　また、障害児加配保育士の配置の有無をみると、「配置している」は84.4％、「配置していない」は14.8％である。加えて、施設種類別にみると、幼保連携型認定こども園で平均人数が最も多く、2.5人となっている。いずれの施設種類でも、「1人」が最も多く、認可保育所では42.2％となっている。

　さらに、障害児保育を実施している施設における家庭支援の内容について、図4－6をみると、「子育て相談」は90.1％、「専門機関、相談窓口の紹介」は79.7％、「専門職の巡回相談」は66.4％の順に取り組んでいる施設が多いことがわかる。

2 障害児保育の促進と地域支援の強化

1 障害児保育の推進

　2015（平成27）年施行の「子ども・子育て支援新制度」において、保育所、幼稚園、認定こども園において障害のある児童等の特別な支援が必要な子どもを受け入れ、地域関係機関と連携し、療育支援を補助する者を配置している。また、「子ども・子育て支援新制度」のなかで新設された地域型保育事業では、障害のある子どもを受け入れる場合、特別な支援が必要な子ども2人に対し保育士1人を配置している。加えて、2017（平成29）年度から始まった「保育士等キャリアアップ研修」のなかに「障害児保育」を取り込み、支援する側の専門性の向上を図ることで、保育現場のリーダー的職員の育成を目指している。また、同研修を修了し、リーダー的職員となった者はその取り組みに応じた人件費の加算が行われている。

　さらに、2018（平成30）年度より、障害児保育に係る地方交付税を2倍以上に拡充し、加配対象受入障害児数に応じて地方交付税を算定している。他にも、障害のある子どもを受け入れるための環境バリアフリーの改修等を実施している。

2 地域支援体制の整備

　児童福祉法に基づいて、児童発達支援センターや障害児通所支援事業所などは、地域で生活する障害のある子どもやその家族を支援している。また、支援の質的向上を図るために、2015（平成27）年に「放課後等デイサービスガイドライン」を、2017（平成29）年に「児童発達支援ガイドライン」を発出した。2019（令和元）年3月に厚生労働省と文部科学省の両省が、都道府県にお

ける新生児聴覚検査の体制整備の拡充や聴覚障害児支援のための中核機能の強化に取り組んでいる。2022（令和4）年には難聴児の早期発見・早期療育を総合的に推進するために「難聴児の早期発見・早期療育推進のための基本方針」を策定した。

　また、2021（令和3）年に「医療的ケア児及びその家族に対する支援に関する法律」が施行された。これを受けて厚生労働省は「医療的ケア児等総合支援事業」を実施し、支援体制の整備の推進等を図っている。

◆参考文献
• 厚生労働省「障害児通所支援に関する検討会報告書 ―すべてのこどもがともに育つ地域づくりに向けて―」 2023年
• こども家庭審議会障害児支援部会「障害児支援施策について」 2023年
• 堀智晴・橋本好市・直島正樹編『ソーシャルインクルージョンのための障害児保育』ミネルヴァ書房 2014年
• 内閣府『令和5年版障害者白書』 2023年

Column
4

こどもファーストの支援と家族支援のこれから

2023（令和5）年に発足したこども家庭庁を機に、これからの障害児の支援についても現状と課題を踏まえた上で検討がなされている。これまでの制度も継続しつつ、どのような子どもにもいきわたる切れ目のない支援体制の強化が進められると期待される。

わが国における障害児保育に関する法律・制度について改めて考えてみると、学校などの教育現場や医療などの関係する専門機関との連携により、"子どもの支援"が中心となっている。それは、重要なことだが支援が必要なのは本当に子どもだけでよいのであろうか。障害のある子どもたちを取り巻く大人も同じくらい悩み、困っているのではないだろうか。特に、障害のある子どもを育てる保護者は、さまざまな複雑な感情を抱きつつ、多くの時間をかけて障害受容してきたかということにも注視しておきたい。むしろ、葛藤を乗り越え、先に障害受容をするのは保護者のほうである。

保護者のなかには、子どもの障害について家族、親族の理解を得られず一人で悩んでいたり、心ない言葉を掛けられたりするなど、精神的なサポートが必要な場合もある。日本の制度や支援体制も進むなかで、保護者は同じ悩みを抱える集まりの場や、気軽にいつでも相談やアドバイスを受けられる場が求められている。

支援の最先端である欧米では、支援の必要な子どもだけではなく家族も支援の対象とし"家族支援"が行われている。例えば、障害児を育てる障害者（保護者も障害のある場合）の支援や、障害児を育てる低所得家庭への支援など、細かなカテゴリーに分かれた支援もある。そして、子どもの障害の診断を受けたすぐ後から、母子が孤立しないよう、または保護者が一人で抱え込まないよう、家族全体が支援の対象となり早期介入していく体制が構築されている。また、ペアレントセンターという障害に関する情報を保護者に提供したり、相談に乗ったり、保護者同士の交流の場があったり、保護者を障害のある子どもにとって最良の支援者にするトレーニングがあるなど、家族の支援も充実している。

現在わが国では、子どもの支援が円滑になるような支援体制が整い、専門家も含めた支援の輪が構築され連携もしやすくなっている。しかし、障害のある子どもを育てる家族の支援が充分であるとは言い難い部分がある。障害のある子どもとその家族全体を支援する体制作りが、これからの真の支援の形なのかもしれない。

考えてほしい視点

▶ 法律や制度は誰のためにあり、どう活用されているのだろうか。改めて整理してみよう。

▶ 幼稚園や保育所等以外に、どのような専門機関が障害児支援に携わるのか。制度と照らし合わせて整理しておこう。

▶「障害を持つアメリカ人法（Americans with Disabilities Act of 1990）」通称ADA法が日本に与えた影響は何か。法律や障害に関する環境整備も含めて調べてみよう。

参考文献
●内閣府「子ども・子育て支援新制度の施行と障害児支援の充実について資料5」
●こども家庭庁「障害児支援」　https://www.cfa.go.jp/policies/shougaijishien/
●星山麻木『障害児保育ワークブック』2019年　萌文書林　pp.114-116

第5章 障害の特性理解と日常の配慮

学びのポイント

本章では、保育現場における保育実践と関連が深い障害として、身体障害、知的障害、発達障害について、それぞれの特性と日常生活における配慮について学ぶ。特に知的障害と発達障害については、診断基準であるDSM-5やICD-11の改訂に伴う診断名や定義の変更点について学んでいく。
また、近年よく耳にするようになった「気になる子ども」とは、どのような子どもなのかについても理解を深めていく。

1. 日本における障害の分類

2011（平成23）年に改正された障害者基本法では、障害者を以下のように規定している。

第2条（定義）　この法律において、次の各号に掲げる用語の意義は、それぞれ当該各号に定めるところによる。

一　障害者　身体障害、知的障害、精神障害（発達障害を含む。）その他の心身の機能の障害（以下「障害」と総称する。）がある者であつて、障害及び社会的障壁により継続的に日常生活又は社会生活に相当な制限を受ける状態にあるものをいう。

二　社会的障壁　障害がある者にとつて日常生活又は社会生活を営む上で障壁となるような社会における事物、制度、慣行、観念その他一切のものをいう。

また、2012（平成24）年に改正された児童福祉法では、障害児を以下の様に規定している。

第4条（児童及び障害児）

二　この法律で、障害児とは、身体に障害のある児童、知的障害のある児童又は精神に障害のある児童（発達障害者支援法 第2条第2項 に規定する発達障害児を含む。）又は治療方法が確立していない疾病その他の特殊の疾病であって障害者の日常生活及び社会生活を総合的に支援するための法律第4条第1項の政令で定めるものによる障害の程度が同項の主務大臣が定める程度である児童をいう。

このようにわが国における障害は、身体障害、知的障害、精神障害（発達障害を含む）として大きく3つ（4つ）に分類されており、近年いわゆる難病

等が追加されているが、本章では、保育現場における保育実践と関連が深い障害として、身体障害、知的障害、発達障害をとりあげて概説していく。

2. 身体障害

1 肢体不自由

1 肢体不自由とは

　肢体とは四肢と体幹を合わせたものであり、人間の姿勢を保ったり、動いたりする体の部分のことである。四肢とは上肢（肩の関節から手の指先まで）と下肢（股の関節から足先まで）からなり、体幹は内臓を含まない胴体と首を含めた頭部を合わせたものを指す。

　肢体不自由とは、こうした筋肉、神経、骨などの運動に関する器官が損傷していることにより、身体の運動や動作に関する機能的が永続的に低下し、不自由な状態にある障害をいう。

　学校教育法施行令第22条の3では、肢体不自由を以下のように規定している。

一　肢体不自由の状態が補装具の使用によつても歩行、筆記等日常生活における基本的な動作が不可能又は困難な程度のもの
二　肢体不自由の状態が前号に掲げる程度に達しないもののうち、常時の医学的観察指導を必要とする程度のもの
---

2 肢体不自由の分類

　肢体不自由は、その不自由さの種類、箇所、程度、原因などさまざまである。原因となる疾患に基づいた分類では、脳性疾患（脳性まひ）、神経・筋疾患（脊髄性小児まひ（ポリオ）、進行性筋ジストロフィー症）、関節疾患（先天性股関節脱臼など）、形態異常（先天性内反足、脊柱側彎症、二分脊椎など）、骨疾患（骨形成不全症、胎生軟骨発育異常、ペルテス病など）、外傷性疾患（切断など）、結核性疾患（骨関節結核、脊髄カリエス）がある。

　身体障害者福祉法施行規則では肢体不自由（乳幼児期以前の非進行性の脳病変による運動機能障害）の等級表を表5−1のように示している。

表5-1 身体障害者障害程度等級表 (身体障害者福祉法施行規則 別表第五号)

級別	肢体不自由 (乳幼児期以前の非進行性の脳病変による運動機能障害)	
	上肢機能	移動機能
1級	不随意運動・失調等により上肢を使用する日常生活動作がほとんど不可能なもの	不随意運動・失調等により歩行が不可能なもの
2級	不随意運動・失調等により上肢を使用する日常生活動作が極度に制限されるもの	不随意運動・失調等により歩行が極度に制限されるもの
3級	不随意運動・失調等により上肢を使用する日常生活動作が著しく制限されるもの	不随意運動・失調等により歩行が家庭内での日常生活活動に制限されるもの
4級	不随意運動・失調等による上肢の機能障害により社会での日常生活活動が著しく制限されるもの	不随意運動・失調等により社会での日常生活活動が著しく制限されるもの
5級	不随意運動・失調等による上肢の機能障害により社会での日常生活活動に支障のあるもの	不随意運動・失調等により社会での日常生活活動に支障のあるもの
6級	不随意運動・失調等により上肢の機能の劣るもの	不随意運動・失調等により移動機能の劣るもの
7級	上肢に不随意運動・失調等を有するもの	下肢に不随意運動・失調等を有するもの

3 脳性まひ

脳性まひ（Cerebral Palsy: CP）は、肢体不自由児の原因疾患で多くを占めている。脳性まひは「受胎から生後4週以内までに生じた脳の非進行性病変に基づく、永続的なしかし変化しうる運動・姿勢の異常である。その症状は満2歳までに発現する。進行性疾患や一過性運動障害、または将来正常化するであろうと思われる運動発達遅延は除外する」と厚生省脳性麻痺研究班により定義されている。

脳性まひは病型とまひの部位によって分類されている。病型では、痙直型、アテトーゼ型、強剛型、失調型、弛緩型があるが、筋緊張が強く、突っ張ってしまう痙直型と不随意運動が生じるアテトーゼ型が多い。まひの範囲では、四肢まひ（両手足にまひ）、両まひ（両足のまひと両手に軽いまひ）、片まひ（左右どちらかの側にまひ）、単まひ（両手足のうち一肢にまひ）などに分類される。

脳性まひの子どもでは、運動発達の遅れ、筋緊張の異常、姿勢の異常、運動の円滑さの欠如が見られ、言語障害、知的障害、けいれん発作を合併する率が高い。

4 日常の配慮

身体の健康と安全に気をつけ、医療機関による指導の下、常に良い状態を

保てるようにし、基本的な生活習慣を身につけることができるような配慮が重要である。

　肢体不自由の子どもは、肢体が不自由であることにより、日常生活に支障があるということだけでなく、その状況で心身の発達にとって必要な学習を行わなければならないという問題がある。脳性まひの子どもの例をあげると、座ること、はうこと、立つこと、歩くことといった運動発達の遅れは、移動や探索活動を制限し、さまざまな経験や学習の機会を奪うことになる。

　運動機能を高めるためには、専門家の指示を受け、早期から適切な訓練が必要である。また、肢体の不自由さにとらわれず、子どもの興味・関心、意欲に合わせて積極的に友だちや外の世界とふれあう機会を増やすことも大切である。

2　視覚障害

1　視覚障害とは

　視覚障害とは、眼球、視神経、大脳神経中枢などで構成される視覚機能のいずれかの部分に障害があり、見ることが不自由、または不可能になっていることをいい、視力や視野の障害、光覚や色覚の異常、眼球運動の障害などさまざまな見る機能全体の障害を総称した概念である。

　一般に、視覚障害という場合には視力障害を指すことが多い。眼鏡、コンタクトレンズを用いた矯正視力の障害を指し、近視や遠視、乱視などの単なる屈折異常による裸眼視力の低下を含まない。

　学校教育法施行令第22条の3では、視覚障害者を「両眼の視力がおおむね0.3未満のもの又は視力以外の視機能障害が高度のもののうち、拡大鏡等の使用によつても通常の文字、図形等の視覚による認識が不可能又は著しく困難な程度のもの」と定めている。

2　視覚（視力）障害の分類

　矯正視力が0.3未満を視力障害と呼び、次のように分類されている。

❶盲

　両眼の矯正視力で0.02未満のものを盲といい、弱視に対して用いられる。教育的には点字による教育を必要とする者をいう。全盲とは、医学的には光も感じず全く見えない状態であり、光が分かる光覚盲、色が分かる色覚盲、眼前で手を振るのが分かる手動盲などの分類がある。

表5-2	身体障害者障害程度等級表 (身体障害者福祉法施行規則 別表第五号)
級別	視覚障害
1級	両眼の視力 (矯正視力) の和が0.01以下のもの
2級	1. 両眼の視力 (矯正視力) の和が0.02以上0.04以下のもの 2. 両眼の視野が10度以内で、かつ両眼による視野について視能率による損失率が95%以上のもの
3級	1. 両眼の視力 (矯正視力) の和が0.05以上0.08以下のもの 2. 両眼の視野が10度以内で、かつ両眼による視野について視能率による損失率が90%以上のもの
4級	1. 両眼の視力 (矯正視力) の和が0.09以上0.12以下のもの 2. 両眼の視野が10度以内のもの
5級	1. 両眼の視力 (矯正視力) の和が0.13以上0.2以下のもの 2. 両眼による視野の1/2以上が欠けているもの
6級	一眼の視力 (矯正視力) が0.02以下、他眼の視力が0.6以下のもので、両眼の視力の和が0.2を超えるもの

❷弱視

　矯正視力が0.02以上0.3未満のものをいう。視力が0.02から0.04未満を準盲ということもあり、視力が0.04以上の者は視覚による教育がおおむね可能であると考えられる。

❸ロービジョン (low vision)

　眼科領域で用いられる弱視 (amblyopia) との混乱を避けるため、いわゆる社会的弱視、教育的弱視を日本でもロービジョンと呼ぶようになってきている。

　身体障害者福祉法施行規則では、視覚障害の等級表を表5−2のように示している。

3　日常の配慮

　視覚障害の子どもは、視覚による刺激や情報を得ることが困難であるため、他の感覚からの情報に頼らざるを得ない。耳からの情報や触覚による刺激が重要であるため、触らせながら声をかけるなど、周囲の環境の理解や言葉の発達を促していく必要がある。また、積極的なスキンシップによって情緒的な安定を図る必要もある。周囲の環境としては、できるだけ危険なものを取り除き、物の配置を考えたり、触覚で理解しやすいような工夫をして、安心して行動できるように配慮する。

3 聴覚障害

1 聴覚障害とは

　聴覚障害とは、聴力の損失をさすだけでなく、音の弁別や記憶、言語の理解や表出の障害までを含む広い概念である。一般に聴覚障害という場合は、何らかの原因で聴覚受容器官（外耳、内耳、中耳）やその神経経路（聴神経、中枢神経）のいずれかの部分に障害があり、そのために聞く力が不充分であったり、全く聞こえない状態（聴力障害）をさすことが多い。

　学校教育法施行令第22条の3では、視覚障害者を「両耳の聴力レベルがおおむね60デシベル以上のもののうち、補聴器等の使用によって通常の話声を解することが不可能または著しく困難な程度のもの」と定めている。

2 聴覚障害の分類

　障害の程度による分類にはいろいろな方法があるが、教育的には、オージオメータによって測定される聴力レベルによって、大きく「ろう（聾）」と「難聴」に分けられる。

❶ろう（聾）

　平均聴力レベルが100dB以上の場合をいう。100dBは人間が最大の力で発声したときの音の大きさであり、人間の耳が音として聞くことができるのは130dBで、それ以上は痛覚に変わる。

❷難聴

　聴力は残っている（残存聴力）が、聞くことに困難のある場合をいう。聴力レベルにより、軽度難聴（0〜40dB）、中等度難聴（40〜70dB）、高度難聴（70〜100dB）の3つに分類される。

　また、難聴は障害のある聴覚器官の部位によって伝音性難聴と感音性難聴にわけられる。

- 伝音性難聴：外耳から中耳にかけての音を伝える伝音器に障害があるために、音の振動が充分に内耳に伝わらない難聴である。医学的な治療による聞こえの改善や、補聴器により音を大きくすると正確に聞き分けられることが多い。

- 感音性難聴：内耳から聴神経・聴中枢にかけての脳に信号を送る経路（感音系）の障害による難聴である。単に音が聞こえにくいだけでなく、音が歪んで聞こえるため、音を大きくして聞かせても、言葉を聞き分けることは困難であり、補聴器の効果が表れにくい場合がある。

級別	聴覚障害
表5-3 身体障害者障害程度等級表 (身体障害者福祉法施行規則 別表第五号)	
1級	な　し
2級	両耳の聴力レベルがそれぞれ100デシベル(dB)以上のもの (両耳全ろう)
3級	両耳の聴力レベルが90dB以上のもの (耳介に接しなければ大声語を理解し得ないもの)
4級	1. 両耳の聴力レベルが80dB以上のもの(耳介に接しなければ話声語を理解し得ないもの) 2. 両耳による普通話声の最良の語音明瞭度が50%以下のもの
5級	な　し
6級	1. 両耳の聴力レベルが70dB以上のもの (40cm以上の距離で発声された会話語を理解し得ないもの) 2. 一側耳の聴力レベルが90dB以上、他側耳の聴力レベルが50dB以上のもの

- 混合性難聴：伝音性難聴と感音性難聴が混合した難聴である。

身体障害者福祉法施行規則では、聴覚障害の等級表を表5－3のように示している。

3 日常の配慮

聴覚障害の子どもの大きな課題は、いかに言葉の発達を促すかということである。そのために、常に話しかけるなど言葉の刺激を可能な限り多くしたり、子どもが聞きやすい環境で話したり、分かりやすい言葉で話すことなどが大切である。また、他の感覚（視覚、触覚、嗅覚など）を利用して経験を豊富にし、言葉の理解を深める工夫も必要である。

また、聴覚と話し言葉の障害はコミュニケーションを制約するため、人間関係の問題や情緒的な問題につながる可能性もあるため、充分な配慮が必要である。

4 話し言葉の障害

1 言語障害とは

本来、言語は聞くこと、話すこと、読むこと、書くこと、その他身振り言葉などの広い概念を含むものであるが、言語障害と呼ばれているのは、話し言葉（Speech）の障害を指していることが多い。文部科学省でも、「言語障害とは、発音が不明瞭であったり、話し言葉のリズムがスムーズでなかったりするため、話し言葉によるコミュニケーションが円滑に進まない状況である

こと、また、そのため本人が引け目を感じるなど社会生活上不都合な状態であること」[1]と定めている。

2　言語障害の分類

❶構音障害

　話し言葉として出てくる、一つ一つの語音を発しようとする動作、つまり、口から外へ出ようとする息に、途中で舌、唇、歯などの力で細工して、いろいろな語音にして出すことを構音という。構音ができないために日本語に出てくる語音を、多少とも習慣的に誤って出すものを構音障害という。具体的には次の3つがある。

- 省略：発音しにくい子音を省略して発音する。ラ行音（r）の省略の例として、ブアンコ（ぶらんこ）、テービ（テレビ）、プオペア（プロペラ）などがある。
- 置換：発音しにくい子音を他の子音に置き換えて発音する。サ行音（s）をタ行音（t）に置換する例として、タカナ（さかな）、タル（さる）、ハタミ（はさみ）などがある。
- 歪み：省略でも置換でもないが、その語音らしく聞こえない発音する。

❷話し声の異常（音声障害）

　同年齢の人と比べて、声が高すぎるもの、低すぎるもの、抑揚に乏しく単調なもの、声が大きすぎたり小さすぎたりするもの、あるいは、声の質の異常としてかすれ声、しわがれ声、鼻声などがある。

❸吃音（どもり）

　特に発語器官や身体に異常は認められないのに、言葉の出だしがつっかえたり、初めの音を繰り返したり、引き伸ばしたりする、話し言葉の滑らかさの障害である。大部分の吃音は、言葉の学習が激しく行われる3歳前後に始まると言われる。

❹言葉の発達の遅れ

　同年齢の子どもと比べて、話し言葉の発達が目立って遅れ、口が遅い、言葉がつながらない、文章の形で表すことができない、話せる言葉の数が少ない、表現が幼稚である、など言葉全体の遅れの症状を示す。

❺失語症

　脳の言語中枢が侵された結果おこる言語の障害であって、単なる話し言葉の障害ではない。言葉やその他の音を聞いてその意味を知る能力や、自分の考えや気持ちを表現する能力だけでなく、読むこと、書くこと、手まねや身

振りなどのサインを使ったり、理解したりする能力も障害される。もともと
は、成人の脳損傷に伴って生じるものであるが、子どもにもこれによく似た
言葉の異常と行動の異常を示すものがまれにある。

3 日常の配慮

　言葉の遅れは知的発達の遅れと関連が大きいため、言葉の遅れが著しい場
合は、知的障害の子どもと同様の配慮が必要である。構音障害のように発音
や発声に問題がある場合は、相手に話しかけたり、何かを伝えようとするた
びに、言葉の注意や訂正を受けることが続くと、話し言葉に自信を失い、話
をすることを避けたり、挨拶をしなかったりということになりやすい。また
こうした行動により、人間関係が悪くなったり、周囲の人から誤解されたり
して情緒不安定になる可能性もある。子どもが話すことを嫌がらないような
環境やかかわりを充分に配慮することが大切である。

3. 知的障害

1 知的障害とは

1 診断名の変更

　知的障害とは、単一の疾患に基づく障害の名称でなく、主に知的な面の発
達の遅れを総称したものである。かつて、わが国では教育や福祉の行政分野、
法律などで「精神薄弱」という用語が使われていたが、差別や偏見につなが
ることから、1999（平成11）年に法律、施設関係の名称が「知的障害」に変更
されている。

　医学用語としては、世界保健機関（WHO）の「国際疾病分類（ICD-10）」、及
びアメリカ精神医学会（APA）の「精神疾患の診断と統計のためのマニュア
ル（DSM-Ⅳ-TR）」の診断名である"Mental Retardation"を直訳した「精神遅
滞」が使用されてきた。近年、これらの診断基準が改訂され、DSM-5（2013年
改訂）では、"Intellectual Disability (Intellectual Developmental Disorder)"、
ICD-11（2018年改訂）では、"Disorders of Intellectual Development"と診断
名が変更されている。日本精神神経学会による日本語の診断名は、"Disability"
を「障害」、"Disorder"を「症」と訳し、DSM-5での診断名の訳を「知的能力障
害（知的発達症）」[2]、ICD-11での診断名の訳を「知的発達症」[3]としている*1。

＊1　DSM-5-TRによる
変更
　ICD-11（2018年
改訂）での「知的発
達症（Disorders of
Intellectual Disorders）」
との関係を明確にする
ために、2023年改訂
のDSM-5-TRで は、「知
的発達症（知的能力
障害）」(Intellectual
Developmental
Disorder (Intellectual
Disability)) と標記の順序
が変更されている。

80

2 知的障害の定義

　わが国の知的障害に関する法律である「知的障害者福祉法」では、明確な定義がないが、先に述べた世界保健機関やアメリカ精神医学会、及びアメリカ知的発達・障害協会[4]の定義はほぼ共通しており、以下の3項目が含まれている。

---

①知的機能が明らかに平均より低い（個別の知能検査の測定結果による）
②社会適応行動スキルに制約がある
③発達期（18歳まで）に上記の状態が明らかになる

　また、学校教育法施行令第22条の3では、知的障害者が以下のように規定されている。

---

1. 知的発達の遅滞があり、他人との意思疎通が困難で日常生活を営むのに頻繁に援助を必要とする程度のもの
2. 知的発達の遅滞の程度が前号に掲げる程度に達しないもののうち、社会生活への適応が著しく困難なもの

---

2 知的障害の原因

　知的障害の原因は、現在も特定できないものが多く、知能水準の低さ以外に身体的・精神的な異常や欠陥がほとんど認められず、特に医療の対象にならない場合は、生理的要因と考えられる。軽度・中度の知的障害であることが多く、単純型の知的障害とも呼ばれ、知的障害の原因の多くを占めている。

　原因が明確なものとしては、病理的要因があり、遺伝因（内因）と外因に分けられる。遺伝因では、染色体異常（ダウン症候群など）や代謝性疾患（フェニールケトン尿症など）があり、外因では、出生前のウィルス感染や有害物質の摂取、周生期の無酸素症や頭蓋内出血、出生後の脳炎や髄膜炎、感染症などがあげられる。

　さらに、心理・社会的要因として、本来普通に産まれてきた子どもが、心理社会的に劣悪な環境（育児放棄や虐待など）で育てられたために知能の発達や社会性などが遅れるものもある。ただし、この場合は、適切な環境や教育により遅れを取り戻す可能性も大きい。

3 知的障害の分類

　知的障害を診断・分類する絶対的な基準はなく、一般的な方法としては、標準化された個別式の知能検査（田中・ビネー、WISC-Ⅳなど）により測定された知能指数をもとに分類される。知能検査により算出される知能指数（IQ）は、平均値100、1標準偏差を15で標準化されており、2標準偏差以下のIQ70を境界として知的障害と診断されてきた。

　IQを基準にした知的障害の分類（重症度）は、DSM-Ⅳ-TRなどをもとに、軽度（IQ 50〜70 程度）、中等度（IQ 35〜50 程度）、重度（IQ 20〜35 程度）、最重度（IQ 20 以下）の4つに大別されてきた。

　2013（平成25）年に改訂されたDSM-5では、重症度評価の指標からIQ値が削除され、生活適応能力を重視した分類になっている。単にIQによる分類ではなく、主に学力領域（読み、書き、計算など）、主に社会性領域（対人的コミュニケーション技能、言語理解・表出など）、主に生活自立能力（買い物、食事、金銭管理など）に関して、それぞれ具体的な状況から重症度の判定を行う形に変更されている。

4 ダウン症候群

　ダウン症候群は、イギリスの医師、J.ラングドン・ダウン（Down, J.L.）によって最初に報告されたものであり、染色体異常の病理的要因により知的障害が典型的にみられる疾患である。人間の23組46本の染色体（22組の常染色体と2本の性染色体XY）のうち、受精の際に突然変異で21番目の染色体が1本多くなってしまう（21トリソミー）ものであり、親から遺伝する異常ではなく、約800人から1,000人に1人の割合で偶然に生まれてくる。

　知的障害以外にも、心疾患、目の疾患（弱視や遠視）、耳の疾患（難聴や中耳炎）、筋肉の緊張の弱さなど、先天性の疾患を抱えていることが多い。

5 日常の配慮

　知的障害の子どもは、周囲の人や物に対する興味・関心や反応が乏しく、自発的な活動が少ないため、さまざまな経験や学習する機会も少なくなる。保育現場では、周囲の友だちと一緒に過ごすことによって、友だちのまねをするといった自発的な行動が出てくることもあるため、保育者は、子どもの

興味・関心・意欲を引き出すことができるような環境の配慮が必要である。

　言葉の発達の遅れにより、話しかけられたことを理解できなかったり、自分の言いたいことをうまく伝えられなかったりすることが多い。その際は、身振りや絵や写真、実物を使ったコミュニケーションの工夫が必要である。

　また、同年齢の子どもと同じ活動を行うことが難しく、どうしても失敗する経験が多いために、自信を失くしたり、情緒不安定になりやすい。知的障害の子どもは、全般的な遅れは見られるものの、ゆっくりそれぞれのペースで発達していくことから、保育者は、情緒の安定を図りながら、一人ひとりの発達の課題にあわせて、多くの経験をすることができるような配慮が必要である。

4. 発達障害

1 発達障害とは

1 発達障害者支援法による定義

　従来、「発達障害」とは、子どもの発達上の機能の障害や遅れについて使われる用語であり、「知的障害」を含む広い概念であった。わが国では、2005（平成17）年に施行された「発達障害者支援法」の第2条（定義）において、発達障害とは「自閉症、アスペルガー症候群その他の広汎性発達障害、学習障害、

図5-1　「発達障害者支援法」で規定されている「発達障害」

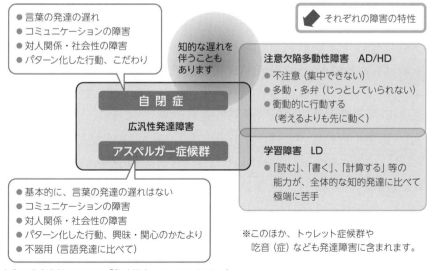

出典：政府広報オンライン「発達障害って、なんだろう？」
　　　https://www.gov-online.go.jp/featured/201104/contents/rikai.html（2013年11月17日内覧）

注意欠陥多動性障害その他これに類する脳機能の障害であってその症状が通常低年齢において発現するものとして政令で定めるものをいう」と定義された。従来から教育や福祉について法的に整備されている身体障害や知的障害の範疇では規定されてこなかった自閉症、学習障害（LD）、注意欠陥多動性障害（ADHD）等についても法的に定められたことになる。図5－1には、「発達障害者支援法」に規定されている発達障害の概略図を示している。

2 DSM-5及びICD-11による診断名の変更

わが国の法律等で使われている「広汎性発達障害」や「自閉症*2」、「アスペルガー症候群*3」という診断名は、世界保健機のICD-10、及びアメリカ精神医学会のDSM-Ⅳ-TRに基づいて使用されてきた。

知的障害の項でも述べたように、2013（平成25）年にDSM-5、2018（平成30）年にはICD-11とそれぞれ改訂された。これらの新しい診断基準では、共に"Pervasive Developmental Disorder"（広汎性発達障害）が"Autism Spectrum Disorder"（自閉スペクトラム症）に変更されている*4。またDSM-Ⅳ-TRの自閉性障害（Autistic Disorder）、アスペルガー障害（Asperger's Disorder）やICD-10の小児自閉症（Childhood Autism）、アスペルガー症候群（Asperger's Syndrome）といった下位分類が廃止されている。

こうした世界的な動きを受けて、わが国の発達障害に関する法律等の概念や定義も再考される可能性があるが、すぐには名称が切り替わることはなく、しばらくは従前の診断名（広汎性発達障害やアスペルガー症候群）と新しい診断名（自閉スペクトラム症）の両方が使用されることになるだろう。本書では、DSM-5とICD-11の新しい用語である「自閉スペクトラム症」を用いる*5。

2 ▶ 自閉スペクトラム症（ASD）

1 広汎性発達障害から自閉スペクトラム症へ

「広汎性発達障害」は、「相互的な社会関係とコミュニケーションのパターンにおける質的障害、および限局した常同的で反復的な関心と活動の幅によって特徴づけられる一群の障害（ICD-10）」5)とされ、一般に自閉症の上位概念として認識されている。中枢神経系（脳や脊髄）が先天的にうまく機能していないことが原因であると考えられており、性格や病気ではなく、また親の育て方など環境が原因によるものではない。主要な症状として、自閉症の三つ組みといわれる以下の特徴をあげることができる。

＊2 自閉症
1943年にアメリカの児童精神科医カナー（Kanner, L.）は、特異的な行動異常を示す11人の子どもの症例報告として「早期幼児自閉症（early infantile autism）」の論文を発表している。

＊3 アスペルガー症候群
1944年にオーストリアの小児科医アスペルガー（Asperger, H.）は、カナーの報告した「自閉症」とは異なる4人の少年たちの症例を「小児期の自閉的精神病質」の論文として発表している。

＊4
イギリスの精神科医ウィング（Wing, L.）は、カナーとアスペルガーの共通点（ウィングの三つ組み）をあげ、広汎性発達障害は自閉症やアスペルガー症候群などという個々の独立したものではなく、広い連続体（スペクトル）の一部としてとらえるべきであると提唱しており、これがICD-11やDSM-5での診断名変更に反映されている。

＊5 DSM-5-TRによる日本語訳の変更
DSM-5（2013）では、「自閉スペクトラム症／自閉症スペクトラム障害」と併記されていた日本語訳がDSM-5-TR（2023）では、「自閉スペクトラム症」のみの表記に統一されている。

❶社会性に関する障害

　人と上手につき合えない。目を合わせて会話できない。うれしさを表情や身振りなどで表現できない。同年齢の人と集団で遊べない。自然に決まっているルールに従えない。

❷コミュニケーションに関する障害

　コミュニケーションがうまく取れない。言葉を覚えて使ったり、相手の言ったことを理解できない。話しかけられたことに合った返事をすることができない（オウム返し（エコラリア、反響言語））。

❸想像力に関する障害

　想像力が乏しく、こだわり行動がある。ままごとなどのごっこ遊びができない。同じ遊びを繰り返す。決まったパターンでしか行動できない。

　以前の診断基準（DSM-Ⅳ-TR、ICD-10）では、これらすべての特徴に当てはまるときに「自閉症（カナー型）」と診断され、いずれかの特徴が当てはまるときに「広汎性発達障害」と診断されることが多く、知的発達や言語発達に遅れがない場合には「アスペルガー症候群」と診断されていた。

　DSM-5では、自閉症やアスペルガー症候群のような下位分類を行わず、同じような障害の特徴をもつひとまとまりの連続体（spectrum）であると考えて、診断名を「自閉スペクトラム症」とし、障害の程度ではなく、日常生活での困難さの程度から診断するように変更されている。

2 自閉スペクトラム症の特徴

　DSM-5における自閉スペクトラム症の診断基準として、次の2項目があげられている。

---

①社会的コミュニケーションおよび対人的相互反応における持続的な欠陥
- 相互の対人的 − 情緒的関係の欠落：対人的に異常な近づき方や通常の会　話のやり取りができない。興味、情動、または感情を共有することの少なさ。社会的相互反応を開始したり応じたりすることができない。
- 対人的相互反応で非言語的コミュニケーション行動を用いることの欠陥：まとまりのわるい言語的、非言語的コミュニケーションから、視線を合わせることと身振りの異常、または身振りの理解やその使用の欠陥。顔の表情や非言語的コミュニケーションの完全な欠陥。
- 人間関係を発展させ、維持し、それを理解することの欠陥：さまざまな社会的状況に合った行動に調整することの困難さ。想像上の遊びを他者と一緒にしたり友人を作ることの困難さ。仲間に対する興味の欠如。

---

②限定された反復的な様式の行動、興味、活動
- おもちゃを一列に並べたり物を叩いたりするなどの単調な常同運動。反響言語。独特な言い回し。
- 小さな変化に対する極度の苦痛。移行することの困難さ。柔軟性に欠ける思考様式。儀式のようなあいさつの習慣。毎日同じ道順をたどったり、同じ食物を食べたりすることへの要求。
- 一般的ではない対象への強い愛着または没頭。過度に限局した、または固執した興味。
- 痛みや体温に無関心のように見える。特定の音または触感に逆の反応をする。対象を過度に嗅いだり触れたりする。光または動きを見ることに熱中する。

DSM-5では、この2項目（社会的コミュニケーション、限局された反復的な行動）の特徴に基づいて、日常生活に必要な支援を基準にして、自閉スペクトラム症の程度を分類している。

①レベル1（軽度）：日常生活に支援を要する
②レベル2（中度）：日常生活に十分な支援を要する
③レベル3（重度）：日常生活に非常に十分な支援を要する

3 日常の配慮

　自閉スペクトラム症の子どもは、話し言葉や抽象的なことを理解することが苦手であるため、わかりやすく情報を伝える工夫が必要である。聴覚刺激よりは視覚刺激の方が理解しやすいことから、話し言葉だけではなく、実物や見本を見せたり、絵カードや写真を用いて支援することが有効である。

　初めてのことやいつもと違う活動など予定が分からないことに対して強い不安や苦痛を感じるため、予定について知らせて見通しを持たせることが大切である（その際も言葉よりも視覚的な手段によって伝える方がよい）。

　また、特定の音などの刺激を極端に嫌がる子どももいるため、そうした刺激が耳に入らないような環境を用意したり、一時的にその場を離れて落ち着くことができるような配慮も必要である。

　多様なこだわりを持つ一方で、興味・関心を持っているものには集中して取り組むことができるので、得意な分野の課題に取り組むことで達成感を得たり、褒められるような成功体験を増やしていくことが大切である。

3 注意欠如・多動症／注意欠陥多動性障害（ADHD）

1 ADHDとは

　ADHD（Attention Deficit/Hyperactivity Disorder）の日本語名として、発達障害者支援法では「注意欠陥多動性障害」と表記されているが、DSM-5では「注意欠如・多動症／注意欠如多動性障害」と訳されている[*6]。

　ADHDは、DSM-5、ICD-11の診断基準において、「不注意」、「多動性」、「衝動性」を特徴とする行動の障害とされている。中枢神経系の機能不全が原因であり、DSM-5の診断基準では、12歳以前に発症することと変更されている。

❶不注意 (Inattention)

　1つのことをするのに集中を持続することが困難であったり、すぐに気がそれてしまったりして注意散漫な状態になる。しばしばケアレスミスをしたり、必要なものをなくしてしまったりする。人の話を聞いていないことが多く、順序立てて活動することが苦手である。

❷多動性 (Hyperactivity)

　一定の時間じっとしていることができずに、立ち歩いたり走り回ったりしてしまう。手足をそわそわ動かしたり、もじもじしたりする。ずっとしゃべり続ける。

❸衝動性 (Impulsivity)

　順番を待つことができなかったり、質問されて質問が終わる前に途中で答えてしまったりする。感情や思ったことをすぐに行動にしてしまう。他人の会話や遊びに割り込んだり邪魔したりする。

2 日常の配慮

　ADHDの子どもは、聞いて理解する力が弱かったり、見聞きしたことに注意を向けられる時間が短いという情報の入力や処理に課題がある。そのため、話し始める時に注意を促したり、抽象的な言葉は避け、具体的な言葉で、短く、はっきりと指示をしたり、注意を持続できるように声掛けをするとよい。また、作業手順をあらかじめ図示したり、タイマーなどを用いて課題に取り組んだり、一定時間我慢したりするなど、見通しをもたせながら視覚的に働きかけることも有効である。環境構成としては、廊下側や窓側など、刺激を受けやすい場所は避けるようにし、落ち着きがなくなってきたら、あらかじめ約束しておいた場所や方法で一定の時間過ごせるようにすることも有効である。

*6　DSM-5-TRによる日本語訳の変更
　DSM-5 (2013) では、「注意欠如・多動症／注意欠如多動性障害」と併記されていた日本語訳がDSM-5-TR (2023) では、「注意欠如多動症」のみの表記に統一されている。

日常の行動が原因で叱られることが多いと、ますます自信を失くして情緒不安定になり、気になる行動が増えることになる。適切な行動がとれなかった場合、どうしたらよかったのか状況を振り返り、適切な方法をヒントを交えながら示したり、行動の改善が見られたら、ほめるというような配慮も必要である。

4 学習障害（LD）

1 学習障害とは

学習障害（LD）には、"Learning Disorders" と "Learning Disabilities" の2つの用語があり、前者は医学用語として、後者は教育用語として用いられてきた。

医学的概念としての学習障害は、DSM-5では "Specific Learning Disorder"（限局性学習症／限局性学習障害）、ICD-11では "Developmental Learning Disorder"（発達性学習症）と分類されるが、教育用語の学習障害と比べて、困難や障害をより特定・限定した概念と考えられる[*7]。

一方、教育用語の学習障害（Learning Disabilities）として、文部科学省の定義では、「学習障害とは、基本的には全般的な知的発達に遅れはないが、聞く、話す、読む、書く、計算する又は推論する能力のうち特定のものの習得と使用に著しい困難を示す様々な状態を指すものである」[6]とされている。LDは、知的障害とは異なり、6つの基本的学習能力のどこかに特異な困難をもっている。また、原因として中枢神経系に何らかの機能障害があると推定され、視覚障害、聴覚障害、知的障害、情緒障害などの他の障害が主因となる学習の困難さを持っている。

こうした学習障害のタイプは、次の3つに分類できる。

①口頭言語のLD：話し言葉の入出力に関する学習能力の障害
 ・聞いて理解する能力の障害
 ・話しをする能力の障害
②書字言語のLD：文字や文章の言語性情報の入出力に関する能力の障害
 ・読んで理解する能力の障害
 ・書き写しや表現して書く能力の障害
③算数のLD：数概念の理解や推論する能力の障害

2 日常の配慮

学習障害の診断は教科学習の始まる就学以降になされる場合が多いが、不

＊7 DSM-5-TRによる日本語訳の変更
DSM-5（2013）では、「限局性学習症／限局性学習障害」と併記されていた日本語訳がDSM-5-TR（2023）では、「限局性学習症」のみの表記に統一されている。

器用さが目立っていたり、特定の分野が苦手だったりと幼児期でも学習障害が疑われる場合がある。

　保育現場でみられる問題としては、相手の話が理解できない、言葉の聞き間違いが多い、2つ以上の指示を出されると混乱する、集団で移動する際に一緒についていけない、ハサミをうまく使えないなどがあげられる。

　学習障害の子どもは、知的発達のすべてに問題があるわけではないので、保育者は、子どもが自力でできていることを大事にしながら、子どもが保育場面で困っていることに対してさりげない支援を行い、子どもに自信を持たせながら日常生活を送れるように支援していくことも大切である。

5. 気になる子ども

1 気になる子どもとは

　10年ほど前から、保育所や幼稚園等の保育現場において「気になる子ども」という言葉をよく耳にするようになった。また、書籍のタイトルにも「気になる子ども」が入っているのを見かけることが多い。特に近年刊行された書籍では、「気になる子ども」≒「発達障害」という意味でこの言葉を用いているものが多いように思う。

　しかしながら、保育所や幼稚園等の保育者が、「気になる子ども」という言葉を使う場合、もちろんはっきりとした「障害」の診断がついている子どもを指している場合もあるが、どちらかというと「知的障害」や「発達障害」など明確な診断のついている子どもは「気になる子ども」のことを指していないことも多い。それでは、明確な「障害」の診断のついた子どもがなぜ気にならないのかというと、その「障害」の特徴や、その子どもに対してどのような保育やかかわりをすればよいのかの一定程度の理解があるためであると考えられる。保育者が「気になる子ども」と言う場合は、「障害」があるかもしれないが診断がついていない場合や、子どもの行動が「障害」によるものなのかどうか判断がつかない場合などであり、そして何より「どのようにかかわっていったらよいのか」ということに戸惑いが見られる場合に「気になる子ども」になるのではないだろうか。

2 ▶ 気になる子どもの典型的な行動

　保育現場における「気になる子ども」の典型的な行動としては、①非常に落ち着きがない（じっとしていられない、保育室をとび出す）、②感情のコントロールができない（衝動性、興奮するとなかなか収まらない）、③対人関係のトラブルが多い（けんか、乱暴、悪口、自己主張やこだわりが強い）、④集団活動に適応・順応できない（友だちと同じ行動ができない）、⑤ルールを守れない（順番を守れない、自分が常に一番になりたい）などがあげられる。久保山茂樹ら[7]が幼稚園・保育所の保育者を対象に実施したアンケート調査結果では、保育者が捉えている「気になる子ども」として、①発達上の問題（発達の遅れ、言語発達の遅れ、理解力がない、こだわりなどの特異な行動など）、②コミュニケーション（音声言語の問題、視線が合わないなど）、③落ち着きがない（落ち着きがない、集中力に欠ける）、④乱暴（行動面や言葉）、⑤情緒面での問題（感情のコントロールができない、情緒不安定）、⑥しようとしない（無気力、表現が乏しい）、⑦集団への参加（集団活動が苦手、集団行動ができない）、⑧その他（生活基本動作、虐待、アレルギーなど）の8つの群が示されており、多岐にわたっていることがわかる。

3 ▶ 気になる子どもの行動の原因や背景

　こうした「気になる子ども」の行動の原因や背景には、運動発達や知的発達の遅れといった「知的障害」や、注意欠陥多動性障害（ADHD）や広汎性発達障害（PDD）といった「発達障害」の可能性も高く、また生活リズム、児童虐待、DV、文化の違いといった家庭環境の問題なども考えられ、「気になる子ども」の状況が多岐にわたっていることとに伴い、その原因や背景も多くの要因が想定されるため、実際の支援や援助を行う際には一人ひとりの子どもの状況に応じて対応していく必要がある。

4 ▶ 気になる子どもを保育することの難しさ

　さて、こうした「気になる子ども」を保育所や幼稚園で保育する際には、いくつかの難しい点が想定される。

　1つ目は、子どもの数と保育者の数の関係である。保育所での保育士の人員配置の基準では、3歳児クラスでは最大20名、4・5歳児クラスでは最大30

名の子どもを保育士1人で保育し（児童福祉施設の設備及び運営に関する基準）、また幼稚園では1クラス最大35名を幼稚園教諭1人で保育することになっている（幼稚園設置基準）。その上、クラスのなかにいる「気になる子ども」は1人とは限らないため、保育者1人でこうした子どもの対応を充分に行うことが難しくなっている。

　2つ目は、職員間の役割分担や連携の難しさである。保育所の場合、明確な「障害」の診断のある子どものいるクラスでは、加配により複数担任になっていたり、また3歳未満児クラス（1・2歳児クラス）では、保育者1人に子ども最大6名のため、複数担任になっていたりすることが多く、クラス内の保育者の数は多くなっているが、その分、保育者間での役割分担や連携をしっかりと行わなければいけないという課題がある。

　3つ目は、保護者との関係の問題である。保護者にどのように「気になる子ども」の様子を伝えるかということは、重要なことであるが非常に難しいことである。集団生活を行う保育現場では気になっても、自宅では「気にならない子」の場合も多いのである。

◆引用文献

1）文部科学省初等中等教育局特別支援教育課「障害のある子供の教育支援の手引 ―子供たち一人一人の教育的ニーズを踏まえた学びの充実に向けて―」2021年　pp.217-242
　https://www.mext.go.jp/a_menu/shotou/tokubetu/material/1340250_00001.htm　（2023年11月6日閲覧）
2）日本精神神経学会 精神科病名検討連絡会「DSM–5 病名・用語翻訳ガイドライン（初版）」『精神神経学雑誌』第116巻第6号　2014年　pp.429–457
3）日本精神神経学会「ICD-11新病名案」2018年
　https://www.jspn.or.jp/uploads/uploads/files/activity/ICD-11Beta_Name_of_Mental_Disorders%20 List（tentative）20180601.pdf　（2023年11月6日閲覧）
4）米国知的・発達障害協会用語・分類特別委員会編、汲英史・沼田千妤子共訳『知的障害 ―定義、分類及び支援体系― 第11版』日本発達障害福祉連盟　2012年
5）融道男・中根允文・小宮山実・岡崎祐士・大久保善朗監訳『ICD-10 精神及び行動の障害 ―臨床記述と診断ガイドライン― 新訂版』医学書院　2005年
6）文部科学省「学習障害児に対する指導について（報告）」1999年
7）久保山茂樹・齊藤由美子・西牧謙吾・當島茂登・藤井茂樹・滝川国芳「「気になる子ども」「気になる保護者」についての保育者の意識と対応に関する調査 ―幼稚園・保育所への機関支援で踏まえるべき視点の提言―」『国立特別支援教育総合研究所研究紀要』第36巻　2009年　pp.55-76

◆参考文献

・American Psychiatric Association、髙橋三郎・大野裕・染矢俊之訳『DSM-Ⅳ-TR 精神疾患の分類と診断の手引き 新訂版』医学書院　2003年
・American Psychiatric Association、髙橋三郎・大野裕監訳『DSM-5 精神疾患の分類と診断の手引』医学書院　2014年

集団遊びにおける保育士の配慮

保育所（2歳児クラス）の保育士は、園庭や室内での遊びを通して身体を動かす楽しさを子どもたちに感じてもらいたいと考えていた。そこで、天候に左右されないホールでの「サーキット遊び」を計画した。サーキット遊びとは、さまざまな道具を円になるように並べ、周回しながら運動をするものである。今回は、「トンネルくぐり」「巧技台®（2段までの跳び箱昇降、平均台）」「前転等を行う大判マット」「フープくぐり」を用意した。このサーキット遊びは、ハイハイや腕の力を使ったずりばい、ジャンプをして着地をするなどの全身を使うことをねらいとしている。

このクラスに在籍するダウン症候群のA児（男児）は、日頃からリズム遊びやマット運動など、身体を動かす遊びを好んでおり、サーキット遊びを見た途端に笑顔が溢れ、次から次へと取り組む様子が見られた。A児は筋肉の緊張が弱く、弱視であったため、大きな怪我をしないように保育士がそばで見守っていた。A児はほとんど支えを必要としなかったが、平均台でバランスを崩した時に保育士の肩を掴むなど、保育士がそばにいることに安心して遊んでいる様子であった。

また、同じクラスに在籍するB児（女児）は、体幹が安定していないため転びやすく、体を大きく動かすことは苦手であったため、大判マットで横になったり、巧技台®の近くにいる保育士とコミュニケーションを取ったりして過ごしていた。そこで、B児の体幹が少しでも鍛えられるよう、サーキット遊びのなかでは比較的動きの小さなフープくぐりに誘った。保育士がフープをくぐってみたり、他児がくぐっている姿を見たりした後、B児は保育士に「一緒にやりたい」と話した。B児は保育士の手を強く握りながら、屈んでフープをくぐることができた。その後、フープくぐりを笑顔で何度か繰り返し、保育士とともにトンネルくぐりも端から端までハイハイで通り抜けることができた。

このように、保育所にはA児やB児のようなさまざまな配慮を要する子どもも在籍しており、保育士はリスク回避のために異なる遊びを計画する場合がある。しかし、リスクをすべて取り除いた特別な環境を設定するだけではなく、子ども一人ひとりの発達段階に寄り添う支援を行いながら、集団のなかで子ども同士や保育士とのかかわりから経験を積み重ねられる保育を計画していきたい。

※巧技台®：全国各地の幼稚園・保育所等で使用されている屋内遊具。「巧技台®」はオオニシ体育株式会社の登録商標です。

考えてほしい視点

▶ 保育所における集団での遊びにおいて、障害児や気になる子にどのような配慮が必要となるか考えてみよう。

▶ サーキット遊びの他に、2歳児クラスの障害児や気になる子も含めて実施できる活動はどのようなものがあるか考えてみよう。

<table>
<tr><td>第 6 章</td><td>障害児の発達支援
〜障害特性をふまえて〜</td></tr>
</table>

学びのポイント

本章では、障害児の発達支援として「肢体不自由」「視覚・聴覚・言語障害」「知的障害」「発達障害（ADHD・LD・ASD）」「重症心身障害・医療的ケア児」「その他、特別な配慮を要する子ども」の観点からそれぞれの発達支援について学ぶ。障害特性について理解することは、その特性を有する子どもたちへの適切な支援を提供するための強みとなる。ましてや子どもへの支援については、保育者は持てる知識と技術を総動員して保育への工夫と配慮をしなければならないからである。

1. 肢体不自由児

肢体不自由児[*1]に出会うと、動きの不自由さに目が奪われることが多い。しかし、視点を変えて、その子どもの強み（ストレングス）に気づく努力をしよう。保育者が気づいたその強みを環境調整によって最大限に活かす。その営みによって結果的に弱みを補い伸ばしていくことにもつながる。

1 肢体不自由について

1 肢体不自由という用語

「肢体不自由」という用語は、「肢体不自由児の父」と呼ばれた整形外科医の高木憲次[*2]によって1929（昭和4）年頃に「畸形[*3]・不具なる名称に嫌悪感をいだく（原文ママ）」[1]として提唱された。それが現在まで使用されているという。高木は「肢体不自由児」を次のように定義した。

> 肢体の機能に不自由なところがあり、そのままでは将来生業を営む上に支障をきたすおそれのあるものを、肢体不自由児とする。（但し著しき知能低下者を除く）[2]

本定義の「但し書き」は後に外された。高木のこの定義を、人を生物学的な存在としてとらえる医学モデルと社会的な存在ととらえる社会モデルを統合した概念モデルとして、世界保健機関（WHO）が2001年に採択した国際生活機能分類（ICF）を踏まえつつ、書き換えれば次のようになる。

*1
　肢体不自由の概要については第5章参照。

*2　高木憲次（1888-1963）
　「肢体不自由」という語句に加えて、「療育」という語句も提唱した。肢体不自由児に対する、医療職や教育職などの他職種連携の重要性を強調した。

*3　畸形
　現在は「奇形」と表記する。高木が述べている印象のとおり、現在はあまり使われない。なお、『医学大辞典（南山堂）』には「胎児期における個体発生が障害されたために生ずる非可逆的な形態構造の異常」と記されている。

四肢（上肢と下肢）や体幹の運動機能や感覚機能が、病気やけがなどによって損なわれ、その機能の障害および社会的障壁によって、継続的に日常生活や社会生活に相当な制限を受ける状態にあるものを、肢体不自由児とする。

2 福祉制度上の肢体不自由の位置づけ

　福祉サービス提供の対象としての肢体不自由は、児童福祉法第6条の2の2及び身体障害者福祉法第4条に位置づけられている（第5章参照）。身体障害者福祉法第4条の「別表」に示されている障害種別（以下）のなかで、最も多いのが肢体不自由（約45％）である。10歳未満では約68％を占めている。

3 肢体不自由の原因や主な疾患

　先天的か否か、脳の損傷が原因か、全身性（四肢と体幹）か、進行性か、このように肢体不自由の原因や状態像はさまざまである。主な疾患の要点は次の通りである。

❶脳の疾患

　代表例は脳性まひ（第5章参照）で、脳の非進行性病変による。知的障害やてんかん、言語障害（と摂食機能障害）などを伴うことが多い。肢体不自由児の原因疾患として最も多い。

❷脊髄の疾患

　代表例は二分脊椎で、胎生期（出生前）に生じる疾患である。損傷部位にもよるが、下肢の感覚機能と運動機能の障害、膀胱・直腸障害がある。水頭症*4を伴うことがある。

❸筋の疾患

　代表例は筋ジストロフィー*5で、骨格筋の変性を主な病変とする遺伝性疾患である。運動機能の低下が主であるが、症状の進行に伴い、呼吸機能や摂食機能などの低下も生じる。

❹骨や関節の疾患

　代表例は骨形成不全症で、生まれつき骨がもろく弱いことから、骨折しやすくなり、骨の変形を来す。難聴や背骨の変形による呼吸機能の障害が生じることがある。

＊4　水頭症
　頭蓋内に脳脊髄液が異常にたまる状態を示す。それによりさまざまな症状が生じる。

＊5　筋ジストロフィー
　デュシェンヌ型筋ジストロフィーやベッカー型筋ジストロフィー、福山型先天性筋ジストロフィーなどの多数の病型がある。疾患の原因となる遺伝子変異も多数ある。

2 肢体不自由児への発達支援

1 肢体不自由児の発達の把握

肢体不自由児は、その障害特性ゆえにさまざまなことを体験する機会が不足する。そのために、発達上のさまざまな遅れや偏りが生じやすい。その代表例は次の通りである。

❶身体の健康や基本的生活習慣

睡眠や覚醒、食事、排せつなどの生活のリズムや健康状態について、障害が重度で重複している場合には、特に慎重に把握する。

食事や排せつ、衣服の着脱などの基本的生活習慣に関する自立の程度に加えて、介助の際の注意事項や方法について把握する。

❷姿勢や運動

遊びや食事などのさまざまな場面に応じて、適切なイスや補装具などの選択や、無理なく活動できる安定した姿勢を把握する。安定した姿勢の保持は、前後左右や上下、遠近の概念の形成にもつながるので、とても重要である。また、長時間の同一姿勢は心身の疲労に結びつくため、体位変換や休息についての必要性を保育者同士で確認しておく。

全身を使う粗大運動や上肢（手指）を使う微細運動の状態、より円滑な運動を促すための補助的手段の必要性についても把握する。

❸言葉の理解や意思の表出

言葉を知っていても、その言葉に関係する体験が不足するために、意味（概念）の理解が不十分なことがある。これまでの経験も踏まえながら、言葉の発達の状態を把握する。また、意思の表出については、話し言葉や書き言葉のみならず、身振りや表情などの使われ方を把握する。その際、補助的手段（文字盤やコンピュータなどの情報機器）の必要性も確認する。

❹感覚機能

視覚機能や聴覚機能などの状態を把握する。見る、聞く、触ることで感じることは動くことと連動している。人は、動くために見たり、もっとよく見るために動いたりする。その経験が不足するために、物の認識に偏りが生じることがある。

感覚機能は、情緒の安定と強く関係している。環境からのさまざまな刺激や変化をうまく処理できずに、不安な状態に陥ることがある。さまざまな感覚刺激の処理に関する得手不得手を日頃の行動観察から把握する。

❺自発性や社会性

遊びの機会が不足しやすい。そのため、遊びを通して育まれる自発性や社会性などの獲得に困難さが生じることがある。遊びや対人関係をはじめとして、これまでの経験や他者（親や保育者、子どもら）へのかかわりの様子から、自発性や社会性の状態を把握する。

2 発達支援のための工夫や配慮

肢体不自由児の発達上のさまざまな偏りを少なくしたい。そこで、心身の調和のとれた発達の基礎を培うための工夫や配慮の着眼点について解説する。それらの着眼点のいずれもが、その子どもの強み（ストレングス）を見いだし、その強みを環境調整によって最大限に活かして、さまざまな体験の機会を保障することをねらっている。

❶活動の内容に関する工夫や配慮

活動の困難さを軽減するために、例えば、片まひ（右手（左手）は不自由で、左手（右手）は比較的自由）の子どもに対して、強みとしての不自由の少ない片手で使うことができる道具の活用を試みる。

移動のしにくさがあれば、移動しにくい場所を保育者があらかじめ特定して、必要な環境調整を行うことで、参加の機会を保障する。

❷活動の内容の変更や調整に関する工夫や配慮

上肢の不自由さによって活動に時間がかかるのであれば、時間の延長や内容の精選を図る。

他の子どもと同じ活動を提供することが困難であれば、その活動とねらいが等価になる別の活動を検討する。

❸コミュニケーション手段や教材に関する工夫や配慮

紙の絵本が操作しにくい場合は、タブレット（タッチパネル機能付き）で活用可能な電子媒体を試みる。

話し言葉が不自由な場合は、身振りサインや文字盤、音声出力型の機器などの活用を試みる。その際に、活用が目的ではなく、意思のやりとりやお互いの気持ちの共有こそが目的であることを常に心がける。

❹遊びの機会や体験の確保に関する工夫や配慮

移動の不自由さによって参加に制約が生じる場面がある。例えば、車椅子使用の子どもが栽培活動に参加できるよう高い位置にプランターを置いて、保育者と一緒に参加できる手段を検討する。動画を用いて間接的に体験させることは最後の手段としたい。

❺健康面に関する工夫や配慮

転倒しやすい場合は、膝や肘のサポーターを使用する。長距離の移動が想定されるときには、移動することそのものがその活動の目的ではなければ、介助者の確保や別の移動手段を検討する。

車椅子使用で長い時間にわたり同じ姿勢が続いた場合、横たわってリラックスできる空間を確保したり、保育者が定期的に姿勢変換したりする。

③ 支援体制づくり

肢体不自由児の発達支援のためには、さまざまな専門職や地域の人々の理解や協力が必要になる。

❶外部専門家の助言を活用

必要に応じて、児童発達支援センターや医療機関、特別支援学校からの助言[*6]をより積極的に要請したい。要請を行う際には、保育者がどのようなことで困っているかをより具体的にしておくことが重要である。この活用が、インクルーシブ保育実現のために重要となる。なお、特別支援学校への要請の際には、特別支援学校教諭のみならず、理学療法士（PT）や作業療法士（OT）、言語聴覚士（ST）などの助言も活用できることがある。

医療的ケアが必要な場合には主治医や看護師などの医療関係者との連携をより濃厚に図る。

❷他の子どもの保護者や地域の人々の理解を促進

移動や日常生活行為に不自由さがあることや、その不自由さを解消するための協力について、肢体不自由児本人とその保護者の同意を前提に、他の子どもの保護者や地域の人々の理解や協力を促す。

災害時の支援体制の整備として、例えば、避難所等に車椅子で避難する際の経路上のさまざまな地域資源（人）の存在とその活用を検討する。

*6　**特別支援学校からの助言**
学校教育法第74条に「特別支援学校においては、第72条に規定する目的を実現するための教育を行うほか、幼稚園、小学校、中学校、義務教育学校、高等学校又は中等教育学校の要請に応じて、第81条第1項に規定する幼児、児童又は生徒の教育に関し必要な助言又は援助を行うよう努めるものとする」とある。特別支援学校の地域支援機能またはセンター的機能と呼ばれている。

2. 視覚障害・聴覚障害・言語障害児

1 視覚障害児への発達支援

人は視覚を通して外界の情報の80％以上を得ている。乳幼児期に見えない、あるいは見えにくさがある場合、概念形成に必要な知識が十分に得られない、運動や行動の出現が制限される、視覚的な模倣が難しい等の状況が生じる。そして、子どもの学びが制約され、発達にも影響を及ぼす可能性があることから、

視覚に障害がある子どもの発達保障には、早期からの支援が重要とされる。

乳幼児期における視覚障害児の特徴と発達支援のポイントは、次の通りである[7]。

*7
　視覚障害の概要については第5章参照。

1 音への関心

視覚障害児が興味のある物へ働きかける方法として、指先に物をあてて音の振動を確かめる、耳を押し付けて響きを楽しむなど、音への関心を持つ様子が見られる。音声情報は周囲の状況を把握する手段でもあり主体的な行動の原動力につながることから、大切に育てていく必要がある。

2 身体の動き

視覚に障害がある場合、周囲の様子や空間を把握すること、自身の安全を確認することの難しさなどから、身体の動きや動作の獲得につながる運動が誘発されにくくなる。特に予告なく急に他者に身体を触られることに不安を抱く子どもは多い。事前の声かけや暖かい接触など、まずは安心感のある働きかけが必要である。そうしたなかで、走り回ったり、跳ねまわったりなどの全身運動を促し、自身の身体を実感させながら、身体的イメージの基礎を作っていくことが大切である。

3 生活動作の習得

生活動作の多くは身近な人の姿を見て習得するが、視覚障害があるとその習得に難しさがある。そのため、さまざまな場で具体的な体験による学びの支援が必要である。例えば、スプーンの使い方の習得では、保育者が後方の同じ向きからスプーンを持つ自分の手の上に子どもの手を乗せ、手の動き全体から感じとらせる、というような共同動作による支援方法も一案である。

4 触知覚を育てる

視覚障害児教育のなかでは「手で見る」という言葉がある。指先や手を動かして観察し理解する力は、多くの情報取集を可能とし認知能力の向上にもつながる。そのためには、乳幼時期より心地よい音や感触、光刺激などのある玩具や生活道具を意図的に手に触れさせ、「手で見る」ことへ導くことが必要である。また、触知覚は、点字を学習する際の基礎にもつながる大切な力である。

5 視機能の活用（弱視の場合）

視力は6歳頃までに明確な映像を見ることで発達するといわれている。弱視の場合も見る機能の発達を促進するためには、乳幼児期より、見やすい環境をつくり見る意欲を高めること、そしてじっくりと見る態度を育成し、保有する視機能を積極的に活用するための支援が重要となる。

2 聴覚障害児への発達支援

聴覚の発達は早期から始まっている。胎児期の後半には音が聞こえ、生後間もない頃よりさまざまな経験と同時に音や音声を聞くことで、音の意味を知り、聞き分ける力を伸ばしている。乳幼児期より聴覚に何らかの障害がある場合、聴覚からの正確な情報が質・量ともに受け取ることが難しい状況となり、年齢相応の言語、知的、情緒、社会性などの発達が十分にできなくなる可能性がある。そのため、聴覚障害のある子どもの支援においては音や音声の情報が子どもに届くような環境整備への配慮が大切であり、早期発見と早期からの適切な対応を重要とされている。

乳幼児時期における聴覚障害児の特徴と発達支援のポイントは、次の通りである[8]。

*8
　聴覚障害の概要については第5章参照。

1 補聴器、人工内耳等の活用

聴覚障害のある子どもの多くは、聴力の程度に応じて補聴器や人工内耳の装用をするが、これらは聞こえにくさを完全に補うものではない。音として聞こえていたとしても、人の話している言葉がはっきりと聞こえるようになっているわけではない。そのため、日常生活や遊びのなかでは補聴器や人工内耳の装用に慣れさせることと並行して、音や音声と具体的な事物や出来事とを結び付けながら音の存在に気づかせたり、弁別させたり、音の意味を理解させたりするような支援が求められる。

2 言葉の習得

聴覚障害児が言葉を習得するためには、健聴児の何倍もの時間が必要とされる。乳幼児期においては、日常生活や遊びのなかで、聴覚的・視覚的な情報を活用して聞こえの不足を補いながら、概念の形成と言葉の習得を図ることが大切である。そして、発話が可能となった以降においても、文の理解や表出、抽象的な意味の語彙の理解など、段階的に指導を進めていくことが必要である。

3 人とのかかわり、コミュニケーション

　人とのかかわりについては、子どもの実態に応じて、聴覚的情報と視覚的情報を併用したり、その他多様な手段を活用したりして心の通い合いを図り、コミュニケーションや人とのかかわりに対する意欲や態度を育む必要がある。乳幼児期からのこうした支援は、その後の言葉や社会性の発達の基礎として大切である。

　また保育の場では、聴覚障害のある子どもとない子どもとの間の不完全なコミュニケーションによってトラブルが生じることがある。そうした際に、子どもたちの発達段階に応じて双方のかかわり方をサポートしたり、保育者がふるまい方の見本を示したりして、健聴児が聴覚障害のある子どもへのかかわり方について学べるようにしてくことも大切な支援の一つである。

3　言語障害児への発達支援

　言語障害は外見からはわかりづらく、子どもの困っている状況が周囲の人々には理解されにくく、誤解されやすさもある。また、言語障害がある場合、言葉を用いて周囲の人と意志の疎通が難しく、コミュニケーションが円滑に進まない経験をすることが多いことから、子ども自身が引け目を感じ、社会生活においても不都合な状況になる可能性もある。こうしたことから、個々の子どもの状態に応じて配慮していくことが必要である。

　乳幼児期における言語障害児の特徴と発達支援のポイントは、次の通りである[9]。

*9
　言語障害の概要については第5章参照。

1 構音障害

　構音障害は、話し言葉のなかで「さかな」を「たかな」、「がっこう」を「だっこう」など、一定の音を誤って発音する状態である。原因によって「器質性構音障害」「運動障害性構音障害」「機能性構音障害」などに分類される。いずれにおいても、発音の不明瞭さがあると話したい内容が相手に理解してもらえないことが多く、話そうとする意欲が育ちにくい状況が生じやすい。保育者は発音だけに頼らず、時には絵や図を活用して、話の内容を確認しながら最後まで聞き取り、子どもが何を話したいのかに目を向け、理解しようとする姿勢が重要である。また、発音の誤り、不明瞭さについては訂正や言い直しをさせない対応も大切である。

2 吃音

　吃音の症状には、「繰り返し（例：あ、あ、あそぼ）」「引き延ばし（例：あーーそぼ）」「ブロック（例：……あそぼ）」などがある。こうした吃音の子どもは、日常的に話すことに対する心理的負担を感じている場合が多く、特に、緊張感、切迫感のある状況ではさらに言葉が出づらくなる傾向がある。言葉でのやりとりだけに頼らず、うなずきや首ふり、筆談や空書などを活用して返答ができるような配慮が必要である。本人が言葉で伝えようとしている時には、ゆっくり待つというかかわりも大切である。

3 言語発達の遅れ

　言語発達に遅れがある場合、他者の話を正しく理解したり、自分の思っていることを正確に言葉で伝えたりすることが難しい状況にある。子どもに話す際には、話し手に注意を向けさせること、短い文で具体的に伝えること、文字や図、絵、動作など本人の理解しやすい補助手段を用いたりすることなどが必要である。子どもが話す内容が分かりにくい場合においても、言葉だけでなく文字や図、絵、動作などで示すなどの補助手段を活用して、子どもが伝えたいことを丁寧に確認し、理解することが必要である。

4 心理面への配慮

　言語障害があると、話の内容が周囲の人に伝わらなかったり、友だちとのやりとりがうまく成立しなかったりなどの状況が生じ、心理的に不安定になることがある。そして自分をダメだと否定したり、周囲とのかかわりに消極的になったり、話すこと自体が嫌になってしまう子どももいる。本人の長所や得意なことを大切にし、その力が発揮できる場面を用意するなど、社会性の発達や自己肯定感の育ちを損なわないような配慮が必要である。

3. 知的障害児

1 保育所・幼稚園・認定こども園等における知的障害児の特徴

　保育所・幼稚園・認定こども園等に在籍する知的障害*10のある乳幼児（以下、知的障害児）の7割程度以上が自分でできる行動を「自立」、7割程度以上が支援を必要とする行動を「要支援」とした場合、次の実態が示唆される[3]。

　園の基本的生活について、登・帰園場面で自立できているのは「靴の着脱と

*10
　知的障害の概要については第5章参照。

下駄箱への出し入れ」、要支援は「朝の挨拶」であった。給食おやつ場面で自立できているのは「給食時間中に立ち歩かない」「人の物に手出ししない」「スプーンや箸の使用」、要支援では「手洗い」「係の仕事」「歯磨き」「片付け」であった。

トイレ場面で自立しているのは「トイレへの移動」「トイレに座る」「排泄・排便」である一方で、「手洗い」は要支援であった。

着替え場面では、全般的に自立が難しい傾向にあり、「必要なものの準備」「時間内の着脱」「服の着脱」「前後ろを正しく着る」「靴下の着脱」「ファスナーの扱い」「脱いだものをしまう」など、その多くが要支援であった。

園で実施している課題保育の教室活動（絵画や工作、歌唱等）、集会室活動（お遊戯等）、園外活動においては自立の困難さが認められ、「決められた場所に集合・並ぶ」「用具を準備する」「説明を聞く」「順番やルールを守る」「活動する」「後片付け」など、全般的に要支援となっている。

園の行事（遠足、運動会、発表会、式典）においても自立が難しい傾向がある。要支援として「行事場所への移動」「準備や片付け」「先生の指示に従う」「徘徊しない」「ルールを守る」「活動をする」が該当し、行事全般に渡って支援を必要としている。

園生活において、知的障害児は、行事のように未経験であったり、頻度の少なかったりする活動において個別的な配慮が欠かせないと考えられる。また、課題保育では、ルールや手順が難しかったり、取り組む上での手がかりが少なかったり、活動に要する技能が複雑な場面においては、教員・保育者による支援が大切である。

2 ▶ 知的障害児の支援方法

知的障害児は、園生活全般に渡り、一人では上手くいかない場面が多い。そのため、成長に伴い自信が持てなくなったり、失敗を恐れて自ら行動をしなくなったりすることがある。このような場合は、課題や活動を本人の実態に合わせて容易にできるように工夫し、最後まで達成できる（達成感）支援が必要になる。達成経験（成功体験）の積み重ねによる自信の積み重ねや回復が、課題や活動への参加意欲や自己肯定感を高めることにつながる。

1 感覚・認知の支援方法

知的障害児の感覚特性は、自分の身体に対する意識や概念が十分に育っていないことである。そのため、物や人にぶつかってしまったり、簡単な動作

のまねが難しかったりすることがある。支援は、粗大運動や微細運動を通して、全身及び身体の各部位を意識して動かしたり、身体の各部位の名称やその位置などを言葉で理解したりすることができるように配慮する。子どもが、自分の身体に対する意識を高めながら、自分の身体を基点として、位置、方向、遠近についての状況の把握や状況に応じた行動を展開できるようにすることが大切である。例えば、保育者が子どもの身体の部位を触り、それを何と呼ぶのか尋ねるクイズ形式のやりとりなどが支援方法として考えられる。

　認知とは、新しい情報や知識を獲得することである。知的障害児は、認知の過程で、必要な視覚情報に注目することが難しかったり、読み取りや理解に時間がかかったりすることがある。支援方法には、興味や関心のあることや生活上の場面を取り上げ、実物や写真などを使って見たり読んだり、理解したりできるようにすることが要点となる。また、仲の良い友だちと一緒になって取り組み、相手に教えてもらったり、お互いに助け合ったりすることも認知を育てる手助けになる。

2　運動の支援方法

　簡明な運動や単純な動作においては、あまり問題が見られない一方で、手先を器用に使う必要があったり、手順が複雑で細かい作業などは苦手である。例えば、同年齢の園児と比べると、着替えにおけるボタンの着脱やファスナーの開け閉め、はさみやのりなどの道具を操作できないことが目立つ。これは手指の巧緻性などの運動面の困難さに加え、課題に集中して取り組む持続性にも弱さがあるからだと考えられる。また、目と手の協応動作などの認知面、あるいは日常生活場面等における経験不足なども要因となっている。支援については、道具等の使用に慣れていけるように、興味や関心が持てる内容や課題を工夫し、使いやすい適切な道具や素材を用いる配慮が大切である。また、簡単な手遊びや、ビーズなどを仕分ける活動、ひもにビーズを通す活動など、子どもが指示された通り手を動かすことや目と手の協応動作に積極的に取り組めるような支援が必要である。その際、単に訓練的な活動とならないよう、本人が楽しみながら興味や関心のもてる内容や課題を工夫し、楽しんで取り組めるようにしたり、構成活動（積木や粘土、ブロックでものを作る）を通して、他者から認められ、達成感を得られたりできるように配慮することが大切である。

3　言葉とコミュニケーションの支援方法

　園生活では、語彙が豊かになり、おしゃべりになる子どもが増える一方で、

知的障害児はコミュニケーションの困難さから、他者とかかわることに消極的、受け身的な態度が目立つようになることがある。これには多くの要因が関与しており、言葉の知識が不十分で、相手が何を言っているのか理解できないことに加え、失敗経験から他者とかかわることに自信がなく、周囲の人への依存が強いことも一因である。さらに、音声言語の不明瞭さや発話までに時間がかかることで、コミュニケーションのテンポに追いついていけないことも考えられる。

　このような場合は、自分の要求や意見が伝わったり、相手の言っていることを理解できるような双方向の会話が成立する成功体験を積み重ねる支援が必要となる。会話での成功体験を積み重ね、子どもが相手に言葉で伝えようとする意欲を養うことを心がけたい。例えば、コミュニケーションの意欲を高めるため、関心のある話題で、友だちとの会話を促したり、他者と協力して遂行するゲームをしたりすることを通して、自分の意図を伝えたり、相手の意図を理解したりすることができるような工夫や、子どもが他者と適切にかかわれるように配慮する。また、自分の気持ちや考えを表した絵カードを使ったり、簡単なジェスチャーを交えたりするなど、要求や意見を伝える時に言葉を補う手段を教えることも有効である。

4 配慮事項と環境設定

　知的障害児の配慮事項と環境設定について、5つの観点から考えていく。

❶園生活において困っていることはないか点検する

　本人の困っていることに気づいた時、その理由を明らかにして、できるだけ早急に具体的な支援方法を実践することが大切である。例えば、本人が使い方を理解していなかったり、誤っていたりする道具や遊具はないか点検し、判明した場合、使いやすいように改善することが考えられる。

❷指示やルールは分かりやすく伝える

　指示やルールの内容を言葉だけでなく、それを補うような絵や目立つ色のマークを付けて、視覚を通して理解できるように工夫する。また、手洗いや着替え、給食などの手順はイラストを使った掲示物にすることで、繰り返しながら、分かりやすく説明できる。ルールは、園内でみんな楽しく安全に活動するために必要であることを伝えて「〜しない」ではなく「〜する」と行動を具体的に教える。

❸活動の時には「ほめて達成感を与える」ことを心掛ける

　ほめる時は、その対象となる行動が現れたら、すぐにその場で、何がどの

ようによかったかを褒めることが大切である。また、お手伝いや他者を助ける行動には、「ありがとう」と感謝を伝える。

❹園生活で上手く行動できない時には「自分で選べる」ように働きかける

　集団活動の時に、参加を拒んだり、別なことをやりたがったりする時は、子どもに選択肢を与える。例えば、「今は、お絵描きをやりたくないんだね。じゃあ、折り紙をする？　それとも粘土をやろうか？」と聞いて本人に選ばせる。他の子どもと同じことができなくても、関連する活動に取り組ませることで、クラスの一員だという意識が持てるように配慮する。

❺保護者との連携を大切にする

　知的障害児の場合、幼児期には、同年齢の子どもと比べ、言葉とコミュニケーション、学習、社会性など遅れが目立ってくる。そのため、保護者が我が子の成長や、子育てに不安を抱く場合が多い。保護者の心情に共感しながら、情報を共有し、できるだけ早期からの支援を計画的に進めることが重要となる。例えば、保護者が子どもの言葉の遅れに不安があるのであれば、就学前の教育相談機関にかかわってもらい、言葉の発達や特性の評価、その支援方法についての情報を保護者と共有する。そして、園生活のなか実践可能な範囲で、本人の言葉の理解力や表現力に合わせた働きかけや、絵カードを使って言葉の理解を補う等の個別的な配慮を行う。このような支援を実現して、本人の言葉に対する興味・関心を引き出し、コミュニケーションへの意欲を高めることが大切である。

4. 発達障害児①　ADHD・LD

　2007（平成19）年に開始された特別支援教育制度の要点の一つとして、これまで対象とされていなかったADHD（注意欠如・多動症／注意欠陥多動性障害）、LD（学習障害）、ASD（自閉スペクトラム症）などの発達障害のある子どもへの対象拡大があげられる。文部科学省が2022（令和4）年に実施した全国調査[4]によると、公立の小中高等学校の通常学級に在籍する児童生徒のうち、約8.8%に発達障害の可能性があり、特別な教育的支援が必要であること、学年進行とともにその数は少なくなるが、小学1年生の段階においては12.0%にその可能性があることが示されている。つまり、保育段階においては同等以上の子どもたちに支援が必要であることが予想され、保育者として発達障害特性を適切に理解し、早期支援につなげていくことが求められる。

　「発達障害」という用語は、世界中で用いられている「developmental

＊11 発達性協調運動障害（DCD）

年齢相応に期待される協調運動技能の獲得や遂行が著しく劣っており、それによって日常生活や学校・職場での活動の妨げになっていることを特徴とする。発症率は5〜6%程度とされているが、ADHDやLDとの合併が多く報告され、自閉スペクトラム症にも不器用さを伴うことが多いことは以前から多く指摘されている。「不器用」「運動音痴」とみなして叱責や嘲笑の対象とされたり、反復練習を強要されることによって他者との関係性の悪化や自尊心の低下につながることがあるため、幼児期からの配慮が必要である。

＊12 トゥレット障害

突発的、急速、反復性、非律動性の運動あるいは発声を「チック」といい、たとえばまばたきや首振り、肩をすくめたり腕を突き出すなどの運動性チックや、咳払いや鼻鳴らし、鼻すすりなどの音声チックなどが生じる。また、多様な運動チックと1つ以上の音声チックが慢性的に発症する場合にトゥレット障害と診断されることがある。強迫性障害やADHDと合併することが多いが、4〜6歳頃に出現し10代でピークを迎え、思春期を通して改善傾向となる経過をたどることが多いとされている[6]。重症例には薬物療法が適用されるが、行動療法的アプローチが有効であることが示されている。

disorders」の訳語としてわが国で定着しているが、その意味するところは国や文化によってそれぞれ異なる。また、国内においても用語の使い方について差異があるため、その定義が重要となる。

わが国では一般的に、発達障害者支援法で規定されている定義を用いることが多く、本節でもそれに従う。厚生労働省は、発達障害の代表例としてASD、ADHD、LD、DCD（Developmental Coordination Disorder：発達性協調運動障害）[＊11]、吃音、チック症、トゥレット障害[＊12]、場面緘黙[＊13]などをあげており、それぞれが合併しやすいことが知られている。保育者にとっては、それぞれの障害特性について一般的な理解をすることのほかに、多くの子どもたちがそのような特性を少しずつ有していることを認識し、「障害児」「健常児」ではなく、診断の有無にかかわらず、一人ひとりの特性を理解して保育方法を工夫することが重要となる。

本節では、発達障害の代表例としてADHD及びLDをあげて解説する[＊14]。

1 ADHD（Attention Deficit/Hyperactivity Disorder）

1 障害特性の理解

ADHDの特性である「多動性」「衝動性」と「不注意」という状態像は、遺伝的要因と環境要因によって規定される先天的な脳機能のはたらきによって生じると考えられている。特に、ある目的を達成するために行動を計画したり順序立てたりする「プランニング」や、そのための行動抑制などに関連する「実行機能」の不全、目先の小さな報酬が後の大きな報酬よりも優先される「遅延報酬」などが原因となって症状が現れる。これらは、脳機能のうち大脳の前側の部分にある「前頭前野」の働きに偏りがあることや、脳の神経伝達物質の働きが不十分であることが原因であると考えられている。

2 幼児期における状態像と保育上の配慮

ADHD特性のある幼児は、落ち着きがなく絶えず体を動かしていたり、外で飛んでいる虫やヘリコプター、救急車など、目についたものや聞こえてくる音などに衝動的に反応し、席を立ったり部屋を飛び出してしまうこともある。また、他児の使っている道具や玩具をとっさに奪い取ったり、反射的に叩いたり、大声を出したり歌ったりすることもある。広瀬は、幼児期における状態像として、かんしゃくや寝つきの悪さ、じっとしていることが苦手などの多動や落ち着きのなさ、集団生活での逸脱や乱暴な言動、好奇心旺盛な

一方での過剰な質問の繰り返し、誰とでも友だちになるが他児とのトラブルが多いことなどをあげている[5]。また、学齢期以降になると集団生活での逸脱や集中できないことからの学力の低下、人間関係の難しさから気分の浮き沈みなどが顕著になり、不登校やうつなどの二次障害が生じることもある。これらの状態像は、決して「いたずら」や「ふざけている」ことによって起きているものではなく、本人がコントロールできない脳の働きによって生じていることを理解する必要がある。したがって「問題児」としてみるのではなく、どのように環境調整をすることによって、その場で求められている適切な行動へつながるのかなどを考えて工夫することが重要である。例えば、掲示物を減らしたりカーテンやパーティションを設置することは、衝動的に反応してしまう刺激を減らすという点で効果がある。

　ADHDの症状は脳の働きを調節する薬を服用することによってある程度改善が見込まれる。しかし、これらの薬はADHDの根本的な原因を治療するものではなく、薬が効いている間に適切な行動をどのように学習するかが重要である。そのため、ADHDの子どもへの支援として、応用行動分析（ABA）[*15]など、行動理論を活用したアプローチが有効であるとされている。

　ADHDの子どもの養育は困難を伴うことも多く、通常の養育方法によって不適切な行動を誤学習していることも多い。そのため、ABAにもとづいたペアレントトレーニングなど、保護者の支援も重要な課題となる。保育においても家庭においても、本人を修正する「リハビリ」ではなく、行動しやすくするための「環境調整」が重要であることを忘れてはならない。

2　LD（Learning Disorder/Learning Disabilities）

1　障害特性の理解

　DSM-5によると、限局性学習障害の発症率は5〜15%であるとされているが、各言語での文字表記と音韻の関係性によって異なると考えられており、わが国では文部科学省の調査によって、約6.5%の子どもが学習面で著しい困難を示すとされている。また、DSM-5では、限局性学習障害の下位分類として、読字障害（ディスレクシア）、書字障害（ディスグラフィア）、算数障害（ディスカリキュリア）が明記されている。日本ではほとんどの場合、書字障害は読字障害に伴って現れるため、両者を合わせて「発達性ディスレクシア」（発達性読み書き障害）と呼ぶことも多く、日本におけるいわゆるLDの多くは発達性ディスレクシアであるといえる。

*13　場面緘黙
　通常の場面では会話が可能であるにもかかわらず、学校などの特定の社会的場面において一貫して話すことができない状態を特徴とする。DSM-5では不安障害に分類され、強制的に発話させようとしたり、放置することによってうつ症状や不登校などの二次障害が現れる場合もある。有病率についてはさまざまな報告があるが、幼稚園から中学校までで約4割の学校に在籍し、女児に多いと考えられている[7]。

*14
ADHD及びLDの概要については第5章参照。

*15　応用行動分析
　p.111参照。

発達性ディスレクシアの困難さの要因は、「怠け」や「ふざけ」ではなく、生まれつきの脳のはたらきによって、視覚認知、音韻処理、協調運動に困難さがあることだといえる。視覚認知とは、目（視覚）から入ってきた情報、つまり文字の形や位置関係などを正確に捉えることである。視覚認知とそれに関連する記憶に困難さがあると、文字を正しく覚え、書くことが難しくなる。音韻処理とは、耳（聴覚）から入ってきた情報を、音の単位である「モーラ」に分解し、正確に把握することである。特に日本語はかな1文字と1音（モーラ）が対応しているため、例えば「タイコ」という音を聞いて「タ」「イ」「コ」と3音に分解できないと、文字に変換することが難しくなる。同様に、「たいこ」という文字を見て3音に変換することは読みにかかわる。さらに、協調運動とは、体の複数の部位を連動して動かすことであり、手先を細かくコントロールすることができないと、書字に困難さが生じると考えられる。

2 幼児期における状態像と保育上の配慮

　LDは主として文字の読み書きや数の学習に関する困難さであるため、幼児期においてはその状態像が見えにくい。しかし、例えば5歳児程度の幼児においては一般的に文字に親しみ、興味を示すが、読字障害のある子どもにおいては文字に対する興味がなく、覚えようとしないなどの特徴がみられることがある。また、上述のように視覚認知、音韻処理、協調運動にそれぞれ発達上の課題が見られることがある。例えば、ものの名前を覚えていても、さまざまな絵のなかから探す遊びが苦手だったり、しりとりや逆さ言葉あそびができなかったりする。他の発達障害特性との鑑別は困難であるが、さまざまな活動のなかから、その子どもにとって苦手なこと、好まないことを把握し、小学校以降の学習の資料とすることが重要である。

　保育場面においては、文字の読み書きや計算が求められる場面は多くない。しかし、苦手な文字の読み書きや数の学習を強要されることによって、学習そのものを回避する傾向になったり、自信が持てなくなったりすることがないように配慮することが重要である。

5. 発達障害児② ASD等

　2007（平成19）年に特別支援教育制度が開始された際に、従来の特殊教育の対象に加えられた障害種別として、前項で解説したADHD、LDのほかに、「高機能自閉症」があった。その後、2014（平成26）年に医学的な診断基

準であるDSM（精神疾患の診断・統計マニュアル）が改訂されたことを受け（DSM-5）、「高機能自閉症」は「自閉スペクトラム症」あるいは「自閉症スペクトラム障害」（Autistic Spectrum Disorder）と読み換えることが一般的になった。本節では、保育・教育現場で混在しているさまざまな用語を整理し、ASDの子どもの特性や保育上の配慮事項について解説する[16]。

＊16
　ASDの概要については第5章参照。

1 障害特性の理解

1 社会的コミュニケーション及び対人的相互反応の障害

　ASDの特性は、過度に受動的であったり積極的であるなど、他者に対する一方的なかかわりや適切な距離感をとれないことに現れる。機能的な言語コミュニケーションが可能であっても、言葉を字義通りに受け取り、比喩や皮肉、冗談、表情や視線方向、ジェスチャーなどによる「裏の意味」、暗黙のルールなどを理解できないことがある。また、相手がどのように受け取るかに気づかず、思ったことをそのまま言ってしまうこともある。そのことによって、対人関係でトラブルが生じることもある。

2 行動、興味または活動の限定された反復的な様式

　ADSの特性には、常同行動や反復的な物の使用、同じ質問の繰り返しや独特の言い回しなどにも現れる。常同行動はステレオタイプ行動、儀式的行動とも呼ばれ、上半身を前後に揺するロッキング、手を目の前でヒラヒラと動かすフラッピングのほか、その場で飛び跳ねたりクルクル回ったり、自分の太ももをパンパン叩いたり顔の近くで拍手をしたり、それらを複合させたり、人によってさまざまである。

　また、相手の言葉をそっくりそのまま復唱する、いわゆる「オウム返し」が頻発する「エコラリア」（反響言語）がみられることもある。大人の言っている言葉を内容に関係なくオウム返しする反応は、子どもの発達において1歳代で一般的に観察される。しかし、エコラリアは、それが一時的な現象ではなく長期にわたり、言葉の理解にかかわらず出現すること、通常の言葉によるコミュニケーションがほとんど不可能あるいは著しく限られていることが特性である[8]。なお、相手の言葉をその場で反復する「即時エコラリア」だけでなく、CMやアニメのフレーズ、歌の一節など、その場になくても聞いたことのある音を何度も繰り返す「遅延エコラリア」もある。いずれも他者とのコミュニケーションや社会性の問題を含んでおり、支援が必要な場合がある。

さらに、習慣や同じ状況、方法に固執する特性もあり、予定が変更された
り用具が変化したりすることへの適応が困難など、目の前にないものや状況
を想像することに困難を示すことがある。感覚刺激に対する過敏さや鈍感さ
などの特異性も含め、これらの特性から、特に幼児期は物を一列に並べてさ
まざまな角度から眺めたり、冷たい壁や床に顔をつけるように寝そべったり、
かさぶたを剥がしたり鼻をほじったり奇声を上げるなどの感覚的で「奇異」
な行動が見られることがある。なお、感覚の特異性は皮膚感覚のみではなく、
視覚、聴覚、嗅覚、味覚などさまざまな点に現れ、偏食や異食、耳ふさぎ、
制服着用の困難などがみられることもある。

3 知的障害との関連

　1 2 で述べた症状は知的発達の程度や機能的言語の有無とは区別して評
価され、どのような言語的コミュニケーションが可能か（流暢に会話する、
短文のみ、単語のみ、無発語など）、どのような知的発達段階か（知的障害
がない、軽度／重度の知的障害があるなど）と別の次元で、ASD症状の程度
が存在する。なお、知的障害を伴わない場合を「高機能」と呼ぶことがあり、
主に行政用語として用いられているが、実際には境界知能や平均以下の知能
（例えばIQ90など）であっても「知的機能が高い」（例えばIQ120など）と誤解
される可能性もあり、注意して用いることが必要である。

　ASDの発生頻度は、わが国では500人に1人程度で、3～4：1で男性に多
いとされているが、医療機関を受診しないと診断されないことから、実際の
発生数は明確でない。また、約3割が知的障害を合併しており、睡眠障害や
不安症などの精神疾患のほか、LDやADHDなど他の発達障害との合併も多
く、その状態像は個によってさまざまである。

2 保育における配慮事項と環境設定

　近年、発達障害やインクルージョン、多様性に関する理解啓発が進んだこ
ともあり、1歳代などの早期にASDと診断されることも多くなってきた。し
かしながら、特に言葉や運動面の発達の遅れが見られない場合は、相談機関
を利用することも少なく、診断を受けていないASD特性のある子どもも多
く存在する。保育においては、ASDかそうでないか、というラベリングをせ
ず、すべての子どもについて一人ひとりその特性を把握して個に応じた保育
を行うことが必要である。本項では、特に知的障害のないASDの子どもに

ついて、その配慮事項等について区別して述べるが、すべてに共通していることは、具体的な行動を設定して教えること、その行動を生起させる明確なきっかけを作ること、その行動に対して明確なフィードバックを行うことがあげられる。これは、行動を「先行事象」（A）、「行動」（B）、「結果事象」（C）の3つの枠組みからとらえるもので、ASDの子どもへの教育支援アプローチとしてエビデンス（科学的根拠）が認められている「応用行動分析」（Applied Behavior Analysis；ABA）の基本的な考え方である。より詳細に学びたい場合は、ABAに関する文献等を参照すると良いだろう。

1 適切なかかわり方を具体的に教える

ADSの子どもは一般的に、言葉の発達に大きな遅れはないが、他者の意図を理解して行動することに困難が生じることが多い。そのため、相手が嫌がっていることに気づかなかったり、かかわりを持とうとして髪を引っ張ったり物を取ったり、顔を近づけたりすることがある。望ましいこと、不適切なことについて明確に提示し、適切なかかわり方を具体的に教えることが重要である。このように社会生活や対人関係を営むために必要とされる技能のことを「ソーシャルスキル」といい、その指導方法として、ABAなどの行動理論にもとづく「ソーシャルスキルトレーニング（Social Skills Training；SST）」が有効である。SSTでは、まず指導するべきソーシャルスキルを明確に定義した上で、それを絵や言葉でわかりやすく示す「教示」、見本を示す「モデリング」、実際にロールプレイなどを通して練習してみる「リハーサル」、良いところや修正するべきところを振り返る「フィードバック」、実際の生活場面で発揮できるようにする「般化」の要素が重視される。特に保育・教育場面では、問題となる行動の後で対処しがちであるが、そのようなときは興奮していたりパニックになっていたりして指導できないことが多い。そのため、「問題が起きていない落ち着いているとき」に模擬場面を用いて練習するというSSTの発想が非常に重要であり、クラス全体で取り組む機会が設定できると良い。

2 見通しを立たせる支援

こだわり行動は、玩具や遊具、持ち物、衣服、保育者の立ち位置や順序、タイミングなど多岐にわたって現れる。また、「1番に並ぶ」「ルール違反を許せない」「保育室に必ず右足から入る」など行動そのものにこだわる場合や、予定が不明確だと何度も確認や質問を繰り返したり、急な変更によってパニックを起こすこともある。絵や写真を見せるなど視覚的に分かりやすい手

段で予定を伝え、本人が納得できる「ルール」を枠組みとして作ることによって、自分で確認したり調整できるように支援していくことが必要である。

3 刺激の整理

　例えば聴覚に過敏性があると、歌の時間や音楽活動が始まると耳塞ぎをしたり寝転んだり大声を出して活動を妨害したり、保育室を飛び出したりすることがある。また、室内での自由遊びや近隣での工事のほか、複数の保育者が指示を出すことによっても同様の行動が起きることもある。視覚刺激についても、室内の装飾や掲示物などが多いことによって生じることがある。これらは、刺激を処理しきれなくなって飽和している状態であると考えられ、パーティションで空間を区切ったり、窓を閉めるなどして刺激を制限し、静穏な環境設定に努めることが重要である。

　他にも、1つの場所を多目的に用いるのではなく、それぞれの場所と活動を1対1で対応するように区切ると、それぞれの場所や場面で何をすれば良いか、視覚的に理解しやすくなる。このような工夫を「物理的構造化」といい、前項の見通しを立てる支援のような「視覚的構造化」とともに、特に知的発達に遅れがあるASDの幼児にとって有効な支援となり得る。これは、米国で開発されたASDの人への総合的な支援アプローチであるTEACCHモデルでも重要な要素の1つとしてあげられる。

4 明確なフィードバック

　子どもに何かを教えたり伝えたりする場合、保育者は子どもの反応を見ながら、基本的に口頭で伝えることが多い。しかし、口頭での音声刺激による伝達は継時的な情報であるために時間がかかる上、情報を溜めておくことが難しく、保育者もつい同じことを何度も繰り返してしまうことがある。ASDの子どもにとっては、そのような注目すべき刺激の不明確さが困難の原因になる。そのため、何かを伝える際には要点をまとめて文字に書いたり、分かりやすいように絵や写真で示すなど、視覚刺激を用いて同時的な情報として示すことが重要である。また、適切に行動できた場合も、口頭で称賛するだけでなく、説明に用いた視覚刺激にシールを貼ったり丸をつけるなど、視覚的に明確なフィードバックを行うと良い。

　ASDのある子どもにとって必要で有効な保育上の工夫は、ASD特性のない子どもにとっても、その必要性がないだけであって有効であることが多い。そのため、上述の配慮事項はおおむねユニバーサルな環境設定であるともい

える。保育者にとって重要なことは、その子どもの診断の有無にかかわらず、通常の保育方法では適応に課題がみられるすべての子どもについて、同様に考えて保育を工夫することである。

6. 重症心身障害児・医療的ケア児

医療的ケア児は必ずしも重症心身障害を有するものではない。一方、重症心身障害児の多くが医療的ケアを必要とする。重症心身障害児も医療的ケア児も、より専門的な配慮や他職種連携、社会全体での包摂をより強く必要としていることは共通している。

1 重症心身障害児への発達支援

1 重症心身障害という用語

「重症心身障害*17（以下、重症児）」という用語は、日本重症心身障害福祉協会によれば「重度の知的障害に重度の肢体不自由をあわせもち、常時医療を要する一群をさす」9)と定義されている。また「常時医療を要する」とされる程度に応じて「超重症児」や「準超重症児」という呼称もある。

全国重症心身障害児（者）を守る会は、「これは、医学的診断名ではありません。児童福祉での行政上の措置を行うための定義（呼び方）です。その判定基準は、国は明確に示していませんが、現在では、大島の分類*18という方法により判定するのが一般的です」と説明している。このように福祉行政的な意味合いの強い用語である。

2 重症心身障害児の主な原因疾患や障害特性

重症心身障害の原因疾患はさまざまであり、その分類の仕方もさまざまである。発症の時期をもとに分類した原因疾患の例は次の通りである。

> 出生前の原因：染色体異常や脳奇形、胎内感染など
> 出生期の原因：早産や重症仮死、黄疸、感染など
> 出生後の原因：脳炎・髄膜炎後遺症や脳血管奇形など

3 重症心身障害児が示す障害の状態像

重症児が示す障害の状態像もさまざまである。自ら動くことが難しいために、さまざまな二次的障害（特に生活不活発病*19）が生じることが多い。そ

*17　**重症心身障害**
児童福祉法では、「重度の知的障害及び重度の肢体不自由が重複」（第7条第2項）と記されている。

*18　**大島の分類**
元東京都立府中療育センター院長の大島一良による考案で、横軸に肢体不自由の程度、縦軸に知的障害の程度を配した分類表（マトリックス）で、障害の程度をわかりやすく可視化できる。その利便性をさらに高めた改訂版（横地分類）もある。

*19　**生活不活発病**
日頃から使わない心身の機能は、障害の有無や年齢にかかわらず、徐々に低下する。英語表記は［disuse syndrome］であり、「廃用症候群」との訳もある。高齢者福祉で「寝かせきりの状態が寝たきりをつくる」としばしば指摘される現象が、この生活不活発病のことである。

の二次的障害をいかにして最小限にするかが重要である。主な状態は次の通りである。

❶姿勢

寝たままの状態が多い。自分の力では起き上がれなかったり、座ったりすることができない。

❷運動

自力での運動は困難なため、寝返りなどに援助が必要となることが多い。一方、座位のままでの移動や車椅子での移動などが一部自力でできることもある。

身体や手足の変形や拘縮[*20]、側弯、胸郭の変形を伴うことが多い。

❸呼吸

気管支炎や肺炎を起こしやすい。喀痰吸引（p.116参照）が必要なことが多い。

❹摂食[*21]

食べる機能に何らかの障害がある。多くが全介助を要する。食形態[*22]としては、きざみ食や流動食が多い。誤嚥を起こしやすい。必要な食べ物や水分を摂取できない場合には、経管栄養（p.116参照）が必要になる。

4 重症心身障害児の気持ちとその表現

重症心身障害を有していても、その子どもらしく生きていけるように、他職種連携によって、家族も含めて支援していく。重症児の療育を開拓した第一者である糸賀一雄[*23]が次のように記録している。

> びわこ学園に運びこまれたＡ青年は、ひどい脳性麻痺で、足も動かず、ベッドに寝たきりで、知能は白痴程度であった。しかも栄養失調で骨と皮になり、死相があらわれているのではないかと思わせるほどであった。半年あまりしたある日のこと、いつものように保母がおむつをかえようとすると、Ａは、息づかいをあらくしてねたまま腰を心もちあげているのであった。保母は手につたわってくるＡ青年の必死の努力を感じて、ハッとした[10]。（注：原文ママ。傍点は筆者加筆）

話し言葉によるコミュニケーションが難しい場合でも、このように「息づかい」や「腰を心もちあげる」、表情、顔色、声、筋緊張などの状態や変化によって、さまざまな気持ちを表現している。保育者は重症児に静かに話しかけながらゆっくり身体に触る、抱っこをするなどのスキンシップを図る。その営みのなかで、重症児の気持ちを知るための努力を続けることが大切である。

＊20　拘縮
関節周辺の組織（筋肉や靱帯等）が収縮して弾性を失い、関節が動きにくくなること。関節そのものには原因はない。

＊21　摂食
食物を口のなかに取り込み、必要に応じてかみ砕き、飲み込む（嚥下する）こと。「摂食機能」を「食べる機能」と記すこともある。

＊22　食形態
食形態については、きざんで小さくすればよいという「大きさ」のみならず、「硬さ」と「粘り（とろみ）」も考慮する。

＊23　糸賀一雄（1914-1968）
戦後間もない1946（昭和21）年に、戦争孤児や生活困窮児、知的障害児のための施設「近江学園」を創設した。1963（昭和38）年には、重症心身障害児のための施設「びわこ学園」を創設した。「この子らを世の光に」という言葉が有名である。

5 重症心身障害児への日常的な支援や基本的な留意事項

　好きなことや楽しい活動などについて、家族やその子どもをよく知る人から聞きとり、その情報を活かして、心地よい体験を多く積み重ねていきたい。多様な体験を通して、さまざまな感覚機能の維持や向上、そして好きなことや楽しい活動の幅も広がる。二次的障害（生活不活発病）の予防にもつながる。重症児への日常的な支援や基本的な留意事項を次に例示する。

❶体調の変化への気づき

　重症児は健康状態を保つことが難しい。したがって、周囲の人はその体調の変化に気を配る必要がある。例えば、スキンシップや遊びのなかでの表情や筋緊張などの状態や変化を細やかに観察しておく。

❷姿勢の異常への対応

　自分で身体を動かすことが難しいため、楽な姿勢を保ちにくい。食事や遊びなどの場面や活動に応じた楽な姿勢について、家族からの情報を得ておく。場面に応じて、仰臥位（あお向け）や伏臥位（うつ伏せ）、側臥位（横向き）、座位など、楽な姿勢が異なることにも気をつけたい。また、同じ姿勢を長時間続けることは苦痛や二次的障害（特に褥瘡[*24]）につながるので、定期的な姿勢変換が必要である。

❸体温調節への対応

　寒暖差に応じて体温を調節することができないことが多い。重症児の手足に触れたり、顔色を確かめたりしながら、室温の調節をこまめに行う。

❹危機管理

　事故を起こさないようにするあまり、活動を過度に制限することは避けたい。事故を完全に防ぐことは困難なものと捉え、事故を限りなく減らす方法や、万が一起きてしまった場合の適切な対応について、十分に検討しておく。例えば、事故に至る可能性のあった出来事「ヒヤリ・ハット[*25]」を組織内で積極的に共有し、報告し合い、積み重ねていくことで、より安全な環境づくりを心がけることが大切である。

❺意思決定支援

　重症児は自ら意思を決定して表現することが難しい。そこで、自らの意思が反映された日常生活や社会生活を送ることができるように、可能な限り本人自ら意思決定できるよう支援し、本人の意思の確認や推定をする。支援を尽くしても本人の意思の推定が困難な場合には、本人の最善の利益を検討するために関係者で十分に検討する。

＊24　褥瘡
　いわゆる「床ずれ」のこと。同じ姿勢が長時間にわたり続いた場合、骨の突出部の皮膚や皮下組織が圧迫され、損傷してしまう。予防が最重要であり、特定部位の圧迫を避けるために、定期的な姿勢変換が必要である。

＊25　ヒヤリ・ハット
　労働災害の経験則として「1件の重大事故の裏には29件の軽微な事故と300件の怪我に至らない事故がある」といわれている。ハインリッヒの法則と呼ばれる。この300件が「ヒヤリ・ハット」に該当する。「ヒヤリ・ハット」の共有は、誰もが事故を起こすという前提に基づいており、特定の人に対する責任追及ではないことに留意したい。

2 医療的ケア児への発達支援

1 医療的ケアという用語とその意味

　2021（令和3）年6月11日に「医療的ケア児及びその家族に対する支援に関する法律」が成立した。本法律で、「医療的ケア」は「人工呼吸器による呼吸管理、喀痰吸引その他の医療行為をいう」と定義されている。医療的ケアとは、一般的に「病院などの医療機関以外の場所（保育所、学校や自宅など）で日常的に継続して行われる、喀痰吸引や経管栄養、気管切開部の衛生管理、導尿、インスリン注射などの医行為を指し、病気治療のための入院や通院で行われる医行為は含まれないもの」とされている。喀痰吸引と経管栄養については次の通りである。

❶喀痰吸引

＊25　粘液状のもの
　唾液や鼻水、咽頭・喉頭・気管から分泌される粘性物質のこと。老廃物や外気中の小さなごみなどが含まれている。

　喀痰とは、主に咳をしたときに、喉の奥から出てくる粘液状のもの＊25である。単に「痰」ということが多い。痰は、自分で排出などの処理ができるが、勢いのある呼気や咳ができないと喉の奥に溜まってしまう。痰を放置しておくと、呼吸のしにくさによって低酸素血症に陥る危険性がある。また、溜まった痰を誤嚥して気管支炎や肺炎を引き起こす危険性もある。最悪の場合、生命に危険がおよぶ。そのため、安定した呼吸のための吸引が必要になる。

❷経管栄養

　摂食機能に障害があり、口から食べ物を摂取することが困難または必要な量を口から摂取できない場合、チューブなどを用いて、胃や腸に直接栄養を取り入れる方法である。経管栄養を実施することで、安全で確実な栄養や水分の摂取が確保され、身体的な機能の保持や改善が期待される。

2 医療的ケアの実施者

❶医師

　自らの判断で医療的ケアを行うことができる。保健師や看護師らは医師の指示の下、医療的ケアを行うことができる。

❷保育士を含む非医療職

　一定の要件を満たす場合に限り、医師の指示の下、看護師らと連携し、医療的ケアのうち、喀痰吸引と経管栄養の一部を行うことができる。

❸医療的ケア児やその保護者

＊26　違法性が正当化される場合の要件
　目的の正当性や手段の相当性、法益侵害の相対的軽微性、必要性などを指している。

　さまざまな医療的ケアを実施できる。医療的ケアは医療行為であるが、その行為の違法性が正当化される場合の要件＊26を満たすと考えられるためであ

る。したがって、医療的ケア児やその保護者が医療的ケアを行っているからといって、保育者を含む非医療職がその行為を、実施の要件を満たさないまま、実施することはできない。

3 保護者の付き添いの協力

保護者に付き添いの協力を得ることについては、医療的ケア児本人の自立を促す観点からも、真に必要と考えられる場合に限るように努める。例えば、医療的な安全性を確保する観点から、入園（学）や転入園（学）時、長期休業や長期入院の後に初めて登園する際などが想定される。やむを得ず保護者の協力を求める場合には、代替案を検討した上で、真に必要な理由や付き添いが不要になるまでの見通しを説明することが必要である。

4 保育者の役割

看護師らが保育所などで医療的ケアを行う[27]場合、保育者は医療的ケアを保育所などで行う意義や必要な衛生環境などについて理解する。加えて、対象の子どもの日常的な健康状態の把握[28]を通じて、看護師と必要な情報共有を行い、緊急時にはあらかじめ定められた役割分担に基づき対応することが、重要である。

保育者が、看護師の管理の下、医療的ケア以外の支援、例えば医療器具の装着時に衣服の着脱を手伝ったり、医療的ケアを受けやすい場所の確保や姿勢保持を手伝ったりすることは可能である。よって、医療的ケアとは、保育者と看護師とが協力して行う支援と理解できる。

7. その他、特別な配慮を要する子ども

1 共生社会の形成へ向けて「特別な配慮を要する」対象の広がり

これまで学んできた通り、障害だけでなく多様な人々を含む共生社会の形成を目指したインクルーシブ教育が推進されるに至っている。

2017（平成29）年に告示された「学習指導要領」では、「特別な配慮を必要とする」対象が、障害のみならず、海外から帰国、日本語の習得が困難、不登校の子どもへと広がり、共生社会の形成に向けたインクルーシブ教育が強く意識されるものとなっている。保育においては、中央児童福祉審議会が1973（昭和48）年に示した「当面推進すべき児童福祉対策について（中間答申）」[29]に

＊27　看護師らが保育所などで医療的ケアを行う

看護師等は、医療現場で働くことを想定した基礎教育を受けている。保育所等での勤務は病院勤務とは異なる。つまり、看護業務の違いや保育所等の組織体制や慣習などに戸惑いを感じることが多い。そのような戸惑いを看護師らと保育者が協力しながら解消していくことが、他職種連携に関する貴重な「現場研修（OJT：On-the-Job Training）」の機会となる。

＊28　日常的な健康状態の把握

その子どもと長く接しているのは保育者である。そのため、表情や顔色などから苦しげな状態を感じたり、痰が絡んだような呼吸音が聞こえたりするなど、いつもの状態と違うことを敏感に察することができる。そのような場合には、保育者は速やかに看護師等に相談をする。そのような相談が日頃からできるような雰囲気づくりが大切である。

て、多様化する保育需要の一つとして心身障害児の保育を位置づけ、統合保育の推進を提言した。その後、1978（昭和53）年に厚生省（当時）による「保育所における障害児の受け入れについて（通知）」の発出により、一般保育所での障害児の受け入れが進められた。以降、養育環境の面で保育を必要とする子どもも、障害のある子どもも、ともに保育所に受け入れてきている。

　この項では、特に、保育場面における障害のほかに特別な配慮を必要とする多様なニーズのある子どもの理解、及び多機関連携による支援について学ぶ。

2　障害の他にも特別な配慮を要する子ども

1　外国にルーツのある子どもの理解と支援

　近年のグローバル化を背景に、海外から帰国した子ども、日本に住む在留外国人の子ども等も増加傾向にある。保護者が日本語の読み書き全般の理解が可能な場合から、日常的な意思疎通に通訳等が必要である場合まで、家庭により状況はさまざまである。子どもが園生活を送るなかでは、日本語の修得や多文化間の経験や社会的ルールの違い等が、初めに目につきやすい困難さである。

　保育場面では、一見、「主張が強い」「言葉でのコミュニケーションが苦手で行動での表現が多い」等、保育者にとって気になる場面があるかもしれない。このような場合、単に、子どもや保護者の日本語理解の問題のみならず、例えば、閉ざされた範囲内での人的交流のなかでの子育てにより、子どもの成長発達に必要な生活体験が不足していることから情緒的な課題が生じたり、子どもに発達上の課題が生じたりしている可能性など、総合的に検討する必要がある。子どもの母語の保持も、親子関係やアイデンティティ確立に重要である。

　保育者はまず、保護者や子どもと基本的な考え方の相互理解を図ることから始め、子どもや保護者は何に困っているのかを探っていく。子どもに保育者が何かを伝える場面や、園から何かを保護者に伝える場面では、これが何のために必要、大切と園が考えているのかを、具体的な場面とかかわり方を伝えながら、共通認識を持てるように、少しずつ伝えていく。また、子どもの成長、園で体験していることなども伝え、一緒に子どもの成長を喜び合う関係を基本とする。園からの要望や困りごとを伝えることに偏らないように留意する。

　その他、外国にルーツのある家庭の場合、社会的サービスを活用すべき状

況でも、その情報を十分に入手したり行政に申請手続きをしたりすることに困難があり、そのために、家庭生活や子育てにおいてさらに課題が増す場合もある。外国人の保護者には子どもを日本の学校に通わせる義務はなく、就学通知書も届かない。保護者自らが各自治体に就学の手続きをする必要がある。

　単に、外国にルーツのある子どもの集団生活への適応の問題ととらえるのみならず、家庭的な背景、文化的な背景にも配慮しつつ、関係機関と連携しながら、社会的な情報格差を解消していく支援もあわせて検討していく必要がある。

2　貧困の状況にある子どもの理解と支援

　厚生労働省の国民生活基礎調査の概況[11]によれば、「貧困線」（等価可処分所得の中央値の半分）は2018（平成30）年度、2021（令和3）年度ともに、127万円となっている。貧困線に満たない世帯員の割合を表す「相対的貧困率」は2017（平成29）年では15.4％（OECDの所得定義新基準「相対的貧困率」は15.7％）、2021（令和3）年では「相対的貧困率（OECD新基準）」で15.4％となっている。

　平均的な所得の半分を下回る世帯で暮らす17歳以下の子どもの割合を「子どもの貧困率」という。わが国の子どもの貧困率は、2012（平成24）年に過去最悪の6人に1人（16.3%）であったが、2021（令和3）年は約8.5人に1名（11.5%）と改善傾向にある。子どものいる世帯の貧困率は、大人2人以上の世帯では貧困率8.6%に対し、大人1人の世帯の貧困率は44.5%であり、ひとり親世帯の経済状況は依然として厳しい状況にある。

　経済的な困難さは、子どもの衣食住を始めとした生活の質や経験・教育の幅に影響する可能性がある。保護者の収入の不安定さ等から保護者のストレス状態も高くなりがちで、親子の時間が確保しにくくなることも多い。子どもにとっては、情緒的に安定した親子関係のなかで過ごすことが難しく、基本的安心感や健康状態、社会的経験、学齢期における学校や家庭学習の定着及び学習の理解度にも影響が出る可能性がある。

　園ではさまざまな経済状況の家庭があることを念頭におきながら、保育を行う必要がある。例えば、園から家庭に「このような体験を家庭でさせてほしい」と伝えたとして、その実現のための経済的・時間的・心理的余裕が、各家庭に十分あるかは慎重に検討されるべきだろう。週末や長期休みの思い出について、旅行などを経験していることを前提にした話題などは控えることも必要となることがある。

日常の保育においてのさまざまな体験は、子どもの幼少期の生活や遊びの原体験として成長に大きな影響を及ぼすという、重要な意味を持っている。

現在、福祉領域を中心とした経済的な支援や就業支援、心理的ケアとともに、総合的な支援のあり方として、「子ども食堂」等、地域の各領域の人々が連携しながら、子どもの居場所・生活の質の向上・学習等の支援を行っているところが増えている。若者が参加している活動も多い。地域の情報ネットワークを活用し、各所と連携して子どもの家庭の困難について、より具体的に理解し支援を進めていくことも可能である。

3 子ども虐待（児童虐待）

児童虐待の根本は「本来子どもを養育する責任を持つ大人が、子どもを人権を持つひとりの人間として尊重することなく、自分の都合で、感情や欲求を子供にぶつけたり、子どもを利用したり、支配したりすること」[12] である。児童虐待防止法では、児童虐待を保護者がその監護する児童について行う①身体的虐待、②性的虐待、③ネグレクト、④心理的虐待（子どもが夫婦間暴力を目撃することも含む）と定義している。また、保護者に限らず、①～④の不適切な子どもの権利を侵害するかかわり全般を包括し、マルトリートメント（Child maltreatment）と呼ぶ*30。

児童相談所の児童虐待相談対応件数は依然として増加の一途をたどっており、2022（令和4）年度の児童相談所の児童虐待相談対応件数は、21万9,170件で過去最多である。ここでの相談対応件数とは、児童相談所が相談を受け、援助方針会議の結果により指導や措置等を行った件数である。保育現場で保護者や子どもへの細やかな対応を行い、虐待を疑われながらも通告には至らなかったケースもあることを含めると、実際には、さらに多くの虐待やマルトリートメントの状況にある子どもが存在すると考えられる。近年の児童虐待相談件数の増加については、関係機関の児童虐待防止に対する意識や感度が高まり、関係機関などからの通告が増えていることも一因である。

子どもの虐待に関して、保育者には、①虐待の早期発見の役割、②通告の役割、③関係機関との連携の役割、④子どものケアの役割、⑤保護者の支援の5つの役割がある。保育所保育指針には、「子どもの心身の状態等を観察し、不適切な養育の兆候が見られる場合には、市町村や関係機関と連携し、児童福祉法第25条に基づき、適切な対応を図ること。また、虐待が疑われる場合には、速やかに市町村又は児童相談所に通告し、適切な対応を図ること」（第3章 健康及び安全1（1）ウ）と記されている。

*30
厚生労働省が示した「子ども虐待の手引き（平成19年改正）」では、「諸外国における『マルトリートメント』とは、身体的、性的、心理的虐待及びネグレクトであり、日本の児童虐待に相当する。」としている。WHOでは、保護者に限らず、①～④を含めたものとしている。

| 表9-1 | 保育現場で虐待の兆候を把握するための視点 |

子どもの身体の状態を 把握するための視点	● 低体重　● 低身長などの発育の遅れや栄養不良　● 不自然な傷やあざ　● 骨折 ● 火傷　● 虫歯の多さまたは急な増加　等
子どもの情緒面や行動の状態を 把握するための視点	● おびえた表情　● 表情の乏しさ　● 笑顔や笑いの少なさ　● 極端な落ち着きのなさ ● 激しい癇癪　● 泣きやすさ　● 言葉の少なさ　● 多動 ● 不活発　● 攻撃的行動　● 衣類の着脱を嫌う様子　● 食欲不振 ● 極端な偏食　● 拒食・過食　等
子どもの養育状態を 把握するための視点	● 不潔な服装や体　● 不十分な歯磨き　● 予防接種や医療を受けていない状態　等
保護者や家族の状態を 把握するための視点	● 子どものことを話したがらない　● 子どもの心身について説明しようとしない態度 ● 子どもに対する拒否的態度、過度に厳しいしつけ　● 叱ることが多いこと ● 理由のない欠席や早退　● 不規則な登所時刻等

出典：厚生労働省『保育所保育指針解説』をもとに筆者作成

　子どもの日々の心身の健康状態の確認や継続的な把握及びその記録は、不適切な養育の早期発見につながったり、児童虐待への対応における根拠資料となったりすることがあり、子どもの人権を守る視点からも重要である。

　保育所などで虐待等が疑われる場合や気になるケースを発見した時の対応としては、まずは児童相談所及び市町村へ通告することが重要である。その後、支援の方針や具体的な支援の内容などを協議し、関係機関と連携することが必要になる。児童虐待の通告は、保育者の義務であり通告が守秘義務違反には該当しないことが明記されている（児童虐待防止法第6条）。

3 特別な配慮を要する子どもの問題の理解、アセスメント

　保育の現場で子どもの気になる情緒面や行動は、実は、さまざまな状態、状況にある子どもにもしばしば共通にみられるものであり、一つの状況から機械的に一つの要因や必要な配慮、支援を導き出すことはできない。気になる子どもの様子から、その子どもにどのような配慮が必要かを検討する時に「生物学的アプローチ」「心理学的アプローチ」「社会学的アプローチ」の3つが関係しあった「生物－心理－社会モデル」による多面的な問題の整理と対応を検討することが有効である。

　「生物的アプローチ」は、子どもの心身の発達や特徴等、問題を遺伝的要因や身体的な病気としてとらえる視点であり、主に医療との連携の対象となる。「心理的アプローチ」は、子どもの情緒的安定、意欲、心理的成長に注目してとらえる視点であり、心理的なカウンセリング、心理教育などで心理的

な要因を解決する。そして「社会的アプローチ」は、家庭、保育場面などの、社会的な環境調整・サポート等によるアプローチである。実際には、この3つの領域の要因が複雑に絡み合い、関係し合っているなかに問題状況がある。

　子どもに特別な配慮が必要だと感じられた時、1つの要因だけを取り上げて対処するだけでは、状況がなかなか改善に向かわないこともある。各領域から要因を探り、着手可能なところから少しずつ対応策を講じ、多面的な視点から総合的に配慮、支援を行っていくことが、障害の有無にかかわらず、すべての「特別な配慮を要する子ども」の理解と支援において必要である。

◆引用文献

第1節　1) 日本肢体不自由児協会『高木憲次 —人と業績—』日本肢体不自由児協会　1967年　p.54
　　　　2) 前掲1　p.257
第3節　3) 藤原義博・平澤紀子「統合保育における知的障害児の適応に関する調査研究（1）」上越教育大学研究紀要　第19巻第1号　1999年　pp.321-335
第4節　4) 文部科学省「通常の学級に在籍する特別な教育的支援を必要とする児童生徒に関する調査結果について」2022年
　　　　https://www.mext.go.jp/b_menu/houdou/2022/1421569_00005.htm（2023年11月17日閲覧）
　　　　5) 平岩幹男編『データで読み解く発達障害』中山書店　2016年　pp.36-38
　　　　6) 前掲5　pp.72-75
　　　　7) Matsushita, H., Okumura, M., Sakai, T., Shimoyama, M., & Sonoyama, S. "A Study on the Enrollment Rate of Children with Selective Mutism in Kindergarten, Elementary School, and Lower Secondary School in Japan." *Journal of Special Education Research*　8（1）　2019　pp.11-19
第5節　8) 小林重雄・杉山雅彦編『自閉症児のことばの指導』日本文化科学社　1984年　pp.6-7
第6節　9) 日本重症心身障害福祉協会「在宅重症心身障害児者支援者育成研修テキスト」　2015年　p.2
　　　　https://www.mhlw.go.jp/file/06-Seisakujouhou-12200000-Shakaiengokyokushougaihokenfukushibu/0000099393.pdf（2023年12月6日閲覧）
　　　　10) 糸賀一雄『この子らを世の光に —近江学園二十年の願い—』柏樹社　1965年　p.294
第7節　11) 厚生労働省「2022（令和4）年国民生活基礎調査の概況」2022年
　　　　https://www.mhlw.go.jp/toukei/saikin/hw/k-tyosa/k-tyosa22/index.html（2023年8月20日閲覧）
　　　　12) 春原由紀『臨床』新曜社　2016年　p.87

◆参考文献

第1節　• 厚生労働省社会・援護局障害保健福祉部企画課「平成28年生活のしづらさなどに関する調査（全国在宅障害児・者等実態調査）」2018年
　　　　https://www.mhlw.go.jp/toukei/list/dl/seikatsu_chousa_b_h28.pdf（2023年11月17日閲覧）
　　　• 文部科学省初等中等教育局特別支援教育課「障害のある子供の教育支援の手引〜子供たち一人一人の教育的ニーズを踏まえた学びの充実に向けて〜」2021年
　　　　https://www.mext.go.jp/a_menu/shotou/tokubetu/material/1340250_00001.htm（2023年11月17日閲覧）
　　　• 難病情報センター「病気の解説（一般利用者向け）」2022年
　　　　https://www.nanbyou.or.jp/（2023年11月17日閲覧）
第2節　• 猪平眞理編『視覚に障害のある乳幼児の育ちを支える』慶應義塾大学出版会　2018年
　　　• 玉井邦夫・小林倫代監修『みんなで考えよう　障がい者の気持ち③言語障がい』学研教育出版　2010年
　　　• 篠田達郎監修『視覚・聴覚・言語障害児の医療・療育・教育（改訂2版）』金芳堂　2011年

第3節　• 文部科学省『障害のある子供の教育支援の手引 ―子供たち一人一人の教育的ニーズを踏まえた学びの充実に向けて―』ジアース教育新社　2021年

　　　　• 腰川一恵『発達障害の子をサポートする ―「気になる子」の保育事例集―』池田書店　2022年

第4節　• 文部科学省「教育支援資料 第3編Ⅸ」

　　　　https://www.mext.go.jp/a_menu/shotou/tokubetu/material/1340250.htm （2023年12月19日閲覧）

第5節　• ローナ・ウイング、久保紘章・佐々木正美・清水康夫監訳『自閉症スペクトル ―親と専門家のためのガイドブック』東京書籍　1998年

　　　　• 野呂文行『園での「気になる子」対応ガイド ―保育場面別Q&A・保護者他との関わり・問題行動への対応など―』ひかりのくに　2006年

第6節　• 全国重症心身障害児（者）を守る会「重症心身障害児者とは」

　　　　https://www.mamorukai.jp/rikai/rikai-what_is/ （2023年11月17日閲覧）

　　　　• 内山伸一・今井一秀・植村篤実・平松美佐子・後藤一也「重症心身障害病棟入所者の原因疾患の検討」『日本重症心身障害学会誌』42（2）　p.217　2017年

　　　　• 羽島厚裕「個別支援計画としてのリハビリテーションをどう取り入れるか」『医療』61（11）pp.750-754　2007年

　　　　• 厚生労働省社会・援護局障害保健福祉部「障害福祉サービスの利用等にあたっての意思決定支援ガイドラインについて（通知）」2017年

　　　　• 文部科学省初等中等教育局特別支援教育課「小学校等における医療的ケア実施支援資料 ―医療的ケア児を安心・安全に受け入れるために―」2021年

第7節　• 文部科学省「平成29・30・31年改訂学習指導要領（本文、解説）」

　　　　https://www.mext.go.jp/a_menu/shotou/new-cs/1384661.htm （2023年8月20日閲覧）

　　　　• 厚生労働省「保育所保育指針」

　　　　https://www.mhlw.go.jp/web/t_doc?dataId=00010450&dataType=0&pageNo=1 （2023年8月20日閲覧）

　　　　• 厚生労働省「保育所保育指針解説（平成30年2月）」

　　　　https://www.mhlw.go.jp/file/06-Seisakujouhou-11900000-Koyoukintoujidoukateikyoku/0000202211.pdf （2023年8月20日閲覧）

　　　　• こども家庭庁「令和4年度における児童相談所での児童虐待相談対応件数」

　　　　https://www.cfa.go.jp/assets/contents/node/basic_page/field_ref_resources/a176de99-390e-4065-a7fb-fe569ab2450c/12d7a89f/20230401_policies_jidougyakutai_19.pdf （2023年9月11日閲覧）

発達に遅れが見られる子どもの食事場面

保育所の3歳児クラスから入園したD児は、咀嚼の力が弱く、窒息や消化不良の原因にもなる丸飲みをする傾向があると保護者から言われていた。家庭では素材が柔らかくなるように調理しており、D児が咀嚼しやすい大きさにハサミで刻んでいるとのことだった。そのため、3歳児クラスの4月〜5月は家庭から弁当を持参していた。

D児は給食の時間を楽しみにしており、率先して準備をする姿が見られた。一方で、担任保育士に給食のメニューを聞いたり、他児との会話のなかで「美味しそうだね！」との言葉が聞かれたりするなど、給食にも興味を示していた。D児には食品アレルギーはないため、担任保育士は保育所の工夫次第で、給食を提供できるのではないかと考えた。そこで、担任保育士・保護者・栄養士・調理師で話し合いを行い、D児の給食を「刻み食」に変更し、野菜の茹で時間を長めにするなどの対応をすることにした。調理師が試作した刻み食を担任保育士と保護者が確認をした上で、6月から給食の提供が開始された。昼食時には担任保育士がそばで見守り、咀嚼を促す声かけをし、問題なく食べ進めることができた。

また、D児は食事中に椅子の座面からお尻が滑り、何度も座り直していることも課題であった。D児は身長が低く、身体のサイズに合う1歳児クラスの椅子を使うことを担任が勧めたが、D児は「みんなと同じがいい」と話した。3歳児クラスの椅子は座面が広いため、背中と腰の周りにバスタオルを挟むことで安定して座れるようになった。また、この椅子は高さがあるため、足が浮いてしまっていたが、担任保育士が牛乳パックで作成した台の上に足を置くことで安定した姿勢を取れるようになった。さらに、使用している机にも課題があった。D児の身長に対して3歳児クラスの机は天板が高く、食事の場面で食べこぼしが多く見られた。保育所内には丁度良い高さの机がなかったため、保育所内で園長や他の保育者と対応を検討した結果、昇降可能な机を購入することにした。

このように、複合的な課題を抱える子どもへの保育を担任保育士が一人で抱え込むのではなく、保育所内の専門職や保護者との連携を図ることが重要である。他の子どもとの平等を意識しながら可能な支援を探り、試行錯誤することが大切である。さらに、障害の有無にかかわらず、子どもがどのような思いで過ごしているかを推察し、丁寧に汲み取ることが求められる。

 考えてほしい視点

▶ 食事場面では、咀嚼や嚥下機能の向上のために保育士はどのような支援ができるか考えてみよう。

▶ 姿勢保持に課題を抱える子どもに対して、どのような工夫が必要となるか考えてみよう。

第 7 章 障害児等の特別な配慮を要する子どもの保育の実際

学びのポイント

本章では、障害児等の特別な配慮を要する子どもについて、各種計画作成に関する要点や内容を理解していくとともに、保育における事例を通して、具体的な保育の実際及び適切な支援のあり方について学んでいく。

1. 個別の保育支援計画(教育支援計画)及び個別の指導計画の作成

　第1節では、障害児等の特別な支援を要する子どもに対して適切な支援を組織的、体系的に行うために必要な個別の保育支援計画（教育支援計画）及び個別の指導計画の作成について概説する。

1 個別の保育支援計画（教育支援計画）及び個別の指導計画の意義

1 保育所や幼稚園、こども園における指導計画の必要性

　保育所保育指針、幼稚園教育要領、幼保連携型認定こども園教育・保育要領では総則のなかで、園生活を通して、障害の有無にかかわらず、ともに育ち合う視点、さらに園と家庭や園外の関係機関が連携する視点を示しているとともに、「個別の保育支援計画（教育支援計画）」や「個別の指導計画」を作成することを求めている（表7－1）。なお、保育所保育指針では、「支援のための計画」、幼稚園教育要領では「個別の教育支援計画」、幼保連携型認定こども園教育・保育要領では「個別の教育及び保育支援計画」の用語が用いられているため、本章では「個別の保育支援計画（教育支援計画）」と記載する。

2 家庭や関係機関をつなぐ「個別の保育支援計画（教育支援計画）」

　個別の保育支援計画（教育支援計画）は園や学校と医療、保健、福祉等関係機関をつなぐツールであり、子どもの生涯を見通しながら関係機関が連携し切れ目のない一貫した支援を目指して、保護者の参画のもと作成される。例えば、障害児は保育所だけでなく、児童発達支援センター等他の療育機関を利用していることが多い。

　個別の保育支援計画（教育支援計画）は、関係機関の関係者が情報を共有

表7-1 指針・要領における「個別の保育支援計画（教育支援計画）」「個別の支援計画」の内容

【保育所保育指針】

3　保育の計画及び評価

（2）指導計画の作成

　キ　障害のある子どもの保育については、一人一人の子どもの発達過程や障害の状態を把握し、適切な環境の下で、障害児等が他の子どもとの生活を通して共に成長できるよう、**指導計画**の中に位置付けること。また、子どもの状況に応じた保育を実施する観点から、家庭や関係機関と連携した**支援のための計画**を個別に作成するなど適切な対応を図ること。

- -

【幼稚園教育要領】

第5　特別な配慮を必要とする幼児への指導

　1　障害のある幼児などへの指導

　　障害のある幼児などへの指導に当たっては、集団の中で生活することを通して全体的な発達を促していくことに配慮し、特別支援学校などの助言又は援助を活用しつつ、個々の幼児の障害の状態などに応じた指導内容や指導方法の工夫を組織的かつ計画的に行うものとする。また、家庭、地域及び医療や福祉、保健等の業務を行う関係機関との連携を図り、長期的な視点で幼児への教育的支援を行うために、**個別の教育支援計画**を作成し活用することに努めるとともに、個々の幼児の実態を的確に把握し、**個別の指導計画**を作成し活用することに努めるものとする。

- -

【幼保連携型認定こども園教育・保育要領】

第2　教育及び保育の内容並びに子育ての支援等に関する全体的な計画等

　3　特別な配慮を必要とする園児への指導

　（1）障害のある園児などへの指導

　　障害のある園児などへの指導に当たっては、集団の中で生活することを通して全体的な発達を促していくことに配慮し、適切な環境の下で、障害のある園児が他の園児との生活を通して共に成長できるよう、特別支援学校などの助言又は援助を活用しつつ、個々の園児の障害の状態などに応じた指導内容や指導方法の工夫を組織的かつ計画的に行うものとする。また、家庭、地域及び医療や福祉、保健等の業務を行う関係機関との連携を図り、長期的な視点で園児への教育及び保育的支援を行うために、**個別の教育及び保育支援計画**を作成し活用することに努めるとともに、個々の園児の実態を的確に把握し、**個別の指導計画**を作成し活用することに努めるものとする。

出典：厚生労働省「保育所保育指針」2019年、文部科学省「幼稚園教育要領」2019年、内閣府「幼保連携型認定こども園保育・教育要領」2019年から筆者作成

することで相互に子ども理解を深められ、支援方針や目標を共通理解することでそれぞれの役割が明確になり、支援の重複を防ぎ、適切な支援を実現することができる。個別の保育支援計画（教育支援計画）は長期間（1年以上3年程度）の計画を指し、そのなかには生育歴や療育歴、子どもの障害や発達の状態、本人や保護者の願い、長期目標、合理的配慮[*1]、利用している関係機関を示した支援マップ、支援の評価、保護者の同意欄等が設けられること

＊1　**合理的配慮**
　　　第1章参照。

がある。普段から近隣の関係機関に関する情報を収集しておくこと、支援会議など定期的に協議できる場を設けておくこと、園が中心となりながら、多様な関係機関の専門性が主体的に発揮されるようにすること、関係機関それぞれの専門性の違いを理解しながら、相互に尊重し合い、建設的な態度でコミュニケーションを図ること、さらには、連携による成果をともに喜び、分かち合うことによって相互の支援を継続させることなどが大切である。保護者の同意を得て小学校にも引き継がれることが望ましい。

3 日々の保育のなかで個に応じた支援を具現化する「個別の指導計画」

　個別の指導計画は個別の保育支援計画（教育支援計画）に基づいて作成され、園の保育計画を個々の子どもの発達ニーズに応じて実施するために作成される。個別の指導計画では個々の障害児等特別な配慮を要する子どもに合わせた年間、学期間等の目標を設定し、目標を達成するために必要な支援の手立てを記入し適宜評価を行って、見直し改善を図る。

　個別の指導計画を作成することによって、日々の保育のなかできめ細かな支援が可能になるだけでなく、園内の保育者間で共通理解が図られ、園内の支援体制づくりに役立つ。さらに、個別の指導計画を次年度の引き継ぎのツールとして活用することができるので、クラス、担任が変わっても一貫性と系統性のある持続的な支援が展開できる。

2 個別の指導計画の作成方法

1 作成の手順

　個別の指導計画は個人ではなくチームとして以下のような手順で作成する。図7－1に示したように、作成⇒実施⇒評価⇒改善というPDCAサイクル（Plan⇒Do⇒Check⇒Action）によって、さらに適切な計画となるよう努める。

（a）計画を立てる前に子どもの実態把握を行い、個別の記録にまとめる（保護者の心情に配慮しながら、生育歴、相談歴、診断名、発達の様子、得意なことや苦手なこと、現在や将来の生活に関する本人及び保護者の希望を聞き取り、関係機関による支援の実態を把握する）。

（b）子どもの実態、ニーズに即して支援の目標（長期目標と短期目標）や目標を達成するための手立てを検討し計画を立てる（Plan）。その際、「このような支援があれば○○できる」という視点を持つと、「支援の手立て」が考えやすい。なお、個別の教育支援計画（保育支援計画）の場合

には関係機関とともに協議しながら、それぞれの役割を明確にする。

図7-1 PDCA サイクル

計画 Plan
実施 Do
評価 Check
改善 Action

出典：筆者作成

(c) 計画に基づいて支援を実践する（Do）。

(d) 計画を評価する（Check）

(e) 計画を見直し、改善する（Action）。

(f) その他

引き継ぎに係る仕組みを作り、引き継ぎの際には保護者の理解と同意を得る引き継ぎの仕組みは、進級や進学に向けて支援を着実につなぐために必要なものである。

2 個別の指導計画の作成例

ここでは、具体的な個別の指導計画の作成例を取り上げる。

事例1▶　自閉スペクトラム症を伴う知的障害のA児

　自閉スペクトラム症を伴う知的障害の3歳10か月のA児が4月より入園した[2]。A児は、身支度はほぼできるが、食事では、スプーンやフォークがまだうまく使えず、ときどき手づかみになる。手指の動きがぎこちなく、ハサミを使えない。画面上を見ないでなぐり描きをする。

　大人の簡単な指示で動けることもあるが、正確に理解しているか否かは不明確である。自発語は「イヤ」、「ママ」、「バイバイ」が出ている。子どもに興味を示さず、集団に入るのを嫌がり、無理に入れようとすると、奇声をあげる。水や泥など感覚的な一人遊びが好きである。

　A児の保護者は「集団に参加でき、語彙数が増えてほしい」と願っている。

<aside>
*2
自閉スペクトラム症及び知的障害については第5・6章を参照。
</aside>

　作成手順で述べたように指導計画作成にあたっては、実態把握を行う。その結果を実態把握表（プロフィール表）に整理することもある。

　A児の保護者の「集団に参加でき、語彙数が増えてほしい」という願いを取り入れて、園内委員会で協議を重ね、4月から7月までの個別の指導計画を立案した（表7‒2）。A児には障害児担当保育者（以下、担当保育者）が配置されるが、個別の指導計画に基づき、担任と協力しながら進める。保護者の同意を得て計画が実施され、評価欄は7月終了後、保護者を交えて支援の成果を確認し、記入する。

表7-2　個別の指導計画（A児の例）

○○年4月〜7月

園生活全般に関する目標	①支援の目標	担任と担当保育者を覚え、園生活に慣れる。		
	②支援の内容	1学期は本児と担当保育者との関係を形成する。		
	③支援の手立て	本児の好きな遊びを見つけて担当保育者と楽しむ。		
全体的評価	（終了後記入）			
保護者の希望	集団に参加できるようになってほしい。語彙数が増えてほしい。			
保護者の評価	（終了後記入）			
観点	支援の目標	支援の内容・手立て		評価
基本的生活習慣	①園生活をスケジュール表で確認できる。	①園生活の予定を写真や絵で示し、終了した予定箇所の絵をはずす。		（終了後記入）
	②8割程度はスプーンやフォークで食べられる。	②使いやすいスプーンやフォークを使用。手づかみの時は絵カードで注意を促す。		（終了後記入）
言語・認知等	①手遊びや絵本等に興味をもつ。	①好きな手遊び、絵本読みを毎日行う。		（終了後記入）
	②身振りも含めた要求、終わりを理解したりすることが見られる。	②保育者が要求等を音声言語とともに、身振り言語で示す。		（終了後記入）

個別の指導計画に同意します。　　　　年　　　月　　　日　保護者氏名

出典：筆者作成

3 作成上の留意点

　個別の指導計画は、障害児等の特別な支援を要する子どもに対して実施される具体的な支援を示した重要な計画である。保護者（場合によっては本人）の参画を得ることや、園内委員会あるいは計画作成委員会など、個人ではなくチーム（園の組織）で協議しながら、作成することが望ましい。

　クラスの指導計画のなかに、個別の指導計画の目標や内容・手立てを反映させる。例えば、前述のA児の場合には、スケジュール表をクラスに掲示したり、皆と一緒に活動する際には言葉だけでなく、身振り語や絵カードを取り入れて伝えたりする。また、クラス担任とA児の担当保育者との役割分担を明示しておく。スケジュール表を掲示することは、A児以外の子どもたちもその日の予定を確認することができる。身振り語や絵カードは他の子どもの注意を惹き、理解を促す。このようなすべての子どもにとって生活しやすくわかりやすい取り組みは「保育のユニバーサルデザイン」*3と呼ばれている。また、障害児等特別な支援を要する子どもの保育では、個の育ちととも

*3　**保育のユニバーサルデザイン**
　ノースカロライナ州立大学の教授であったロナルド・メイス（Mace, R.）が提唱した「すべての年齢や能力の人々に対し、可能なかぎり最大限に使いやすい製品や環境のデザイン」というユニバーサルデザインの考え方を、保育に応用したものである。「子ども」「保育者」の利用しやすさを考慮し、特に子どもについては「発達援助の視点」が大切である。

にクラスという集団の育ちを大切にしたい。そのような視点を取り入れてクラスの指導計画を見直すと、クラスの指導計画と個別の指導計画に関連性を持たせることができ、個別の指導計画が立てやすくなる。

2. 発達を促す生活や遊びの環境

　子どもが園生活のなかでゆったりとくつろぎを感じ、自分らしく生き生きと、自発的に活動し、豊かな経験ができるためには環境構成が大切である。周囲が手を貸す場面が多くなる障害児等の特別な配慮を要する子どもの場合にも、環境を整えることによって子どもが一人でできるようになることも少なくない。人とのかかわりに困難さを有する子どもの場合には、人とのかかわりを促進するような環境構成を考えることもある。本節では、障害児等の特別な配慮を要する子どもの発達を促すために、どのように環境を構成するとよいのかを具体的に考える。

1　保育における環境の種類と特徴

　保育における環境には、以下のように物的環境、人的環境、自然環境、社会環境がある。環境を整え、障害児が安全、安心のなかで生活し、のびのびと遊べる環境構成が望まれる。

1　物的環境

　保育所等の子どもが利用する施設には子どもの発達に合わせた施設や遊具等がある。子どもの発達に応じて扱いやすい大きさや重さに作られており、安全で操作もわかりやすく、障害児にとっても有効なことが多い。視覚障害では表示の大きさやコントラスト、肢体不自由では、段差をなくす等安全面についての配慮が必要である。物的環境を改善するために、特別支援学校のセンター的機能を活用することもできる。

2　人的環境

　保育所等には園長、主任、保育士、看護師、調理師、栄養士等のさまざまな大人と乳幼児期の個性豊かな子どもたちがいる。障害児を担当する加配の保育者がおかれることもあるが、障害児等特別な配慮を要する子どもの支援は、担任や障害児の担当保育者だけでなく園全体で組織（チーム）として実

施する。また、専門家による巡回相談を活用し、障害のある子どもが併行通園している児童発達支援センター等関係機関とも連携する。園内の支援を充実させるために、第7章第1節で学んだ個別の保育支援計画（教育支援計画）や個別の指導計画を立案し、系統的、継続的に支援を行う。

3　自然環境

　園庭にさまざまな木や草花が植えられていたり、生物を飼育していたりするため、虫や動植物と親しむ機会を持つことができる。これらに接触することを通して障害児等の特別な配慮を要する子どもの興味・関心を広げ、情緒を育むことができる。例えば、知的障害や視覚障害のある子どもたちは実物との触れ合いを通して心を動かし、対象を知り、言葉の発達を促すことができる。

4　社会環境

　住宅地域や商業地域などの社会環境もある。それぞれの地域性を活かして、園で行うお店屋さんごっこや野菜作りに、地域住民の助言や力を借りることができる。インクルーシブ保育は、共生社会の形成を目指しており、障害児施設や高齢者施設等と保育所等との交流は、多様な人々を身近に感じ、理解する機会として重視されている。

2　発達を促す生活の環境

1　排泄の自立を促す環境

　この30年で紙おむつの品質改良や普及などにより、排泄訓練の時期が遅くなる傾向が指摘されている。このような状況下で子どもの排泄訓練を開始する適切な時期を設定することは難しい。しかし、排泄の自立は子どもの生活の質を向上させ、行動範囲を広げ、自信にもつながる。排泄の自立には、排尿感覚、運動機能、コミュニケーション等の発達が必要であり、個々の子どもの発達に応じて進めていくことになる。排尿の記録をつけ、排尿間隔を把握して排尿のタイミングを見計らい、便座に座る習慣をつける。トイレの壁には子どもの好きな絵などを貼り、トイレに行くのが楽しくなるようにする。排尿できない場合にも便座に座れたことをほめ、排尿が成功した場合には大いにほめる。慣れてきたら、決まった時間にトイレに誘導する定時排泄を促し、トイレの使い方、終了後の手洗いなど一連の流れについて繰り返し実施し習慣化する。

2 食事の自立を促す環境

　食事は楽しい雰囲気で主体的に食べることを重視する。子どもの障害や手先の運動発達に応じて、食べやすい食器、握りやすいスプーン、フォーク、箸を用意する。道具の使用がまだ難しい場合には、自分で食べる意欲を育てることを重視し、手づかみでの食事も認め、徐々に道具の使用へと移行する。偏食が多い場合にも、その理由を探り、栄養士等とも連携して対応する。偏食は、食物の味、香り、舌触り、食感等が敏感なことに起因することもある。子どもにとって食事の時間が苦痛にならないよう、嫌いなものを無理強いすることは避ける。幼児であっても咀嚼や嚥下機能が十分発達していない子どもの場合には、食物を固形からペースト状に変えたり、その場で細かくできる調理ハサミ等を用意しておくと便利である。食べ終わった食器は自分で片づけるところまで習慣化しておきたい。

3 着替えの自立を促す環境

　子どもが着脱をしやすいように、首回りや袖口が広めに作られていたり、伸縮性のある素材だったり、大きめのボタンだったりする衣服が望ましい。介助の方法には、「ほとんど介助する（全介助）、手を添えて一部を一緒にやる（部分介助）、動作で促す、言葉かけする」の段階がある。子どもの実態に合わせて段階的に介助し、最後の部分は子ども自身が行うなど、達成感を持たせる。障害の程度にかかわらず、子どもなりにできる部分を増やし、徐々に介助を減らすことを心がける。また、障害によっては、着替えに集中できず、時間を要することもある。周囲に気を取られないよう、衝立をしたり、部屋のコーナーで着替えたりするとよい。衣服をたたんで片づけることも大切である。個人別の衣服ケースを用意し、棚等に片づけられるよう、衣服ケースを置く棚の位置をテープで囲ったり、マークをつけたりする。また、着替えの手順表を掲示しておくと、子どもがそれを見ながら一人で着替えられるようになる。こうした手順表や場所の固定等の工夫は構造化[*4]と呼ばれ、障害児等特別な配慮を要する子どもにとってわかりやすいことが多い。

＊4　構造化
　第6章参照。

3 ▶ 発達を促す遊びの環境

1 言葉の発達を促す遊びの環境

　言葉の発達には、言葉を話す前に相手の言葉を理解する段階がある。また、会話を成立させる発達には、物を介したやりとりの体験や、自分の思いを伝

えたいという意欲をもち、相手にわかってもらえたという実感の積み重ねも重要である。自分の思いが相手に伝わることによって、子どもは精神的に安定し、落ち着いてくることも多い。そのため、音声言語だけでなく、サイン言語（手振り身振り、手話等）、視覚情報（写真カード、絵カード、文字盤等）等子どもの実態に応じた多種多様なコミュニケーションツールを選択することが望まれる。また、さまざまな経験に裏付けられた言葉との出合いは、言葉の意味、概念の理解を促進する。子どもの周囲には、子どもにとって心地よい言葉（やさしい語り掛け、絵本読み等）、抑揚のある言葉（歌、手遊び等）、印象に残る音（オノマトペ等）を用意しておきたい。

2 粗大運動を促す遊びの環境

　楽しみながら全身を使って遊ぶことによって、体力を増進させ、平衡感覚や身体感覚（ボディイメージ）、体幹筋など全身の筋肉を発達させることができる。動くことが好きな子どもたちであれば、跳び箱、平均台、トンネル、マットなどを並べてサーキットにすると、跳んだり、よじ登ったり、くぐったり、転がったりして楽しみながらさまざまな動きを体験できる。マヒ等があり動きに制約を伴う場合には介助をしながら、個々の子どもの状態に合わせた無理のない動き方にする。シーツブランコは、シーツの上に子どもが仰向けになって乗り、両端を大人が持って、左右に揺らしたり、上下に揺らしたりして楽しむ遊びである。知的障害の重い子どもや、人とのかかわりが苦手で一緒に遊ぶ機会の持ちにくい自閉スペクトラム症の子どもも好むことが多く、慣れてくると、シーツに自ら乗ってきて揺らすことを要求する姿も見られるようになる。

3 手先の発達を促す遊びの環境

　手先を使って外界を感じることを大切にしたい。砂、泥、水はさまざまな楽しみ方ができる。指の間からさらさらとこぼれ落ちる砂、泥のなかに手を入れたときのぬるぬるの感触、水面を叩いたときの手の平に感ずる感覚を繰り返し楽しむことができる。例えば、このような遊びをフィンガーペインティングに発展させると、障害の有無にかかわらずクラス全員で楽しむことができる。また、いろいろな材質の紙を用意して、子どもの発達に応じたやり方でちぎったり、ハサミで切ったりして紙の切片を作り、たくさんの小さな紙の切片を集めて紙吹雪を楽しむことができる。紙質の違いから落下速度が異なるのも面白いためこの遊びも幅広い発達段階の子どもたちが一緒に楽しめる。身近な素材を活用して手作りした玩具で遊び、手先の発達を促すこともできる。

3. 子ども同士のかかわりと育ち合い

▶ 1 子どもたちにとっての「特別な配慮・支援」と「特別扱い」の違い

　保育者は、子どもの支援の必要性について職員間で共有し、個別の支援が必要な子どもに担当保育者を付けたり、クラスの活動とは異なる内容での個別の活動をする場面もある。

　一方、子どもたちの目には仲間の様子や特別な支援を不思議に映ることも、違和感なく受け止めている場合も、また、ずるいと感じている場合もある。この子どもたちの受け止め方の違いはどこから来るのか、どのように仲間の多様性を受け止め、育ち合うかかわりが育つのか、そのために保育者がどのような支援を行うことが効果的なのかなどについて事例をもとに考えてみる。

▶ 2 子どもの疑問からはじまる他者理解と多様性の受容

　子どもたちが支援の必要な子どもの様子に気づき疑問を持つのは、子ども自身が園やクラスに慣れてきて、周りの子どもたちの様子が目に入る頃である。おおよそ3歳児クラス後半から4〜5歳にかけてであり、子ども自身が「この場面では通常ならどうするか」に気づくようになった時期でもある。

> **事例2▶　Bちゃんはどうして○○なの？**
> 　3歳児クラス2学期、B児が集まりの時間に床に寝ていた。「集まりの時はクラス毎にきちんと座るか並ぶように」と日頃から保育者から伝えられていたC児は、担任保育者に「Bちゃんはどうしてねんねしているの？」と尋ねた。

　子どもは、「こうあらねばならない」「これが望ましい行動・態度だ」と理解し始めたときに、その判断基準、大人や社会の物差しを確認するために、「どうしてBちゃんは……？」という問いが生まれてくる。ここで、保育者がどのように応じるかで、子どもたちのその後のB児への対応は変わる。

　「Bちゃんは困った子ね、あれは良くない」「皆はあんなことはしてはいけない」と保育者が言えば、子どもたちは「Bちゃんは悪い子」として認識する。

　では、人の多様性や支援を必要とする仲間を当たり前と受け止め、その子どもを理解しようと子どもたちが考えるように育つには、保育者はどのようにかかわればよいのか。

事例3▶　心の安全基地としての保育者と安心できる仲間をモデルとした育ち

　4歳児クラスになったD児に、4月から担当保育者が配置されることになった。皆とそろって行動することが苦手なD児は、皆がそれぞれ園庭遊びをしているなかで、担当の先生に触れながら寝そべっていた。そこへ「先生、あのね……」とE児がやってきた。ひとしきりD児の横で保育者と、自分が捕まえたダンゴムシを見せながら話したところで、保育室に入る時間となった。E児は満足げに「じゃあね」と一人で保育室に戻っていった。それを目で追っていたD児は、担当の保育者とすっと立ち上がり保育室へと歩き始めた。いつもは、D児はなかなか切り替えができないと感じていた保育者は、D児が自ら保育室に向かったことに内心驚き、嬉しく感じた。

　特別な支援を必要とする子どもだけでなく、すべての子どもにそれぞれに必要な支援がある。事例3では、D児もE児もともに思いを受け止められている。そのためE児は満足し、D児に「ずるい」などと否定的にかかわらず、安心して自ら行動している。D児は心の安全基地である保育者との空間でE児とともに穏やかに過ごしたことで、E児にも安心感、親近感を得たのだろう。そしてE児をモデルとして、保育室に向かうことができたと考えられる。

　このように、多様な状況・状態にある仲間を互いに受け止められるには、子どもたちがそれぞれ受け止められ、互いに安心していることが前提となる。また、安心感と他児への関心が子どもの育ちを支えている。

事例4▶　3歳児クラスに2学期から転園してきたF児へのかかわり

　転園当初、F児は言葉がなく、他児が近づくと叩く、噛みつく、止められると床に頭打ちをする、と激しい行動がみられた。他児の保護者からは、子どもの怪我等の苦情が殺到した。園長と担任保育者でF児の様子を観察したところ、大声や歌声が苦手、他の子どもが近づくと何かされると恐れて手が出る、状況がわからなくなると頭打ちが出ることがわかった。そこで、家庭での様子も聞き取りながら保護者とも話し合った。そして保護者会でF児の障害や問題となる行動の理由について園長から話をした。保護者との面談も継続した。

　並行して園では、「大声等が出る活動の時にはF児は落ち着ける空間で過ごす」「他児にもF児にとって嫌なこと、怖いと感じられることについて説明する」そして、「お互いに困ることはしないように日頃から考え合う」という方針で保育を進めた。

　1年後、子どもたちも適切にかかわりが持てるように成長し、F児の問題行動もほとんど見られなくなり、保護者の方々の理解と協力も得られるようになった。

　事例4では、障害特性の理解について、F児の保護者の了承のもと、保護者会や子どもたちも含めて共有することで、F児にとっても他児にとっても、安心して過ごせる環境を実現できるように支援をしている。また、単に障害

特性を伝えるのみならず、すべての子どもが尊重されるようにという方針で保育を行い、保護者にも理解を求めていること、その方針を園全体で共有しながら保育を進めたことが注目される。

3 子ども自身の「他者理解」力を育む

　子どもたち自身が、他児の様子を理解できるプロセスはどのように支援できるのだろうか。

事例5▶ 「○○なのかもしれない」―仲間の様子から、仲間の思いを想像する―

　4歳児クラスのG児は背が高く、言葉が少なく、手足が不自由であった。4歳児クラスはクラス替えで半数の子どもはG児とは初対面である。「Gちゃんは歩けないから赤ちゃん？」「Gちゃんは大きいからお姉さん？」「どうしてGちゃんは一緒にやらないの？」子どもたちの頭のなかは、混乱している。保育者は「Gちゃんもみんなと同じ黄色組の仲間」。そして「Gちゃんにどうしたのか、聞いてみるね」と近くに行ってG児の顔を覗き込んで戻り、「Gちゃん、疲れちゃったのかもしれないね」と、一緒に考えるように子どもたちに伝えた。そのうち、子どもたちはG児の様子を見て「Gちゃん、眠いのかな」「もしかしたらこれが嫌なのかもしれないね」「それとも、今絵本を見たいのかもしれない」とそれぞれにG児の状態について想像し、「先生、どう？」と確認するようになった。保育者は「Gちゃんに聞いてごらん」と子どもたちがG児に直接思いを尋ねてみるように勧めた。

　事例5では、子どもたちのG児への疑問に対して、G児を否定することなく、保育者が相手の様子をよく見て気持ちや行動の理由を想像する、というモデルを示している。はじめはG児を離れたところから見ていた子どもたちが、互いに無理なく直接G児とかかわるきっかけを作れるように橋渡しとなる支援をしていることが注目される。このような経験を積み重ねるうちに、子どもたちの相手を否定しないなかでの他者理解が進み、その先では多様性の理解と受容につながると考えられる。

事例6▶ 「『いただきます』なのに来ない」
　　　　　　―ルールと異なる行動への個別的配慮についての共有・理解―

　4歳児クラスでは、当番が昼食時に皆の前で「いただきます」の挨拶を行う。当番のI児とJ児が、「座ってください」と呼びかけ、皆が席に着くのを待っていたが、H児は背を向けて絵本棚の前の床に寝そべり、絵本をパラパラめくっていた。当番の2人が「Hちゃん、座ってください！」と呼びかけるが、動かない。困った2人は、「先生、Hちゃんが座らないから『いただきます』ができない！」と訴えた。他の子どもたちも、「Hちゃん、座って！」「Hちゃんが来ない！」「Hちゃん!!」と口々に呼ぶが、H児は動こうとしない。

　担任保育者は、「みんな、『いただきます』の心の準備はできた？　自分の心によく聞いてみて」すると、それぞれに「準備できたー」と返事。「心の準備ができた人は座って『いただきます』をします。大丈夫、Hちゃんも心の準備ができたら来ますよ。では、お当番さんも準備ができたら、ご挨拶をお願いします」と伝えた。
　当番が「いただきます」を言おうと皆の方に向き直ったとき、H児は自分の席に滑り込み、皆と「いただきます」と挨拶をして食事を始めた。

　クラスのルール通りのタイミングや内容で行動できない子どもがいるときに、子どもたちがルールの遵守について善し悪しを判断しようとすることがある。このような場合には、どのように考えて個別の配慮をしているのかを子どもたちと共有していく。事例6では、自分の気持ちや行動をコントロールすることを課題としている子どもへ配慮し、自分から席に着くのを待っていた。この場面では、どの子どもにも自己調整力を育てることが必要であるという原点に立ち戻り、すべての子どもに向けて保育者が話をしている。食事の挨拶をすることのもともとの理由である「食事に向けて各自の気持ちを整える」ことを確認し、全員揃わなくてはいけないということが判断基準ではないことを伝えている。ルールの根拠となる考え方を伝えながら、皆に共通の配慮であること、また、規範意識を育む上での考え方を伝える機会ともしている。

4　子どもたちの育ち合いを育む

　子どもたちの育ち合いにあたっては、少人数のグループのなかでの子どもたちの相互理解と育ち合いが培われる経験の積み重ねが重要である。仲間などと遊び繰り返しやり取りするなかで、自分の気持ちを相手に伝える力、相手の思いや考えに耳を傾ける力、さらに、それぞれの状況や得意を活かした課題解決への志向が培われていく。このような経験から社会的スキルを身に着け、クラスなどの大きな集団での話し合いの場面等で、仲間が個々の自己表現をサポートしながら互いに意見を出し合い、課題解決に向かっていくことが可能になる。小グループやクラスの話し合いなどで、これらの力を身に着けられるように、保育者がモデルを示したり話し合いや協同の進め方についてサポートしていく。その先では、子どもたち自身が、互いにサポートしながら課題解決に向き合えるように見守り、必要に応じて支援をしていく。

1 少人数のグループのなかでの、相互理解と育ち合いの支援

　遊び仲間や生活グループを中心とした少人数のグループのなかでのやりとりを通して、子どもたちがお互いの良さや苦手なこと等について相互に理解し協力するなどの育ち合いができるように保育者は見守り、必要に応じて橋渡し等の支援をする。

事例7▶　一緒に過ごすなかで言葉がほとんどなくても思いが通じるようになった仲間

　K児は、大きな音と動きが苦手で、保育室のピアノの下からクラスの子どもたちの様子を眺めることがある。K児の遊び仲間のL児とM児も一緒にピアノの下に入り静かに過ごすことがある。K児は目の前の空間が落ち着くと、ワルツを口ずさみながら立ち上がり、L児とM児も加わり3人で、ピアノに映る自分たちの姿を見ながらうっとり踊る。L児とM児には、K児の心持ちが手に取るようにわかるようだった。担任は、この3人が過ごしやすい環境を整え見守った。

　お泊まり会では保育者はK児・L児・M児と他児3名が同じグループになるようにした。グループのなかでの係決めでは、保育者が仲立ちをし、それぞれがやりたい係や得意なことを話し合った。K児たち3人はカレーの野菜を洗う係になり、当日も息を合わせて、野菜の準備を行った。

　事例7のように、子どもたちはK児を「支援が必要な特別な子ども」と特別視するよりもむしろ、その子どもの得意なことや手助けしたいことなどに惹かれて一緒にいることもある。このようなクラスの雰囲気を作るためには、保育者がすべての子どもを認め、子ども同士も認め合うよう保育者が心がけていることが欠かせない。

2 クラス全体で試行錯誤しながら多様性と向き合い、育ち合う

　ルールのある集団遊びや運動会等、勝敗がかかわる場面では、勝負にかける思いと、多様な仲間という現実、そしてクラスとしての一体感がぶつかりあう。また、園全体の行事では、時間や空間の制約もある。そのような機会も、それまでの子どもたちの相互理解の積み上げによって、育ち合いのステップとなる。

事例8▶　クラスの育ち合い　—試行錯誤のなかでの価値観の転換、各自が活かされる発想力—

　12月の発表会では、創作劇を行う。発表会まであと2週間という頃、担任保育者は、舞台の出入りだけでN児がかなり時間を要するなか、どのように劇活動を行うか、考えあぐねていた。子どもたちと舞台の下見を終え保育室に戻っての話し合い。担任が「発表する時間が決まっているから出てくるだけで時間がかかると舞台で演技する時間がちょっとになっちゃうでしょう。何かいい考えはないかな」とつぶやいた。子どもたちも考え込む。しばらく間があってから、1人が「そ

> うだ、じゃあ、真ん中に木とかおいてさ、Ｎちゃんはその後ろから出てくればい
> い」。妙案に、他の子どもたちも「いいねいいね」、Ｎ児も仲良しのＯ児、Ｐ児と「良
> かったねー」とニコニコ手を取り合い一緒に飛び跳ねて喜んだ。そして、劇は「真
> ん中に木があるお話」に決まった。

　事例8のような場面では、子どもたちの思いと現実の厳しさとの間で試行
錯誤が展開する。そのプロセスを経て、子どもたちに仲間それぞれの多様性
の受け止めを踏まえた、新たな発想を生み出しながらの育ち合いが見られる。

5　子どもたちがかかわり合い育ち合う環境づくり

　多様な子どもたちが育ち合う環境づくりとして、第一には、どの子どもも
基本的安心感を持てる環境が不可欠である。自分自身が安心して認められる
ことで、さまざまな状況にある他児を受け止めることができるからである。
　第二に、育ち合いには、仲間集団・小集団のなかでの生のかかわりの経験
が不可欠である。少人数の仲間の間で、自己表現、自己主張、ぶつかり合い、
もめごと、関係修復にむけての試行錯誤、相互理解等の経験を重ねていく。
このような経験を通して、心を許せる仲間に支えられ、クラス全体の活動が
展開し、共通の目標に向かって、個々の多様性をどのように考え工夫して活
動を展開するか、試行錯誤がなされ、子どもたちの育ち合いの機会となる。
　そして、第三に、保育者の持つ価値観が重要である。多様な仲間を受け入
れ、かかわり、育ち合うときに、保育者の価値観は子どもたちの価値観とな
り、子どもたちの多様性の受け止め、工夫の創出に大きく影響する。例えば
「一番早い、一番強いのが良い」ことは、今ここで一番大事なことか。また、「弱
い、遅いのは良くない」という考え方は、果たして正しいのだろうか。この
ように、多様な子ども同士のかかわりや育ち合いに保育者が果たす役割は大
きい。

4. 障害児保育における子どもの健康と安全

　保育において子どもの日々の健康状態を把握することは、子どもが安心して
園や施設の生活を送る上で大切なことである。インクルーシブ保育の実践が広
がり、多くの園や施設にいる子どもの障害は多様化している。例えば、常に医
療的ケアを必要とする子どもや、呼吸に問題があったり、嚥下機能の低下や心

疾患、てんかん発作などによって健康状態が安定せずに常に健康を把握したりする必要のある子どもが園や施設で生活している。

　子どもが安心して園や施設の生活を送るためには、クラス担当の保育者はもちろん、園や施設職員全体で支えていく必要がある。

1 　健康状態を把握する視診

　健康状態を把握する上で、保育現場では「登園時に視診することが大切」だと言われている。ではこの視診において「いつもと何が違うのか」や「どこを見たら違いに気づけるのか」といった悩みが保育者からあげられることがある。この「いつもと違う」や「どこを見る」といったものの見極めがわずかな子どもの様子の変化に気づかないまま保育を継続し、子どもの体調悪化につながる恐れがある。

　この「いつもと何が違うのか」に気づくためには、「健康チェック表」などを作成して日々観察記録をつけておくようにするとよい。その際に、目や口、皮膚の様子などの表情を読み取ることから呼吸、体温、身体の動かし方など観察の視点、つまり「どこを見たら違いに気づけるか」の枠組みを設けて記載していく。さらに家庭での排泄の状況、夕食や朝食の食べ具合、遊びなどといった様子について保護者との会話や連絡帳からも情報を得ることができる。

　このように、「なんかいつもと違うから心配」といった漠然とした保育者の印象のみで終わらないことが重要であり、日々の観察記録からちょっとした違いに気づく力が保育者には必要となる。特に、障害のある子どもの担当保育者は、この「ちょっとした違いに気づく力」が重大な健康被害を未然に防ぐことにつながる。

2 　「いつもの健康状態」から「いつもと違う健康状態」を把握

　図7-2のような「健康チェック表」で記録しながら、「いつもより目に覇気がない」、いつもは足をそろえて凛として立つことができていた子どもが「身体が少し小刻みに震えている」、いつもは平熱が36.5℃なのに37.3℃と「平熱より少し熱が高い」、いつもは食欲旺盛な子どもが「夕食や朝食はあまり食べられなかった」、「昨晩、嘔吐した」など保育者の視診や連絡帳の記載からちょっとした違いに気づいた際には、園の職員に共有しておく必要がある。また、日々の子どもの健康状態に合わせて保育の内容やかかわり方も見直す

図7-2 健康チェック表の例

日	○/○	○/○	○/○	○/○	○/○
曜日	月	火	水	木	金
出欠					
体温	℃	℃	℃	℃	℃
健康状態	良・普通・悪	良・普通・悪	良・普通・悪	良・普通・悪	良・普通・悪
顔色	良・普通・悪	良・普通・悪	良・普通・悪	良・普通・悪	良・普通・悪
あいさつ	良・普通・悪	良・普通・悪	良・普通・悪	良・普通・悪	良・普通・悪
朝食	○・×	○・×	○・×	○・×	○・×

出典：日本肢体不自由教育研究会監修『肢体不自由教育シリーズ3　これからの健康管理と医療的ケア』慶應義塾大学出版会　2008年　p.48を基に筆者作成

必要がある。活動の合間に休憩を長くとったり、水分補給などして活動前の子どもの健康状態と活動後の子どもの健康状態に変化があるかどうかを見守りながら、保育生活が送れるようにする。

事例9▶　「健康チェック表」と連絡帳との照合の必要性

　認定こども園年少組担当のQ先生。ある日、各々登園してきたクラスの子どもたち全員の健康チェックを終え、いよいよ朝の会を開始しようとした際、男児R児が「トイレ」というサインを出した。そこで、小便用のトイレの前にR児を立たせ、Q先生は片膝立ちになりながら両手でR児の腰を支えてトイレを促した。しかし、その直後に片膝の上に生温かいものが……。そう、実際は大便の方であった。そういえば連絡帳に「昨夜から今朝にかけて腹痛がときどきあった」との記載があったことを思い出したQ先生だった。

　事例9のように「いつもと違う健康状態」を見極めるために「いつもの健康状態」を「健康チェック表」や連絡帳の記載に照らし合わせながら細かく把握しておくとよい。

3 障害の重い子どもにとっては生活リズムが大切

　障害の重い子どもは、健康上に課題がある場合が多い。そのため、まずはその子どもの障害名や特性を知ること、さらにその子ども独自の特性を把握することが必要となる。障害名とその特性については専門書を一読することで、おおよその把握ができる。しかし、その障害の子どもが全員、専門書に記載通り当てはまらないことは理解できるであろう。その子どもは専門書に

記載されている障害の特性のうちどの要素が当てはまるのか、また当てはまらないのか、さらに専門書に記載されている事項以外の特性があるのかといったことを把握することが大切である。

　次に「いつもの健康状態」を把握して、「いつもと違う健康状態」をいち早く気づいて対応していく必要がある。そのために、「健康チェック表」を発展させた、子どもの1日の状態が把握しやすくなるような「生活リズム表」（図7－3）を作成するとよい。一般的には、縦軸には時刻、横軸には曜日を配置し、1週間単位で子どもの健康状態が把握しやすい表となっている。1日の健康状態について、起床や就寝、排尿、排便、食事、発作、表情、呼吸など「健康チェック表」の項目も含め、それぞれの項目をあらかじめ任意に定めて記号化した上で、健康調査を実施したり、健康状態が変化した時点の曜日とその時刻軸の交差点に上記の記号を記載していく方法が多い。このように「生活リズム表」を

図7-3　生活リズム表の例

日	○/○	○/○	○/○	○/○	○/○	○/○	○/○
曜日	日	月	火	水	木	金	土
0:00							
1:00							
2:00							
3:00							
4:00							
5:00							
6:00		◎					○
7:00	○	△	△	△	△	△	△
8:00	△		○	◎	○	◎	
9:00							
10:00							
11:00	○	○	○	○	○	○	
12:00	△	△	△	△	△	△	△
13:00							○
14:00							
15:00							
16:00							
17:00					○		
18:00	◎	○●	○●	○●	●	○●	◎
19:00	●	△	△	△	△	△	●
20:00	△						△
21:00							
22:00							
23:00							

※記入例：　■…睡眠　○…尿　◎…排便　△…食事　●…入浴

出典：図7-2と同じ

作成することで、「いつもと違う健康状態」を一目で見つけやすく、それにより速やかに必要な対応が可能となる。

事例10▶　呼吸状態に配慮が必要な場合

　保育所年長組担当のS先生。年長組最大の夏のイベントである「お泊まり保育」を実施した際、クラスのなかに睡眠中に酸素飽和度がときどき下がりがちなT児（女子）のために、バイタルチェックを就寝中も行った。酸素飽和度が下がるたびに鳴り響く警告音の指示に従って、その都度T児が呼吸しやすいよう姿勢を整えることを心がけ、無事に全日程を終了することができた。

4　緊急時の対応

　医療的ケアが必要な子どもも含め障害児一人ひとりにどのような緊急時の状態が予想されるのか、その際にどのように行動にしていけばよいのかなどを一覧化しながら、危機管理マニュアルを作成しておくとよい。その際には、保育者のみならず園全体、保護者、医療機関も含めてそれぞれの実際の役割や行動を確認し合いながら作成していくことが必要である。さらに、一度作成して終了ではなく、現在の子どもや園、保護者、医療機関の状況の変化に応じて定期的に見直していくことが望まれる。

　また、緊急時の対応を考える上でも、子どもたちと日々かかわっているなかで発生する「ヒヤリ・ハット」[5]事例を通して対応策を講じていく必要があろう。これらの事例を一つひとつ「事故報告書」としてとりまとめるとともに、今後同じような出来事が起きた際に、どのような対応策を講じられるかを考え、整理して記載していくことが重要である。

*5
第6章参照。

　このように「ヒヤリ・ハット」を起こしてしまったことは職員個人の過失としてとらえるのではなく、今後にも同じような「ヒヤリ・ハット」が起きた際に未然に防ぐことができる機会として見つめ直すことが大切であり、その上で保育者同士が積極的に事例検討を行っていくことで「ヒヤリ・ハット」を軽減していくことにつながるであろう。

事例11▶　子どもたちと日々かかわっているなかで発生する事故

　児童発達支援センターで保育士として働いているUさん。あるとき、利用者の提案によりみんなで風船バレーをすることになった。いつも車椅子でいる4歳男児V児もニコニコしながら参加することを楽しみにコートに入って待っていた。すると、V児の少し後方に風船が飛んできた。V児は大きく背をそらして風船を打ち返そうとしたその時、車いすごと転倒してしまった。原因は車椅子に附属して

いる転倒防止の器具を普段移動時には不便を感じているため折りたたんで置くことが多かったが、そのままの状態で風船バレーに加わったことである。転倒防止の器具が降りていれば防げた事故である。その場にいたＵさんは「事故報告書」に事故の経緯を記載するとともに、「スポーツなど体を動かす活動については、必ず前もって車椅子の転倒防止器具が作動しているかどうか、子ども一人ひとりの状態を確認してから活動を開始するよう心掛ける」など、今後同様な事故が起こらないようにどのような対応が必要か対応策を記入し、全職員に周知を行った。その結果、その後は他の職員も含め、現時点まで転倒事故は起きていない。

5 安心・安全な環境づくり

　障害の有無にかかわらず、体調を崩すことは、思い通りに身体を動かすことができなくなり、特に障害児は症状が悪化すると、今までできたこともできずに行動範囲も狭くなってしまうことが予想される。

　障害児が健康状態を維持し、園や施設の生活が楽しく過ごすことができるような安心・安全な環境づくりには、これまで見てきたように健康状態を把握する視診を行い、「いつもの健康状態」から「いつもと違う健康状態」を把握し、特に障害の重い子どもへの健康状態は生活リズムをもとに、緊急時の対応に備えながら、「ヒヤリ・ハット」事例を保育者同士で共有し、その時期に合った危機管理マニュアルを作成し、園、保護者、医療機関等との連携体制づくりが望まれる。

5. 職員間の連携・協働

1 職員間の連携・協働の必要性

　保育者が働く職場（施設）は、保育所や乳児院、児童養護施設、児童発達支援センターや障害児入所施設等さまざまであるが、その職場ごとに特性を持ち、機能や役割を担っている。いずれの施設であっても、施設がその特性を理解し活かしながら役割や機能を果たすためには、同じ目的のもとで職員が協力して働くことが必要である。特に障害児や特別な配慮が必要な子どもに対しては、保育者同士はもとより保育以外の専門性を持つ職員とも連携して多角的に子どもを理解し、協働して支援していくことが重要である。

　本節では、主に保育所における職員間の連携・協働の実際を学んでいく。

2 保育所における連携・協働の実際

1 保育所の特性を踏まえた連携・協働

　保育所は、保護者が就労している子どもの他に、保護者の病気や、虐待・マルトリートメントな養育環境があるなど、さまざまな事情により保育を必要とする子どもを保育している。保育所には、子どもたちの健やかな成長のために用意された豊かで安全な環境のもと、家族以外の子どもたちと出会い、集団での生活を送るなかで互いに育ち合える環境がある。そして、保育者、保健師や看護師、栄養士や調理師などの専門性を持つ職員が配置され、子どもたちの健やかな育ちを多面的に支えている。また、毎日通う場所であるため、日常生活に細やかに寄り添いながら、継続的に支援していくことが可能な場でもある。障害児も特別な配慮を要する子どもも、皆ともに育ち合っていくことができる場である。

　その他の特性として、保育所は開所時間が長いことから、職員は交代勤務となることがあげられる。つまり、担任保育者だけがクラスの保育をするのではなく、いろいろな職員がかかわることになる。さまざまな職員で子どもたちをともに見ていくことで、多角的な視野で子どもを理解し、それぞれに応じたかかわりを検討することが可能となるメリットがあるが、そのメリットが機能するには、職員間の連携と協働が必要となる。

2 加配保育者と担任保育者の関係

　障害のある子どもを保育している園では、通常の人員配置に加えて加配保育者を配置していることも多い。加配保育者は、障害のある子どもの心身の発達の状態をとらえながら、集団での生活を送る上で必要な個別の支援や配慮を行う。しかし、個別的なかかわりに重きを置きすぎると、障害のある子どもと加配保育者が集団と交わらずに生活してしまうことにもなりかねない。園は、個別的な療育や医療機関とは違い、集団での毎日の生活のなかだからこそ経験できることがある。加配保育者と担任保育者は、園での日々の子どもの様子や保護者からの情報を密に共有し、障害のある子どもや特別な配慮が必要な子どもにとって、同時に他の子どもたちにとっても豊かな経験とは何か、ともに育ち合うためにできることは何かを協力して考えながらチームで保育にあたることが大切である。

3 園全体で子どもをみる

　子どもたちは、担任保育者や加配保育者だけでなく、園内のさまざまな職員

とかかわり見守られながら育っていく。相手や時間や場所が違えば、子どもが見せる姿も異なる。例えば、日中は張り切って活動に参加していた子どもも、夕方の延長保育の時間には疲れてやる気が出なかったりする。延長保育や土曜保育は担任保育者がいるとは限らず、部屋も普段のクラスとは違い、人数も変動があることから、子どもからするとどこか落ち着かないということもあるだろう。むしろそうした小集団の方が落ち着いて活動することができたり、甘えを見せたりする場合もある。このように、子どもがさまざまな人や場面で見せる様子を職員間で伝え合い、子ども理解を深めて共有していくことで、その子どもに適切なかかわりをすることが可能となる。

　保育者以外の専門性を持った職員との連携も重要である。食物アレルギーのある子どもの場合、保護者、担任保育者、看護師や栄養士・調理師と連携をとる。食材の除去の有無や、除去食を確実に提供するなど安全のための連携だけでなく、集団のなかで除去食の子どもが極力寂しい思いをせず楽しく食事できるような工夫や配慮を検討することも重要である。また、医療的ケアが必要な子どもも食事の配慮が必要な場合がある。口から十分に栄養を摂取できない場合に鼻や口などにチューブを挿入して栄養を摂取する経管栄養の対応が求められることもある。そのほかにも、たんの吸引といった医療的ケアや体調管理などでは、看護師と連携することになる。園生活のなかでは、障害の程度や状態によって難しい活動もあるかもしれないが、一人ひとりの子どもにとって充実した生活が可能となるよう、個別の支援の方法や環境の工夫を職員間で協力して担っていくことが求められる。

　必要と目的に応じて保育カンファレンスを開くことも方法の一つである。職員全体で理解と支援を検討することで、園全体が共通認識をもって子どもとかかわることができ、保育実践のなかで得られた気づきを共有する関係性も育まれやすい。その気づきを次の保育カンファレンスで共有し継続的に検討していくことで、PDCAサイクルが機能し、子どもにとっての適切な支援につながる。

4　継時的な連携

　園では、クラス担任は年度ごとに代わる可能性がある。1年間、保護者とも連携を取りながら、子どもとのかかわりのなかで試行錯誤し見出し精査してきた支援内容を、個別の指導計画なども活用して次の担当保育者へ引き継ぐことで、子どもにとって適切で一貫した支援が継続可能となる。担当保育者が変更になることは子どもや保護者、そして保育者にとっても不安を招く。新たに関係を構築していくプロセスにおいて、引き継ぎの内容は重要な資源（情報源）となる。

事例12▶　保護者の思いを受け止めながら支援を展開した事例

　W児は、保育所の3歳児クラスに通う3歳の男の子である。入園したのは1歳児クラスのときだったが、その頃からW児の母親は、W児の言葉がなかなか出ないことや、アイコンタクトが取りづらいことなどが気になっていた。1歳児クラスのときの担任保育者は、送迎児に母親とコミュニケーションをとるなかで、母の気がかりを受け止めつつ、W児の園での生活の様子を伝え、できるようになったことはともに喜び、W児にとって難しそうなところは園での工夫を伝えていた。そうしたW児や母親へのかかわりは、担任間で共有し、2歳児・3歳児クラスへの進級の際にも引き継いでいた。母親、そして父親も、専門機関で発達の様子を診てもらうことには抵抗があったが、3歳児健診で発達の遅れや特性がある可能性を指摘されたことを機に児童発達支援センターを受診し、自閉スペクトラム症と軽度の知的障害と診断された。それにより、加配保育者を配置することが可能となった。

　園は、保護者との対話を通して想いや考えを受け止め、それを個別の指導計画に反映させた。個別の指導計画を職員間で共有することで、担任保育者と加配保育者に限らず、3歳児クラスに入る他の保育者も、W児の課題や支援の方向性を踏まえて保育することができた。それぞれの保育者がとらえたW児の姿やかかわりの工夫は、日々のミーティングやカンファレンス等で職員間で共有し、次の保育へと活かされた。

　加配保育者は、日々、W児の遊びや生活に丁寧に寄り添いサポートしながら、他の子どもたちや集団での活動への興味の兆しが見られれば、つなぐ役割を心がけた。加配保育者と担任保育者は、子どもたち同士のかかわり合いが互いの世界や経験を豊かなものにしてくれると考え、そうした考えや方針を共有し擦り合わせながら保育を展開していた。また、W児は、年度始めや行事前はこだわりが増えたり落ち着かなくなることがあったが、おそらく環境の変化等による不安の高まりによるものだろうと保護者とも共有するなどし、家庭と園のそれぞれでできる対応を施した。そうしたかかわりを積み重ねるうちに、W児は、園で安心して生活し、少しずつ人への関心が広がり、言葉も増えクラスの子どもたちとのかかわりも増えていった。

　このように、障害のある子どもの保育では、保護者の思いや考えを受け止めながら、職員間で情報を共有し、その子どもの理解を深め、その子どもにとって必要と考えられる保育や個別的な支援を計画、実践していくことが重要である。それぞれの保育者間でとらえた情報はその都度共有し、子ども理解をさらに深めるといったPDCAサイクルが支援の質を高めていく。そうした支援の継続は、事例12では1歳児クラスから始まっている。W児を中心に、保護者、担任保育者が対話しながら積み上げてきた道程を、進級の際の引き継ぎによって継続していくことも、W児が安心して生活し、自分の世界を充実させながらも外の世界へ開いていく変化を支えていると考えられるだろう。こうした、園内、職員間の連携が、W児の成長、そして保護者の子育てを支えている。

3 保育所以外の施設における連携・協働

事例12を、保育所外の施設の連携・協働の視点でみていく。

> **事例13▶　児童発達支援センターにおける連携の一例**
>
> 　W児の保護者は、3歳児健診をきっかけに児童発達支援センターに申し込みをした。初回は、保護者とソーシャルワーカーの面談であった。W児の発達について気になっていることや心配していること、家庭での生活での難しさや、保育所での園生活で課題になっていることなどについてソーシャルワーカーが話を聞き、次回の初診の案内をした。初診は、W児と保護者で出向き、医者は、W児の成長の過程や、家庭・保育所での様子について聞き取った。保護者は、園での様子を担任保育者から聞いてメモしていたため、それも共有した。その後、医師の指示のもと、必要な検査を行うこととなった。W児の状態を詳しく把握するためである。心理検査は、心理士が担当した。後日、再診の際に、諸検査・評価の結果の説明があり、医者から自閉スペクトラム症と軽度の知的障害の診断を受けた。その後、週に1度療育に通うことになり、個別療育と集団療育を受けることとなった。療育では、保育士や児童指導員、心理士やその他の専門職が連携し協力しながら、W児の課題に合わせた支援を計画し、実践している。保護者は必要に応じ、担当のソーシャルワーカーに相談できると聞き、心強かった。また、ソーシャルワーカーや心理士は園を訪問し、集団生活の場での様子を観察しながら、園での生活における工夫等において保育者と一緒に考えた。こうした連携が可能になったことから、園としてもとても心強かった。

　児童発達支援センターでは、保育士のほかに、医師や看護師、理学療法士や作業療法士、言語聴覚士、児童指導員、栄養士、心理士、ソーシャルワーカーなど、さまざまな専門性を有する職員が働いている。保育士や児童指導員は小集団活動での様子を他の職員に伝えたり、言語訓練や機能訓練の様子を聞いたりしながら、職員全体で子ども一人ひとりの発達を支援している。

　近年では、乳児院や児童養護施設、児童心理治療施設などにおいても障害児の割合が高くなっており、さまざまな事情で入所している子どもたちと一緒に生活しながら、個別の配慮を行っている。夜間勤務も行いながら、さまざまな事情を抱えて傷ついた子どもたちに寄り添いかかわっていくことは、心身ともにエネルギーを要する。職員が一人で抱えこまずに、施設全体で協力して職務にあたっていくことが求められる。

4 連携・協働において大切にしたいこと

　連携し、協働していくためには、職員同士の信頼関係が重要である。保育

者同士であっても、子ども観や保育観はそれぞれである。それぞれの価値観を尊重しながら、目の前の子どもにとって必要な保育と配慮をともに考え実践していく関係性を育んでいきたいものである。互いが尊重され、安心して自分の気づきや考えを交わし合い語り合える関係が、子どもの多角的な理解と支援をより豊かなものにする。それは多職種間でも同様である。互いの強みを活かしあう、そして弱いところは補い合う互いの関係性、すなわち多様性の共存・共育が、子どもの健やかな育ちを支え、組織を強くする。子どもたち、子ども集団にとっても、保育者のかかわりやチームアプローチが良きモデルとなるのではないだろうか。

5 ▶ 連携・協働における留意点

　チームアプローチを行う上では、職員間で子どもに関する情報を共有することが必要となるのはこれまでにも述べた通りだが、園でのかかわりのなかでとらえた情報のほかに、保護者から家庭の状況などプライバシーにかかわる情報を得ることもある。施設内で共有する必要性が感じられる内容の場合には、他の職員にも共有したい旨を保護者に伝えて了承を得ることが重要である。また、他機関との連携・協働のための情報共有に関しても、保護者に事前に同意を得る必要がある。大切なことは、保護者とともに子どもにとっての適切な支援を考えていきたいという思いを伝え、ともに歩んでいく関係性を育んでいくことである。その関係性を土台に、施設内や他機関との連携が開かれる。情報共有の目的を保護者と共有しながら、子どもの理解者を増やしていくことで、連携が強化され、協働的な支援の展開につながっていく。

6. 専門家の巡回指導と協働

1 ▶ 巡回相談（巡回指導）とは

　巡回相談は、障害のある子どもや気になる子どもが利用している保育所や幼稚園等に外部の専門家が訪問し、保育者や保護者からの相談を受けて支援するものである。園では、一人ひとり違う子どもたちがともに生活するなかで育ち合っていくこと期待されるが、それは保育者が子どもたち一人ひとりをよく理解してかかわり、支援していくなかで機能するものであり、決して簡単なことではない。巡回相談は、それを外部の専門家とともに行っていく

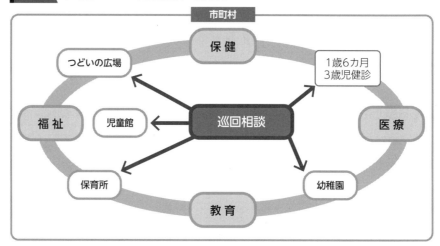

図7-4 市町村における巡回相談の活動例

市町村

保 健

つどいの広場

1歳6カ月
3歳児健診

福 祉

児童館

巡回相談

医 療

保育所

幼稚園

教 育

出典：特定非営利活動法人　アスペ・エルデの会「巡回相談支援　活用マニュアル」2018年　p.7
https://www.mhlw.go.jp/content/12200000/000307931.pdf（2023年8月23日閲覧）

ものである。

　巡回相談は自治体によって歴史もシステムもさまざまであるが、全国的な動きとしては、1974（昭和49）年に障害児保育が制度化され、1996（平成8）年に厚生省児童家庭局長が「障害児（者）地域療育等支援事業の実施について」を通知し、地域の療育施設における巡回相談が推進されたこと、厚生労働省における発達障害児者支援施策の一つとして、2011（平成23）年に巡回支援専門員整備事業が始まった経緯等がある。巡回支援専門員整備事業は「発達障害等に関する知識を有する専門員が、保育所等の子どもやその親が集まる施設・場への巡回支援を実施し、施設等の支援を担当する職員や親に対し、障害の早期発見・早期対応のための助言等の支援を行う」ことを目的としている（図7－4）。任意の市町村事業として設定され、支援を行うために必要な経費の一部が補助されている。巡回相談は今日、多くの自治体で導入されているが、自治体によって、地域の実態に応じて他の事業や取り組みを活用して巡回相談を展開しているところもある。

2 ▶ 巡回相談の実際

1 相談対象

　相談対象となるのは、保育施設等を利用している障害のある子どもや気になる子ども、保育者、保護者等である。

2 実施方法

　外部専門家の派遣方法や日数については、自治体によってさまざまであるが、園などの施設長からの要請を受けて派遣する場合や、自治体が日程を設定して各園を回る場合もある。

3 外部の専門家（相談員）の構成

　訪問する外部の専門家は、発達や障害に関する知識を有する専門職で、具体的には、医師、児童指導員、保育士、臨床心理技術者、作業療法士、言語聴覚士、保健師、ソーシャルワーカー、特別支援学校の特別支援教育コーディネーター等などである。自治体の担当部署の職員や、自治体から委託された専門機関の職員で構成される。これらの専門職は、医療、保健、教育、心理、福祉などさまざまな専門性を有する人材であり、家庭環境など包括的な視点から検討が必要なケースの場合には、多職種の専門職が訪問し連携・協力して支援する場合もある。

4 訪問時の活動内容

　訪問時の活動内容としては、子どもの様子や保育の様子を観察し、子どもや園のニーズをとらえて、子どもの実態に応じたかかわり方や保育環境の工夫等を保育者とともに検討するコンサルテーションを行う。コンサルテーションとは、異なる専門性を持つ者が支援対象である問題状況についてともに検討し、より良い支援について話し合うプロセスのことをいう。コンサルテーションは両者の対等な関係性が前提であり、外部の専門家との話し合いの内容や助言をどう保育に活かすかは、保育の専門性を持つ保育者が主体的に検討する姿勢が求められる。

　子どもの様子や保育場面の観察は、午前の保育時間に行うことが多い。自由遊び場面や集団活動場面、着替えや排泄、食事の際の様子、午睡前の様子などをつぶさに観察する。保育者や他の子どもとの関係性や集団との関係性、物や空間との関係や、身体のコントロール、情緒の動きなどといった自己との関係など、さまざまな環境との相互作用を意識して観察することで、子どものその時点での発達の様相や課題、また強みや資源を理解するのに役立つ。コンサルテーションでは、それらの観察内容を保育者と共有し、また日ごろから子どもの姿をつぶさに継続的に見ている保育者から普段の様子と経過を聞き取りながら、共同作業で子ども理解を豊かなものにしていく。一人ひとりの子ども理解は、一人ひとりのストーリーを理解することに他ならない。

子どもが何に困っているのか、何を楽しんでいるのか、どうしたらそれらの理解を活かしながら子どもの世界を広げていけるのか。コンサルテーションのプロセスを通して、保育者が自ら気づきを得て、保育における手掛かりをつかみ、主体的な保育実践に向かうことができたら、それは保育者自身の専門性の広がりにもつながり保育者の自信にもなっていくだろう。コンサルテーションは、子どもの理解を踏まえた具体的な助言も行うが、助言は支援の一部である。先述の通りそれをどう保育に活かすかは保育者に委ねられている。しかし、発達や障害に詳しい専門家である相談員を前にすると、対応方法や答えをすぐに求めがちになってしまうこともある。保育者が試行錯誤し困っている状況だからこその焦りがそこに見え隠れする。巡回相談は子どものニーズを理解することから始まることをあらためて意識に留めておきたい。

　コンサルテーションでは、それぞれの専門家が専門性に根差した見立てを行うが、保育者と視点が異なっていたとしても、それは保育者の視点を否定するものではない。また、相談員は子どもやそこにかかわる保育者を評価し指導する立場でもない。相談員は、保育者の日々の継続的で丁寧な子どもへのかかわりが、子どもにとって安心・安全な居場所となり、子どもの心身の発達を育んでいくことを知っている。保育者は自分たちが持つ専門性に誇りを持ってほしい。

3 ▶ 施設内での巡回相談の活用と協働

　巡回相談を要請するにあたっては、保護者の同意を得ることが基本となる。しかし、子どもの園での様子を日ごろから保護者と共有できていなかったり、子どもの言動を問題視するような姿勢で巡回相談の利用を提案すると、保護者の不安を増大させたり園に対する不信感を生じさせかねない。園では対応できないため「外注する」かのような安易な言動は、保護者を傷つけ、子どもにとっての利益にもつながらない。巡回相談を利用する以前に、日ごろから保護者と密にコミュニケーションを取りながら、子どもの姿を一緒に見ていく関係性を築いていくことが重要である。保護者と保育者の信頼関係が基盤となってこそ、巡回相談の意義が活かされ、その先の資源の活用や支援につながっていくものである。

　また、巡回相談でコンサルテーションを行うときには、できるだけ多くの保育者が参加してカンファレンスという形で行うことも効果的である。職員間の共通理解によって一貫した適切なかかわりが施されることは子どもに

とって安心感を生み、よりのびのびと生活し、活動意欲にもつながっていくことが期待される。全体で共有し検討することにより、次年度以降の担当保育者も支援と成長のプロセスを理解した上で、保育を展開することが可能となる。保育者にとっても、園全体が理解し支援してくれることで安心感と信頼感が高まることが期待される。

　巡回相談により話し合った支援内容は、保育者から保護者に伝えることが多いが、自治体によっては、相談員が保護者と面談し、相談に応じる場合もある。また、巡回相談の報告書は、自治体の担当部署、あるいは訪問園に提出するなど自治体によって異なるようである。

　巡回相談は、保護者と、保育者、職員同士、外部から派遣された相談員の連携と協働によって機能する。いずれの関係性においても、対話を通して信頼感を持つことができる関係性が、子どもの利益につながっていることを今一度心に留めておきたい。

◆参考文献

第1節　• 文部科学省・厚生労働省・内閣府『幼稚園教育要領・保育所保育指針・幼保連携型認定こども園教育・保育要領〈原本〉』チャイルド社　2018年　p.30
　　　　• 文部科学省・厚生労働省・内閣府『幼稚園教育要領・保育所保育指針・幼保連携型認定こども園教育・保育要領〈原本〉』チャイルド社　2018年　p.70

第2節　• 日本小児保健協会『幼児健康度に関する継続的比較研究』平成22年度総括・分担研究報告書　2011年　p.15
　　　　https://mhlw-grants.niph.go.jp/system/files/2010/103011/201018027A/201018027A0001.pdf
　　　　（2023年11月14日閲覧）
　　　　• 小畑文也・鳥海順子・義永睦子編『Q＆Aで学ぶ障害児支援のベーシック〈第2訂版〉』コレール社　2018年
　　　　• 齊藤勇紀・守巧編『子どもが育つための障害児保育』萌文書林　2022年

第4節　• 日本肢体不自由教育研究会監修『肢体不自由教育シリーズ3　これからの健康管理と医療的ケア』慶應義塾大学出版会　2008年

第5節　• 尾崎康子ほか編『よくわかるインクルーシブ保育』ミネルヴァ書房　2020年
　　　　• 『最新　保育士養成講座』統括編纂委員会編『社会的養護と障害児保育』全国社会福祉協議会　2023年

第6節　• 浜谷直人ら編『子どもと保育者の物語によりそう巡回相談 ―発達がわかる、保育が面白くなる―』ミネルヴァ書房　2016年
　　　　• 尾崎康子ほか編『よくわかるインクルーシブ保育』ミネルヴァ書房　2020年
　　　　• 『最新　保育士養成講座』統括編纂委員会編『社会的養護と障害児保育』全国社会福祉協議会　2023年
　　　　• 特定非営利活動法人　アスペ・エルデの会『巡回相談支援　活用マニュアル』　2018年
　　　　https://www.mhlw.go.jp/content/12200000/000307931.pdf　（2023年11月14日閲覧）

色とりどりの子どもたち

保育や教育の実践の場で働く保育者は、子どもたちの安全に配慮しながら一人ひとりの発達を見守る役割がある。通園する子どもたちのなかには、障害のある子どもや、障害の疑いのある子ども、複雑な家庭背景を抱えた子ども、外国にルーツがある子どもなどさまざまな子どもたちがいる。

近年、"特別な配慮を必要とする子ども"というキーワードが保育所などで話題となっている。多くは、発達障害などの特性により、集団活動が苦手で輪に入れなかったり、保育者の話が聞けなかったりといった子どもである。

現在、文部科学省を中心にインクルーシブ教育・保育が推進されており、その方法については子どもの特性等にあわせて、各園で試行錯誤がなされているところである。子どもたちは、園での集団生活を積み重ねるなかで次第に、自分とみんなは違う考え方をしていると気づく。そのため、子どもたち同士では特別な配慮を必要とする子どもへの理解もスムーズに受け入れられやすい時期であるかもしれない。

ある園では、保育者と子どもたちで次のようなやり取りがあった。自分の思うようにならないときに無口になったり順番抜かしをしたり、他児が使っているものを横取りしたり等、特性のあるA児に対して、クラスの子どもたちがA児を少しずつ避けるようになった。それを感じた保育者は子どもたちにこのような話をした。

「みんな一人ひとり、顔や声が違うように、得意なことや苦手なことも違うんだよ。もしかすると、自分が得意なことでも、お友だちはそれが苦手かもしれない。そんなとき、苦手で困っているお友だちがいたらどうしたらいいかな？」

子どもたちは、「教えてあげる」「一緒にやって助けてあげる」「がんばれ！って応援する」「困ってるの？って聞いてみる」と寄り添う言葉が多く出た。保育者は、「そうだね。みんなは困っているお友だちに声をかけてあげられるし、お助けマンになれるね」と伝えた。実は子どもたちは、どのようにかかわれば良いのか本質的にはわかっているのである。このやり取りの後からは、子どもたち一人ひとりの意識が変わったところもあり、「今なんで怒ってたの？」「このおもちゃを先に使いたかったの？」などと、違いを認め受け入れるだけではなく、困っているのかもしれないと他児を思いやる発言が自然と増えていた。

実は、保育者だけが配慮を考えて対応しなければならないと思う必要はなく、クラスの子どもたちにも力を借りる（理解をしてもらう）ことで、自然とクラス全体の配慮ができる環境が作れるのである。

考えてほしい視点

▶「特別な配慮」を考える際に、発達に関したものであれば個人差が大きい事も加味される。発達以外に関して、普通（一般的言動）を基準にして配慮を考える場合もあるが、"普通"とは何か。誰にとっての普通なのか。

▶ ニーズに合わせた配慮をする上で、留意すべきことは何か。

第8章　障害児の生活理解と「困りごと」に求められる視点

学びのポイント

本章では障害児が家庭や保育場面で「困りごと」（p.157参照）をかかえることを理解する。保護者や保育者がその行動に対する困難さを原因とする行動の意味を正しくわかろうとしたり、かかわり方を変えることによって子どもの困りごとが軽減することを理解する。また、子どもの行動、保護者や保育者のかかわりに関する適切なアプローチを考察し、すべての子どもがより活動しやすくなるための方法について理解する。また、保護者及び保育者が設定する環境や子どもへの言葉がけによる子どもの行動に対する困難さが軽減する支援方法や活動へ参加しやすくなるかかわりへの工夫についても理解していく。

1. 子どもの生活を支援する

　子どもにとって家庭は生活の場であるとともに教育の場でもある。保護者は子どもを守り、子どもの最善の利益を保障していく。子どもの心身の発達を促すために衣食住を提供し、生活基盤を安定させて、基本的生活習慣を確立させていく。

1 ▶ 生活を支援する際の基本的事項

　基本的生活習慣は生活を送る上で日常的に繰り返し行われることを習慣化していくことであり、食事や睡眠や排泄や衣服の着脱や衛生の習慣などがある。基本的生活習慣を確立するためには、子どもを取り巻く大人がモデルとなって実践していくことが重要となる。

　食事については、さまざまな食材に慣れて食べることができるものを増やしたり、箸やスプーンの使い方、食事場面の挨拶や感謝の気持ちが身につくようにする。

　睡眠については、睡眠時間の確保と就寝時間と起床時間が守ることで、規則正しい生活へとつながる。また、寝る前に着替えをするなども含まれる。

　排泄については、おむつに排泄する時期から次第にパンツへの移行するために、トイレでの排泄の仕方を伝えていく。トイレでの排泄の際、トイレットペーパーの使い方などのトイレ内での行動を、繰り返すことで慣れていく。最初は排泄の失敗が多いかもしれないが、子ども自らができたという実感が持てるようにする。

衣服の着脱については、自分で服を脱ぎ着できるようにしたり、脱いだ服の処理の仕方も身につくようにする。また、成長に応じて季節や場所に応じた服を選び着ることができるようにしたい。

　衛生の習慣については、健康を維持するために必要なことである。手洗いうがいや歯磨きの習慣、心や体の健康も含めて自らの命を守る行動として必要なことであるという認識を持てるようにしたい。

2 ▶ 生活を基盤とした支援

　生活を支援するということは、基本的生活習慣を確立するだけではなく、子どもがよりよく生きていくために必要な事項や、余暇の過ごし方なども含めながら見すえて支援していくことである。そうすることで子どもの成長に側した生活に潤いを持たせることができるようになる。乳幼児では愛着関係を築けるように子どもとふれあい遊びを通して一緒に遊んだり、絵本を読んだり、子どもの知的好奇心を高めるための行為など、生活のなかで多様な経験ができるように心がける。また、子どもの心の発達を促すために、子ども自身が自己肯定感を高めることができるような成功体験を積み上げたり、できたことを認める言葉がけをしたりする。人とのかかわりのなかでルールがあることも家庭のなかで学ぶことが多い。

　このような子どもの発達過程に合わせたサポートを通して、特性やニーズに合わせたアプローチ方法を考えていくことが大人には求められている。子ども自身の経験の浅さから、気持ちのコントロールの仕方がわからなかったり、対応方法がわからなかったりするなど、どうすればよいのかわからずに泣いたりパニックになったりすることもあるが、子どもは家庭を基盤として保育所等での集団生活を送り、家族とは異なる他者へとつながりを広げて、やがてその集団のメンバーとして自らかかわる集団に広がりがみられるようになる。また、さまざまな経験を積むことによって、経験値が積み上がり、他者とともに行動ができるようになったり、言葉の意味を理解できるようになったりする。

2. 障害児の生活上の課題

　障害のある子どもは、保育所等の集団生活だけではなく、家庭においても生活上の課題があることを理解する。

　例えば、人とのコミュニケーションに課題のある子どもは、言語の獲得や使用

に遅れが見られたりする。言語によるコミュニケーションが難しい場合には、視覚支援として用いる絵カードや指さしなどの非言語的なコミュニケーション*1を使用し、相手とのコミュニケーション方法を学んでいくこともある。そのため、家庭におけるコミュニケーション方法はもとより日常生活におけるさまざまな場面でのかかわり方を保護者とともに考えていくことが大切となる。

1 子どもが困っていることは何かを理解する

専門的な支援を利用していない家庭では、子どもが「困りごと*2」を呈した際に保護者も子どもの困りごとにどう対応したらよいのかわからずに、混乱することがある。例えば、保護者は子どもに言葉で伝えるが、子どもがその方法で行動できずに子ども自身が混乱してしまうこともある。保護者と子どものコミュニケーションがうまくかみ合わず、保護者が力づくで子どもを行動させようとすると、子どもがますます混乱してしまうこともある。

視覚に障害のある子どもの場合、見えないことや、聴覚からだけの情報では理解できないことも多いため、ストレスや不安を感じてしまうことがある。見えないことによる制限のために社会生活を送る上での安全に関する方法を学ぶための学習が必要となる。また他者からの音声情報をもとに行動することができるように、コミュニケーション方法を習得できるようにしたり、点字など触覚による理解ができるようにする。日常生活を送る上で生活上のスキルを習得できるようにするために、多様な経験が積めるようにすることも大切になってくる。

聴覚に障害のある子どもの場合、音声言語によるコミュニケーションが難しいため、言語の習得に影響が出てくる。例えば絵本を通して理解できる内容も、絵からだけの情報になり、文字の習得が行われるまでの間は、子ども自身も気持ちを伝える言葉の獲得や生活のなかで使われる言葉の獲得などにおいて障壁になることがある。保育者や保護者は手話や手話を含むコミュニケーション手段を学び、コミュニケーション能力をサポートしていくことになる。

肢体に不自由さのある子どもの場合、日常生活において、保護者の支援を必要とすることが多々ある。家族で出かけても、車椅子などの補装具を使用する場合、公共交通機関での移動やバリアフリーの環境がなければ、行動が制約されることもある。また、見た目に他の人との違いがわかることが多いことから、偏見や差別を被ることもある。同年代の子どもができることを、自身ができないという精神的なストレスを抱える場合もある。

*1 **非言語的なコミュニケーション**

非言語コミュニケーション（ノンバーバル・コミュニケーション）は、言語などを使用せずに、相手に情報を伝えるコミュニケーションの形式を指す。マカトンなどのサイン、ジェスチャー、身体で伝える言語、表情、触覚を通した接触、視覚教材などを通じて行われるものをいう。これらを使用することにより、言葉で伝えられない情報を視覚的に伝えることができたり、言葉だけでは伝えきれない情報も含めて伝えることができることもある。これに対して言語によるコミュニケーションはバーバル・コミュニケーションと呼ばれる。

*2 **困りごと**

本章における「困りごと」とは、家庭や保育の場において、子どもが感じる不安や不快から、集団の場に適応できない、泣いたりパニックになる、多動・衝動的となるなどによる次への行動へ移行しづらい状況としてあらわれるものをいう。

2 ▶ 子どもの行動には意味があることを理解する

コミュニケーションや身体に不自由のある子どもの場合は、日常生活のさまざまな側面で自立が難しいなどの行動への制限がある。排泄の自立に向けた保護者のかかわり方、食事マナーの習得、衣服の着脱など、日常的な活動のどこかに何らかの支援が必要になってくる。

しかし、保護者のなかには子どもの困りごとに関してどう対応したらよいのか理解しづらい、どう言葉をかけると行動が変わるのかがわからないなど、子どもの行動に関して理解に悩んでいることもある。

子どもの行動には原因があり、それへの対応方法が子どもの特性に合ったものやその時の子どもの体調等にあっている方法であれば、子ども自身が困りごとを示さずに、生活しやすくなるであろう。子どもに対するアプローチ方法は一つではないため、より適切な方法に対する準備が必要となり、効果的な声かけや代替方法などを考えることが重要になる。保護者の多様な「かかわり方の工夫」が、子どもの生活上のストレスなどを左右する第一歩ととらえ、子どもに応じたかかわり方を模索することが求められる。

3. 子どもの困りごとにかかわる保護者への支援

子どもそれぞれが障害の状態や家庭環境によって異なるニーズを有するため、個々に応じた支援の方法を検討する必要がある。そのためには子どもの行動に関する課題を理解することと、子どもの障害特性を理解することが重要になる。

生活の場における子どもの困りごとについて、①生活習慣、②戸外や外出時の行動、③その他の行動に分類して、具体的な場面から考えられる理由と支援の視点や工夫に関する例を紹介する。

1 ▶ 生活習慣

食事に集中できない

理由
- 嫌いな食べ物がある。
- 目の前に気になるおもちゃがある。
- 椅子やテーブルの高さが子どもの身長に合っていない。

支援の視点や工夫

▶ 食事に興味が持てる言葉かけをしたり、調理場面を見学するなど食事に興味を持てるような工夫をする。

▶ 食事へ集中させるため、座る椅子の高さが適切かを見る。子どもの好きなおもちゃが見えると食事への集中を妨げることになるため、食事中におもちゃが見えないように、おもちゃに布をかけるなどの環境調整の工夫が必要である。

偏食がある

理由
● 柔らかい食べ物を好み、野菜を嫌がる場合には、飲み込むときに引っかかるような感じがする。

● 咀嚼力が弱い。

● 離乳食の時やその後の食事で、噛んで食べる、という習慣が確立しにくい食生活。

● 家庭でスナック菓子など、お菓子を食事代わりに食べる習慣がある場合や食材に慣れていない。

● 言葉によるコミュニケーションがとりにくい場合には、保護者からの励ましが伝わりにくく、「(知らない食材でも一度) 食べてみよう」と思う気持ちが育ちにくい。そのため新しい食材を口にしたがらない。

支援の視点や工夫

▶ 苦手な食材を一口でも頑張って食べたということを認める言葉がけをしたり、子どもに食べることができる量を確認して配膳をする、褒める際に撫でるなどの非言語のコミュニケーションを並行して行うなど、食に対する心理的な負担が軽減できるような工夫をする。

トイレに行きたがらない

理由
● 家のトイレが怖い、部屋と異なる。

● ズボンを脱ぐのが嫌。

● 漏らしてしまった際に怒られた経験がある。

支援の視点や工夫

▶ トイレの失敗は叱らずに対応することが基本となるが、トイレのマットやカバーを子どもが好む色にしたり (一緒に購入しに行くなど)、子どもが好きなキャラクターのシールを貼ることができるスペースを設けたりすることも工夫の一つである。

着替えを嫌がる (拒む)

理由
● 寒くて脱ぐのが嫌。

● 肌触りが変わるのが嫌。

● 感覚が過敏。同じ素材の服でも、特定の服しか着たくない。

▶ 着替えをすることによって、気持ちが良くなったという感じを「着替えて気持ち良くなったね」などと言葉をかけることによって、今の気持ちは着替えて気持ち良くなったということだということを理解していくようになる。

▶ 寒くて脱ぐのが嫌な時には、服を少し温めるだけで、冷たい肌触りがなくなり、着ると気持ちがいいという感覚を味わうことができる。

▶ 肌触りが嫌な場合は、服を買うところから本人の希望が叶うようにすることも工夫の一つである。例えば、どれだったら着てみたいか、ということを店に行き一緒に選ぶなども、本人の意思が通り、着替えを嫌がらなくなる方法の一つである。

2 戸外や外出時の行動

部屋や家から飛び出す

理由
● 特定の車種のエンジン音が好きな場合、エンジン音が聞こえてくるとその音を聞きたくて夢中になり、部屋や家から飛び出して聞きたい。

支援の視点や工夫

▶ このような場合には、子どもの安全を第一に考え、子どもが納得する方法で音が聞ける環境を作ることで安心できる。保護者がそのエンジン音を録音したり、好きな車の写真をいつでも手に取れるように準備することなどが環境調整としてできる工夫の一つである。

店内などで走ってしまう

理由
● 広い通路やスペースが楽しいと思っている。
● 親の買い物についていっているだけでスーパーに行く理由が本人にはない。

支援の視点や工夫

▶ スーパーなどで急に走り出す場合は、追いかけると遊びになることがあるため、危険がないか見守りつつ、行きたいところはどこかを知る（迷子にならないように目を離さない）。

▶ 買い物の前に一緒に紙に必要なものを書き出す、食材などを一緒に選ぶ、上手に買い物ができたら褒めたりご褒美の約束などの工夫により、子どもにとって買い物が有意義な時間となるようにする。

3 その他の行動

衝動的な行動がある（ここでいう衝動的な行動とは、相手の気持ちを理解する前に行動してしまうことを指す）

理由
- 嬉しいことがあると走り回る。気に入らないことがあると乱暴になる（乱暴な言葉を発する）。
- いろいろな遊びやおもちゃが気になり、興味関心の変化が激しい。
- 外出時に好きなものがあるところまで急に走ってしまう。
- 行動を制止するとパニックになり大声で泣く。食事中に嫌いな食べ物があると食器を投げる。

支援の視点や工夫
- 重大事故につながるような衝動的な行動については早急な対応が必要となるが、衝動的な行動の裏に見える意思や目的を理解できるようになると、子どもにかける言葉や態度への工夫が可能となる。
- 保護者は、"子どもがアプローチ方法をうまくできていない"、ということに気づくことで、子どもの気持ちを汲み取り、一緒に遊ぶ時の誘い方や具体的なかかわり方を教えていくことができる。一緒に遊びたい時には"突き飛ばす"のではなく、「○○ちゃんと遊びたい時には、こうやって肩をトントンと優しくたたいてごらん」などの具体的方法をわかりやすく教えてみる。

乱暴な言葉遣い

理由
- 他の子どもに対する乱暴な言葉遣いや攻撃的な言葉遣いなどについては、映像を見聞きしたり、家庭での保護者の言葉を真似て使うということもある。

支援の視点や工夫
- 家庭での言葉遣いが気になる場合は、環境要因も考えられるため、保護者自身がどういう言葉をかけているのかを振り返ってみたい。
- 子どもには、できたことや頑張ったことを褒め、認めたりしながら、自尊感情を高めるような言葉がけに留意し、丁寧な言葉遣いでかかわっていく配慮を心がけてみる。
- 機嫌が移ろいやすい子どもの場合も、どのようなポイントで気持ちが変わるのかの状況把握をし、気持ちを代弁（言い換え）してみる、落ち着くことができるスペース（クールダウンできる場所）を設け対応してみる。

4. 保育の場における困りごとに求められる視点

　保育場面における子どもの困りごとについて、①集団活動、②遊びの場面に分類して、具体的な場面から考えられる理由と支援の視点や工夫に関する例を紹介する。

1 集団活動

集団活動に参加できない

理由
- 朝の会や制作活動の際など、座席の位置や部屋の環境によっては周りが気になり、説明を聞くことに集中できない。
- 床に足がつかないなど、座位が不安定になり、姿勢の保持が持続できない。
- 他児の歌声や楽器、流す曲の音量が大きすぎて集中できない。

支援の視点や工夫
- 保育における座席の位置、子ども同士の組み合わせ、座る向き、保育者の立ち位置、保育者の声が届きやすい位置、おもちゃなどの配置などを考慮することが求められる。子どもが集中することができるため、意図的な環境設定が必要な場合もある。
- 皆と一緒に歌わない子どもの状態を見て「この子は歌わない」とレッテルを貼ってしまわず、どのようにすれば歌うことができるのか、なぜ歌わないのか、という原因を探り、子ども側に原因があるのか、保育者の保育や声のかけ方に原因があるのかを探る必要がある。

強い不安と焦燥感

理由
- 他児との力の差を感じているため、苦手な活動には参加したがらない。

支援の視点や工夫
- 保育者は子どもがやってみようとする気持ちを大切にし、困ったときにはサポートすることが大切となる。そのため、適切なタイミングで頑張ったと認める言葉がけが必要となる。
- 手順がわかるように具体的に説明する、見本を子どもの横に置いて見ながら作業に取り組むことができるようにする、工程を細分化し、できたと感じるプロセスを多くする、などの支援が可能である。
- やってみたいと思った気持ちを褒める、認める言葉がけをするなど、保育者は「でき上がり」に焦点を当てるのではなく、子どもが「頑張ろうとしていた気持ちの部分」を焦点化する。

2 遊びの場面

好きな遊びがわからない

理由
- 環境に慣れていないため、一つのおもちゃで遊ばずに、いろいろなおもちゃで遊びながら好きな遊びを探っている。
- 新入園の子どもの場合は、おもちゃがたくさんある環境に慣れておらず、一つのおもちゃでじっくり遊びこむことができない。

支援の視点や工夫

▶ 保育室のなかに子どもにとって楽しい活動や遊びがない場合もある。この場合は「好きなおもちゃで遊ぶ」ことができないということを保育者が気づかなければならない。

▶ 好きなおもちゃがなさそうで、いろいろなおもちゃを出して探しているような場合には、保護者にどのような遊びが好きなのかを聞いておき、その子どもの好きなおもちゃを保育室のなかに置くことも有効である。

他者を見ることが楽しい

理由
● 人と遊ぶより、人が遊んでる様子を観察したり、物とかかわっている方が楽しい。
● 自分のペースで遊びたいと思っている。

支援の視点や工夫

▶ おもちゃで遊ぶことや他児と遊ぶことも子どもにとっては大切な時間であり、学びにつながることは多い。しかし遊びを楽しむということには物や人との遊びだけではなく、「観る」ことも遊びの一つとしてとらえる視点も必要になる。

▶ 人と遊ぶことが見られなければ、気が合いそうな子どもに誘いかけてもらいながら遊びを勧めることが多い。子どもには多様な素質があること、それが将来の仕事や娯楽につながる可能性があることを考えると、人とかかわることを好まなくても、時によっては友だちの遊びを傍観するだけを認めることも必要になる。

　遊びに集中していない子どもがいた場合、集中できていない要因を探る必要がある。保育者は対象の児童が集中可能な時間を理解し、集中可能な場面や活動内容などについて把握する。

　しかし、他の子どもと同じような集団行動を保育者側がさせようと意識しすぎることで、過度な集団行動や集中を強いることになる。保育場面において最低限必要な集団の場面や集中すべき場面について、過度にならないよう柔軟な対応方法を考慮していく必要がある。

5. 保育場面における有意義な活動となるために

　保育者がクラス全体にかけた言葉がけを、子ども自身が自らどう行動したらよいのかを理解できていないことがある。子どもに伝えるときには個別に声かけをする必要もある。個別の声かけをしているが「○○しません」「ダメでしょう」などと伝えても、「何がいけないのか」「何をしたらよいのか」「ど

うすればよいのか」ということが子どもに伝わっていないことになるので、何をすべきかを具体的に伝えなければならない。例えば「ミニカーは棚の緑の箱のなかに片付けてね」と棚を指さしながら伝えたり、「あと10回したら終わりにしよう」など、子どもには具体的でよりわかりやすい明確な言葉がけをする。「○○します」など、子どもに今からしてほしいことを保育者が子どもの立場から伝えると、子どもは行動しやすくなる。

また、「保育室に入ったら、帽子をとって棚に置いて、手を洗って、うがいをして、かばんを椅子において、連絡帳を取って座って待っていてね」などと一度に多くの情報を盛り込み伝えると、覚えきれなかったり、何をどの順番ですればよいのかがわからなくなる子どももいる。伝える際には多くの情報を盛り込みすぎずに、簡潔に伝えるようにする。

発達に課題のある子どもの場合は、一度に1つあるいは2つ程度のことを伝えて、それができてから次の指示を与えるようにすると理解しやすくなり、行動できるようになることがある。

1 ▶ 1日の行動を具体的に示す

障害のある子どもは家庭から保育所等の園に通うだけではなく、児童発達支援センターなどにも通所することもある。その場合、複数の場所で複数の大人とのかかわりを持っていることがある。子どもによっては、今日どこへ行くのか、何時までここに居るのかが理解しづらい子どももいる。例えば、子どもが今日はA先生と一緒にこのおもちゃで遊べる、と思っていても、●曜日に行く園にはそのおもちゃがなく、▲曜日に行く園にはそのおもちゃがある、ということもある。子どもにとっては1週間のうち、2か所から3か所程度の園や施設を経験する子もおり、多様な環境や方法に混乱していることもある。

また食事場面で、B園では自分で食べることを優先させたくて、子どもが自分で食べたいという気持ちを大切にし、自分で食べることが楽しいと思えるようになってからスプーンやフォークを使うという目標を立てているとする。C施設では手づかみで食べる習慣がついてはいけないので、当初からスプーンやフォークを使って食べるという目標を立てているとする。家庭では手づかみだと汚れるので、子どもにスプーンを持たせずに親が食べさせているとする。この3つの場所における食事場面で、子どもは手づかみを許される所、手づかみは注意される所、自分で食べなくても食べさせてもらえる所という3つのことを一度に経験してしまうことになる。子どもにとって必要なことは可能な限り

一貫した方法を提供することが必要である。そのためには、個別の支援計画を保護者と関係施設間で共有していくことが必要になってくる。また、児童発達支援などでの支援内容について保育者は保護者や施設の担当者から聞き取っておく必要がある。さらに、保護者はそれに対してどのような思いを持っているのかということも保育者として共有できるとよい。

　子どもの特性がより良く発揮されるためには、保育者の保育のやり方や環境構成などの工夫を凝らすことが求められる。保育者は子どもの特性を理解し、子どもの行動をすべて子どもに原因があるととらえずに、子どもを取り巻く環境に問題となる原因はないのか、保育者の保育の方法を変えることによって軽減できることがないのかということを探っていく必要がある。

2 子どもの強み（ストレングス）を知る

　子どもは経験の少なさからできないことがあったり、しようとしないこともある。子どものできないことをできるようにするだけが保育のなかで大切なのではない。子どもの持つ強みの面を知り、その強みを伸ばしていくことが重要である。子ども自身が活動に自信を持つことや、できそうにないこともやってみようかと思う前向きな気持ちになれるように、環境を整えたり言葉をかけたりすることが保育者の役割である。

　子どもの持つ強みを知るために、保育において「絵本は好きでよくみている」「音楽リズムの時には楽しそうにしている」「絵本はあまり見ようとしていないが、楽器演奏の時にはリズム感よく演奏できる」「ボールを投げたり走ったりすることは得意」など、その子どもの持つ強みが「視覚」優位なのか、「聴覚」優位なのか「体を使うこと」なのかを判断していく必要がある。視覚優位の場合には、1日の流れがわかるように時間を構造化すると落ち着くこともある。子どもの目に優先的に入るものを選んだり、遮断したりしながら、視覚を使った伝え方をすると効果的である。聴覚優位の場合には、人の話をよく聞いていて理解している場合もある。言葉だけでなく、音楽にのせて伝えたりすることで、より理解しやすくなることもある。体を使うことを好む子どもは、スポーツなどで能力を発揮したり、子どもの持つ強みを生かすことのできる保育を心がけたい。

　子どもによっては、乱暴な言葉を発したり、かかわり方がわからず乱暴な行動をとってしまうこともある。そのような時、クラスのなかで一緒にいると乱暴なことをされる、おもちゃを壊されるなど、子どもによって一緒に遊びたくないと思う他児の気持ちも尊重しつつ、どのように言葉をかけたり、どのような環境を構成すると障害児が一緒の場で過ごすことができるのかということを考えることも保育者が保育を見直す良いきっかけとなる。

　障害児へのかかわりを考えることだけがインクルーシブ保育ではなく、皆が楽しく保育の場で過ごすことができるか、クラス全体が楽しめるようになるためには、障害児にはどのような手立てが必要か、他児にはどのような声かけが必要かを考えて、クラス全体の運営として一人ひとりの子どものサポートはどうあるべきかを考えていかなければならない。

6. 障害児の生活理解に求められる視点

　子どもは一人ひとり個性があり、ニーズも多様である。また、子どもは育っている家庭や周囲の環境からの影響も大きく受けている。

　障害児の生活を理解する上で、家族と保育施設等との連携が欠かせない。家庭内のサポートと、保育施設等で提供しているサポートが一致しなければ、子どもは混乱する。したがって保護者と保育施設双方の情報交換を通して協力関係を築くことが重要になってくる。

　さらに障害児の生活を理解するためには、時間と丁寧なかかわり方を継続することが必要になる。子どもの発達や成長には異なるペースやニーズがあることを理解し、障害特性を考慮した継続的なサポートを受けられるようにすることが大切である。

　また障害児が社会において偏見や差別に直面しないようにするためには、障害の有無にかかわらず、社会のなかで包摂され、生活する上で適切な環境が保障されるように、保育者はそれらの障壁となるものを軽減できるよう、ソーシャルアクションをしていくことが求められている。

◆参考文献
・安藤忠、諏訪田克彦編著『発達障害のある子との関わり方』Gakken　2023年
・鶴宏史編著『障害児保育』晃洋書房　2021年
・安藤忠、川原佐公編著『特別支援保育に向けて』建帛社　2008年

今をよりよく自分らしく生きていきたい

　障害者やその保護者を対象としたサービスにはさまざまなものがあるが、障害児が今をよりよく自分らしく生きるということにつながっているのか。

　生活とは、生きる活動といえるが、生きるとは単に命をつなぐというだけではない。なんのために生きるのか、その生の一瞬一瞬が輝いたものでなければ、自分らしく生きるといえない。糸賀一雄が「この子らを世の光に」と言われたように、その生の一瞬一瞬が輝いてこそ、今を自分らしく生きている姿といえる。

　障害の有無に関係なく、子どもが生活のなかの不自由を改善、もしくは軽減したい、学校に通いたい、学びたい、遊びたいと望む。これらは誰しもが心のなかから湧き出る欲求である。これらの欲求の実現は、子どもの権利である。しかし、障害児とその保護者の場合、こうした欲求は障害の特性や子どもの行動傾向等によって多種多様である。何に不自由を感じ、何を求めているのか、当事者もその家族もニーズがわからなかったり、そもそもそのニーズに気がついていないということもある。

障害があるから仕方がないと誤った認識であきらめていることもある。

　障害児とその保護者の生活を支援するということは、当事者とその家族の持つ個別の欲求を理解し、そして必要な支援・社会的サービスを福祉施設・学校・地域社会全体に要求するということである。あえてここで当事者というのは、個々の欲求は当事者でなければ、わからないと考えるからである。要求とは、必要であることを相手に求めるということである。相手は、社会全体、住んでいる地域、親族、友人関係など多岐にわたって考えられる。残念ながら、わが国の社会はまだまだ障害に対する理解が十分とはいえない。ゆえに、当事者とその家族の声を聴くことのできる保育者は、ニーズを正しく認識し、広く人々に伝えていく必要がある。声なき声を拾い代弁する役割は全国保育士会倫理綱領にも明記されている重要な役割である。そして、それらを要求するのはよりよく生きるための当然の権利であり、これを当事者、その家族、また彼らにかかわる専門職集団が再認識する必要がある。

 考えてほしい視点

▶ 自分らしく生きるとは、その人一人ひとりの持ち味が生かされてこそといえる。
　持ち味とは、外見的なことや性格的なことではなく、その人が輝く力、輝かせる力である。
　あなたがあなたの持ち味で輝く力、輝かせる力は何か考えてみよう。

▶ 子どもの一人ひとりの持ち味を言葉にしてみよう。そのとき、○○する力につながる言葉で考えてみよう。

参考文献
●糸賀一雄著作集刊行会編『糸賀一雄著作集Ⅰ』日本放送出版協会　1982年
●糸賀一雄『福祉の思想』日本放送出版協会　1968年

第**9**章　障害児保育から
ソーシャル・インクルージョンへの広がり

学びのポイント

保育所などでは「統合保育（インテグレーション保育）」「障害児保育」「インクルーシブ保育」などの理念から障害児保育を実践している。

障害児とその家族が暮らす地域社会は、必ずしも支え合いや手厚い福祉サービスが整っているわけではない。多様な調査から、約5〜7割強の家庭が、保育所などへの入所理由に「家から近いこと」を選んでいる。このように、地域の園に通いたいという思いは、障害児とその家族も同様であり、地域とのかかわりのなかでの生活を希望している。

障害児やその家族を地域社会とつなぐ役割も、乳幼児期の育ちを支える保育所などの役割であり、ソーシャル・インクルージョンの理念につながらなければならない。

本章では、障害児保育からソーシャル・インクルージョンへの広がりについて考えていく。

1. 保育所・幼稚園・認定こども園における障害児保育の理念

　保育所などで行われている障害児保育の基盤は、相互支援（共助）と共生であり、インクルーシブ保育の理念と同様である。同じ保育の場において、すべての子どもは障害の有無に関係なく存在しており、障害のある子どもは他の子どもとかかわりながら、保育所などでの生活を通してともに成長していく。このように、保育所などにおいて、子どもたちがともに過ごす経験は、同じ地域社会のなかで、障害の有無により分離されることなく、互いに認め合い、尊重し合いながら共生していく社会の基盤になると考えられる。

　障害のある子どもの保護者もまた、保育所などにおいて、自分の子どもと他の子どもとのかかわりや、他の親子のふれあいに接し、他者から理解されることの必要性や子どものためにできることの理解を深めていく。他の子どもの保護者も、子どもが互いに育ち合う姿を通して、障害児について理解し、わが子が感じていることを通して、子どもの成長と多様性や障害への理解を深めていく。

　このように、保育所などでの保育を通して、障害の有無にかかわらず、子ども同士だけでなく、その保護者同士のかかわりを通して、地域社会のなかでともに生きる意識と喜びを持てるように努めていくことが保育所などで行われる障害児保育の理念であり、ソーシャル・インクルージョンと言えるだろう。

2. 障害児保育を通した家族支援

　現代社会では、保護者の養育力が低下してきていると言われており、地域の子育て支援拠点の設置が課題となっている。これは大家族や3世代同居家族の減少や、核家族が当たり前となったことで、子育てのコツを伝えてもらえなかったり、家族や親類縁者などから受けられるインフォーマルな支援が減ったりしていることが要因の一つとされている。

　このような状況で、障害のある子どもを育てることはさらなる困難さを伴う。子どもの発達の個人差のほか、独特の表現、応答関係が成立しにくいというような障害特性などは、育児書やウェブサイトなどでも情報が氾濫し、保護者が見つけた情報もわが子に当てはまるのかわかりにくいことが多い。保育者には、保護者がこうした状況にあることを理解し、保護者の子育て支援を行っていくことが求められる。

1 障害の気づきと家族支援

1 障害の気づきと家族の葛藤

　保育所などで行われる障害児保育は、1歳6か月児健診や3歳児健診、あるいは児童相談所や児童発達支援センターなどで発達の遅れなどの指摘を受け「障害児」「特別な配慮を必要とする児」として「診断された」乳幼児を対象としている。

　乳児期の子どもの発達は、個人差が「ある」という表現よりも「大きい」という表現の方が適切と言える。例えば、離乳食の開始が生後5か月の子どももいれば、8か月の子どももいる。生後5か月頃から人見知りが始まる子どもがいれば、1歳になる頃にやっと人見知りが始まる子どももいる。歩き始めも生後11か月頃の子どもから1歳6か月になってようやく歩き始める子どももいる、という程の差がある。このように個人差が大きいと、発達の「遅れ」なのか「個人差」なのかの見極めが難しい。発達診断を担当する心理判定員や、日常的に多くの乳幼児を見ている保育者でも判断が難しく、多くの保護者には発達の遅れに気づくことが難しいことがわかるだろう。

　障害の気づきにつながるきっかけの多くは、一般的に、乳児家庭全戸訪問事業（こんにちは赤ちゃん事業）のほか、生後6か月、1歳6か月、3歳など（地域によって時期は異なる）に実施される乳幼児健康診査（健診）がある。健診では、聴力や視力など身体的発達のほか、言語・精神・運動発達の確認、社

図9-1 乳幼児健康診査の内容

1歳6か月児健診	3歳児健診
▶健診内容	▶健診内容
① 身体発育状況	① 身体発育状況
② 栄養状態	② 栄養状態
③ 脊柱及び胸郭の疾病及び異常の有無	③ 脊柱及び胸郭の疾病及び異常の有無
④ 皮膚の疾病の有無	④ 皮膚の疾病の有無
⑤ 歯及び口腔の疾病及び異常の有無	⑤ 眼の疾病及び異常の有無
⑥ 四肢運動障害の有無	⑥ 耳、鼻及び咽頭の疾病及び異常の有無
⑦ 精神発達の状況	⑦ 歯及び口腔の疾病及び異常の有無
⑧ 言語障害の有無	⑧ 四肢運動障害の有無
⑨ 予防接種の実施状況	⑨ 精神発達の状況
⑩ 育児上問題となる事項	⑩ 言語障害の有無
⑪ その他の疾病及び異常の有無	⑪ 予防接種の実施状況
	⑫ 育児上問題となる事項
	⑬ その他の疾病及び異常の有無
▶受診人数（受診率）1,008,405人（96.4%）	▶受診人数（受診率）1,000,319人（95.1%）

出典：厚生労働省「厚生労働省におけるこれまでの取組」
https://www.mhlw.go.jp/file/05-Shingikai-11921000-Kodomokateikyoku-Soumuka/
koremade.pdf（2023年8月30日閲覧）

会性の発達確認、身体的な発達状況などの項目がある（図9-1）。健診において発達に遅れが疑われる場合などは、保健センターのフォローアップ教室、児童相談所や児童発達支援センターなどの精密検査を勧められる。

　こうした健診の結果によって、発達の遅れなどを指摘された家族にはさまざまな葛藤が生まれる。特に葛藤するのは、指摘された「診断名」や勧められた「支援内容」を保護者が受け入れるかどうかであろう。保護者が子どもの障害の受容をする際、「障害があるのなら、自分たちだけで育てられないのではないか」「サポートが必要なのではないか」「普通の幼稚園や学校に入れないのではないか」などのほか、健診結果を受け入れられず「障害があるなんて信じられない」「健診の日は調子が悪かっただけ」「眠い時間だったから」などと考えることもある。家族一人ひとりが異なる受け止め方をすることもめずらしくない。

　家族それぞれが思い悩み、その矛先が母親に向かってしまうこともある。母親に対して「育て方が悪い」「うちの家系に障害なんてない」と責めてしまうのである。子どもと一番身近にいる母親は「やっぱりそうなのか」「こんな体に産んでしまった」と思い、自責の念に陥り、精神的なストレスを抱えてしまうこともある。また、家族に対して自分の憤りをぶつけ、家族関係が悪化することもある。したがって、家族それぞれが痛みを抱えてしまうことにもなる。

2 地域とのかかわりと家庭支援・子育て支援の視点

障害児保育を考える際には、家族が生活している地域社会における家庭支援・子育て支援の視点が大切である。障害のある子どもはもとより、支援ニーズのある家庭は地域とのかかわりが少ない場合が多い。特に母親は、子どもに障害があると地域とのかかわりを避けがちであり、場合によっては孤立してしまうこともある。

母親が地域とのかかわりを避ける⇒行政や民生・児童委員などからの支援が行き渡らない、ほかの支援機関に情報が届くことが減る⇒必要な支援が受けられずトラブルが生じる⇒さらに地域とのかかわりを避ける、というように負のスパイラルに入り込んでしまうこともある。

そのため、地域にある保育所などが子育て支援をし、母親や家族の支えとなることが必要となる。

事例1▶　子どもの発達に不安を抱える母親への寄り添い

保育所Aには子育て支援センターが併設されている。そこを利用していた保護者から「近所に気になる親子がいるから、連れてきたい」との連絡があった。同センターで面談をした際、当該児童は多動でセンター内を走り回り、他児が使っているおもちゃも手に取り遊び始める。しかし、すぐに別の子どもが使っているおもちゃに手を伸ばし奪ってしまうことなどを繰り返し子ども同士のトラブルを引き起こした。母親は疲れ切った様子で「外に連れていくと、いつもこうなんです」と日常的な子育ての大変さを吐露した。

当該児童には別の保育士が対応しながら、母親と面談したところ、「夫は『育て方が悪い』と責めるだけで協力してくれない。障害かもしれないというと『うちに障害者はいない。障害のはずがない。育て方だ』と聞いてくれない」と一方的な言い分で話を聞いてくれない、とのことだった。実家からは離れているため協力を得られず、近隣に知り合いもいないため、子どもが寝ている間に買い物を済ませているという。

当センターにはいつでも来て良いこと、一時保育も利用できることを母親に伝えると、それ以降、頻繁に当センターに来所してくれるようになり、その都度、母親からの相談を受け、子どもへの対応方法や、家での過ごし方、買い物の際の一時利用などを活用している。

事例1は偶然が重なったとも言えるが、子育て支援センターが地域に根差し「困っていそうな家族が訪れても良いところ」と認識されていたことによる利点である。

就園していない場合でも、地域の保育所などでは「園庭開放」など子育て支援の場を設けていたり、園の行事に地域の子どもを招いていたりすることがある。子育て支援の場（センターなど）を併設している保育所などは行政ともつ

ながりやすく、支援が届きやすい。また、保育所などにおける子育て支援の場では、発達に詳しい保健師や公認心理師などを招いて母親向けの育児講座を催すこともあり、未就園児を抱える保護者が集まりやすいような工夫がなされている。こうした子育て支援の場で母親同士が知り合い、育児仲間となって互いに支え合えるようになることもある。子育て支援センターの役割の一つに、「育児サークルの育成・支援」があり、母親同士のつながりを支えている。

　事例1は、子育て支援センターによる子育て支援が功を奏した形となっているが、地域の子育て支援の拠点として多くの人に認知されていれば、事例1のようにつながってくる可能性は拡大する。子育て支援センターが併設されていなくても、園庭開放や地域子育て支援事業として園行事への招待などの工夫が必要となる。

　公的な相談支援機関に保護者自らが子どものことを相談に行くのは敷居が高いため、心配事があってもなかなか足が向かない。しかし、子育て支援事業を行っている保育所などの方が、母親にとっては訪問しやすい。

　保育所などの園庭開放や園行事に参加している親子がいると、保育者は保護者に「お近くにお住まいなんですか？」「いまどんな遊びが好きなんですか？」など当たり障りのないような問いかけをしながら、参加している保護者が子育てに悩んでいないか、困っていないかを探っている。保育者は、保護者に多少のアドバイスをしながら「困ったことがあったら遠慮なく仰ってくださいね」と伝える。そういったやり取りをするうちに、親子は園庭開放や園行事に参加するようになり、保護者は保育者にさらにアドバイスを求めるようになる。保育者と話しているうちに家庭でのかかわり方について相談したり、「健診で相談してみよう」と保護者が考えるようになることもある。このようなきっかけから、障害のある子どもと保護者が子育て支援の場、さらには地域社会につながっていくこともある。

　保育所などに就園すると、子どもの姿に合ったアドバイスが得られるようになり、保護者は、子どもとの向き合い方がわかったり、自分の時間ができたりすることで、心理的負担が減るようになってくる。また、子どもも、保育所などでの集団生活の経験や友だちとのかかわりから、場に応じた行動が徐々に身につくようになる。

　母親もかかわり方がわかってくると、子どもの状態も落ち着き、地域とのかかわりや近隣に理解者が増えたり、保護者同士とのつながりが増えるなど親子の情緒的な安定が見られるようになってくる。

　一方で、他の子どもと比べてしまい気持ちが落ち込んだり、将来のことを

考え悩んだりしてしまうこともあることから、保護者の状況に応じて保育者が適切な支援を行う必要がある。

3. 障害児保育とソーシャル・インクルージョン

1 保育所・幼稚園・認定こども園におけるかかわり

　乳幼児健康診査において保健師から子どもの発達について何らかの懸念を示されることで、障害の気づきのきっかけとなることもあるが、保育所などの生活を通して、子どもの障害に気づくこともある。

　在園児に発達の遅れなどの障害が疑われる場合、最初に気づくのは保育者である。保育者が園での子どもの姿に違和感を覚え、詳細に観察するようになると、発達の遅れや特性らしきものが見えてくる。複数の保育者で保育中の子どもの様子を観察することで、いわゆる「気になる子ども」であると認識されると、園全体でその情報を共有し、対象の子どもへのかかわり方に関する体制づくりを構築していくことで、「気になる子ども」として保育の際に配慮したかかわりとなっていく。

　「気になる子ども」として保育しながらも、担任保育者は子どもの成長している点や課題となっている点を保護者へ伝えるようにする。保護者から子どもを心配する声が出てくるタイミングで、「集団生活のなかで課題となっている部分がある」ことも伝えるが、保護者の意向を最大限尊重することを心がける。担任保育者の考えを保護者に押し付けることは、保護者との信頼関係を損ねることにつながる場合がある。そのため、担任保育者と保護者とが詳細な情報を交換するなどの連携が大切である。

　3歳以上児の場合は、「気になる子ども」として子どもの特性に応じた保育をしていくことになるが、3歳未満児の場合、発達の個人差がより大きく、発達の遅れか特性なのか個人差なのかがわかりにくい。クラスのすべての子どもに対して丁寧なかかわりを必要とする年齢のため、子ども一人ひとりへの配慮や支援がより必要となるとともに、保護者との連絡を意識的に取り合っていく。園内でも複数の職員間で気にかけるようにし、園全体で子どもとクラス担任への支援体制を作っていく。

　保育所などは、園の規模や各年齢の子どもの数によって混合保育の形態をとっていることもあり、必ずしも年齢ごとのクラスに別けられるとは限らない。例えば、園によっては異年齢の混合クラスになっていることもある。幼稚園は年齢別保育の形態で保育を行っている園が多いため、基本的には同年

齢児のクラス集団に入ることになる。

　「障害児保育対象児」として入園しても、原則的に「この子は障害児です」と園が公表することはない。しかし、「障害があることも含めて、この子を受け入れてほしい」「迷惑をかけることもあるから、事前に伝えたい」と考える保護者もおり、保護者懇談会などの場で保護者自ら子どもの障害について話すこともある。そのような場合、クラスの保護者のなかには「障害児と一緒は不安」と感じる人もいるため、対象児の保護者及びクラスの保護者双方に対する配慮も心がけていく。

　障害児保育では、加配された保育士が障害児担当となることが多い。前述のように障害児であることを公表しないため、クラスに担任が複数いる形になる。おおむね障害児3人に1人の割合で加配されるが、障害や発達の状況によっては1〜2名に対して1人となることもある。加配保育士は、障害児担当ではあるが、もう1人のクラス担任という位置づけでもあり、クラス全体の保育を補助する立場で子どもたちとかかわっていく。

2　保育ニーズと合理的配慮

1 多様な保育ニーズ

　インクルーシブ保育やインクルージョンという概念においては、一人ひとりの違いを理解した上ですべての子どもを受け入れることが基本となる。インクルージョンとは一人ひとりの多様性（違い）を受け入れ、個性が尊重され「共生」していくことである。障害のある子どもは、一人ひとりがそれぞれ異なるニーズを持っている。異なるニーズとは多様性（ダイバーシティ）であり、それを保育のなかに受容し、尊重し共生できる保育環境、保育プログラムを提供することが保育者に求められている[1]。

2 ニーズへの対応を考える

　インクルーシブ保育を考える上で避けて通れないのは、周りの子どもが「あの子ばかりずるい」という気持ちを持つ可能性である。障害児保育では「必要な時に、必要な場で、必要な量、必要な支援を行う」、いわゆる「合理的配慮[2]」が求められる。

　しかし、周りの子どもがそれを見て納得できるかどうかは、保育者の対応いかんによる。例えば、「眼鏡」をしている子どもを見ても「眼鏡しててずるい」と言う子どもはいないであろう。車椅子や補装具、補聴器なども同様である。しかし、

*1
　インクルージョン、インクルーシブ保育については第1・2・3章を参照。

*2　合理的配慮
　第1章参照。

多動の子どものそばに保育者が常に居る状態だと、どうしても「あの子ばかりずるい」と思わせてしまう。自由遊びの場で「先生、遊ぼう」と誘われても「先生、○○ちゃんといなきゃいけないから」と断れば、やはり「あの子ばかりずるい」と思わせてしまうだろう。また、必要がないときも常にそばに居たり、声掛けが頻繁だったりすれば同じような気持ちにさせてしまうかもしれない。

　しかし、多動の子どもが刺激に反応しても問題ない環境（例えば広い場所での鬼ごっこ）や、刺激が少ない環境（静的な遊びと動的な遊びの場を区切る）を作ることで周りの子どもが抱く思いを回避できることもある。知的障害児の場合は、周りの子どもも「お手伝いが必要な子」と認識していることがあり、「先生、○○ちゃんのそばに居てあげて」と逆に周りの子どもから言われることもある。子どもたちがどのように対象児を見ているかによっても、支援内容は変わってくるだろう。環境整備や保育プログラムの検討は、クラス担任と障害児担当保育者（加配保育者）との間で行う。自由遊びや合同保育などの場であれば、保育者ができる配慮や工夫は、担当やクラスだけでなく園全体で取り組み、適切な保育プログラムを作り上げていくことが求められる。

3　障害児保育からインクルーシブ保育へ

　障害児保育は障害児のための保育と思われがちだが、同じクラス、同じ園の子ども双方に影響を及ぼす。3歳未満児では発達の個人差が大きいため、それほど障害や発達の遅れが目立たない場合もあるが、障害特性によっては、クラスの子どもが「お世話」をすることもあり、友だちのことを考えたり、状況を見て行動したりすることを学んでいく機会となる。

> **事例2▶　互いに認め合う子どもたち**
>
> 　運動会のリレー競技の練習で、チームに分かれて作戦会議を開くと「○○ちゃん（障害児）が居るから、負けるんだ！」「休めば勝てるのに」というこえがきこえてきた。担任はどうなるか見守っていた。すると、それに対して「虫探しの時は○○ちゃんに名前教えてもらってるくせに！」「読めない字とか教えてもらってるじゃん」という声や、「僕が速く走ればいいんだよ！」「みんなでもっと早く走れるように練習しよう」「僕が2週走るから、○○ちゃんは半周にしてもらえないかな」などの声が優勢になり、はじめは障害児を排除する発言をしていた子どもも「先生に相談してみようか」と提案するようになっていた。子どもたちの成長と、互いに認め合う気持ちの育ちを感じる場面であった。○○ちゃんの保護者に伝えると、涙を流し「迷惑かけてますけど、愛されてますね」と喜んでいた。

　4、5歳になると、発達の差が顕著になることもあり、「自分のことは自分で」と言われることもあり、周囲からの「お世話」は次第に見られなくなる。また、

発達障害の子どもは周りの子どもとは異なる行動をとることがあり、「なんでそういうことするの（言うの）？」という場面も増えてくる。おもちゃの取り合いや順番を守らないなど、トラブルも多発してくるが、ともに過ごすことで互いに認め合う姿も見られるようになってくる。この「認め合う」ことが「インクルーシブ保育」の目標の一つであり、スタートでもあるといえるだろう。

3 「その子どものことを知る」ことと障害児保育

　保育者養成校の学生はもちろん、障害児保育の経験がない保育者は「障害児保育は不安が大きい」と言う。その不安には「障害の知識がない」「接し方がわからない」「母集団と一緒に保育できるのか」「保護者対応が難しそう」などがあげられ、障害児だけでなく周りの子どもや保護者のことなどの多岐にわたる。

　一方、障害児保育経験のある保育者に障害児保育について聞くと「不安がないわけではない」と言うが「障害の知識はもちろん大切だが、その子どものことを知ることの方が大切」と話す。障害の知識以上に「その子どものことを知る」ことが大切とは、どういうことなのか。

　保育所などでは、ASD、ADHDなどの発達障害、知的障害、ダウン症候群、医療的ケア対象児など多様な子どもがいる。障害にその子どもの「性格」が加わると、同じ障害でも全く異なる個性が発揮されることが少なくない。

　子どもは当然ながら一人ひとり姿が異なる。そう考えれば、至極当たり前のことだが、障害のある子どもも同様に一人ひとり違うということであり、障害による特性はあくまでも典型例であって「障害における定型（定まった形）」はなく、性格や家庭背景などさまざまな要素によっても変化するといえる。これが、障害児保育経験者の言う「その子どものことを知る」ことなのだろう。

　先に述べた通り、保育者の障害に関する知識はもちろん必要だが、その特徴と異なる姿があっても「○○症なのに、△△な特徴があまり見られない」といった固定観念に振り回されず、その子どもがどういう子どもなのかをつぶさに観察していくことが大切だといえる。

　また、保育者として障害の知識の深まりに伴い、障害のない子どもに対しても「△△な特徴があるから、この子どもは○○症だ」と判断してしまうことがある。しかし、その行動は「障害」が理由といえるものなのかを考えなければならない。DSM-5では「本人が困っていなければ診断しない」という規定がある。

　例えば、ASD（Autism Spectrum Disorder：自閉スペクトラム症）の「スペクトラム：Spectrum」とは「意見・現象・症状などが、あいまいな境界をもちながら連続していること」[1] という意味を持つ。つまり「△△な特徴」自体があいまいなものともいえるのである[*3]。

　これらのことから、保育者は障害児保育をするにあたって「障害児」を保育するというよりも、「その子ども」を保育するのだということを、意識していくことが必要となる。このことは障害児担当の保育者であれ、クラス担任であれ、園全体としてであっても変わるものではない。保護者支援も同様である。特に現代社会の子育て家庭は、障害のある子の保護者であっても、他の子どもの保護者であっても、子育て支援が必要な状況に変わりはなく、子育ての正解もわからない。

　ゆえに、「その子ども」の障害の有無にかかわりなく、一人ひとりの子どもとその保護者に真摯に向き合っていくことこそが、保育者の役割だといえるのではないだろうか。

[*3]
　自閉スペクトラム症については第5・6賞を参照。

◆引用文献

1）デジタル大辞泉「スペクトラム」　https://kotobank.jp/word/スペクトラム-303720　（2023年9月7日閲覧）

◆参考文献

・袴田優子・飯村敦子・小林保子ほか「インクルーシブ保育の実践における保育者の専門性の向上に関する研究 ―アセスメントの活用による保育実践―」『保育科学研究』第9巻　2017年
・国立特殊教育総合研究所「知的障害養護学校の先生のための自閉症教育実践ガイドブック」2004年 https://www.nise.go.jp/kenshuka/josa/kankobutsu/pub_d/d-210/d-210_01.pdf　（2023年9月6日閲覧）
・アメリカ精神医学会編、日本精神神経学会監修、髙橋三郎・大野裕監訳『DSM-5精神疾患の診断・統計マニュアル』医学書院　2014年

ソーシャル・インクルージョンの 理念実現と合理的配慮って？

ソーシャル・インクルージョンの理念実現を語るとき、合理的配慮のキーワードは欠かせない。「障害者権利条約」第2条「合理的配慮」の定義では、「障害者が他の者との平等を基礎として全ての人権及び基本的事由を享有し、又は行使することを確保するための必要かつ適当な変更及び調整であって、特別の場合において必要とされるものであり、かつ、均衡を失した又は過度の負担を課さないものをいう」とある。

わが国の教育現場において、この「必要かつ適当な変更及び調整」が行われ、「均衡を失した又は過度の負担を課さないもの」が実現されているだろうか。

神奈川県川崎市の障害児就学訴訟は記憶に新しい。2018（平成30）年4月に小学校に入学する子どもが重度障害を理由に公立小学校への就学が認められず、就学先に県の特別支援学校を指定されたことは、差別に当たり違法だとして、子どもとその両親が県と市を相手取り、横浜地裁に訴訟を起こした。地裁の判決では、県と市の教育委員会の判断が妥当性を欠くとは言えないなどとして、両親らの請求を棄却した。判決理由のなかで「インクルーシブ教育は、特別支援学校での教育を排除するものではない」

「被告市においてこれまで人工呼吸器使用児を小学校に受け入れた例がないことという理由から、運用が合理的配慮を欠く不合理な差別であるとまで言えない」という内容があげられた。

ここで問題とすべきことは、インクルーシブ教育の定義や合理的配慮の趣旨を全く理解されない判決となってしまったことである。

教育的ニーズとは、教育する側から見たニーズではない。ともに学ぶために本人がどうしたいと思っているかが教育的ニーズである。それに答えようとすることが合理的配慮である。

わが国では、2000（平成12）年12月に厚生省（当時）が示した「社会的な援護を要する人々に対する社会福祉のあり方に関する検討会」報告書や、2021（令和3）年1月に中央教育審議会が示した「『令和の日本型学校教育』の構築を目指して～全ての子供たちの可能性を引き出す、個別最適な学びと、協働的な学びの実現～（答申）」のなかで述べられているように、ソーシャル・インクルージョンの理念と合理的配慮と大きくかかわるところである。誰もがその特性や困りごとに合わせた配慮が実現されることが今求められている。

 考えてほしい視点

▶ 特別支援学校での教育でインクルーシブ教育を実践するとはどういうことだろうか。

▶「前例がない」は、合理的配慮を欠く不合理な差別にならない理由に相当するのか考えてみよう。

参考文献
● 厚生省「『社会的な援護を要する人々に対する社会福祉のあり方に関する検討会』報告書」2000年
● 文部科学省中央教育審議会「『令和の日本型学校教育』の構築を目指して～全ての子供たちの可能性を引き出す、個別最適な学びと、協働的な学びの実現～（答申）」2021年
● 「人工呼吸器による呼吸管理等の医療的ケアが必要な児童につき、地域の小学校に就学させたいとの父母の意向に反する、県教育委員会による特別支援学校への就学通知が違法でないとされた事例」『判例時報　第2483号』判例時報社　2021年　pp.3-30

第10章 障害児の就学支援に向けた保護者ニーズと保護者・家庭への支援

学びのポイント

障害児の保護者は日頃から子どものことで不安や悩みを抱えている。子どもが成長するにつれて就学するという大きな変化（節目）を前に、保護者や子どもたちはどのような不安やストレスを抱えているのだろうか。また、就学に向けての保護者のニーズとは何があり、障害児やその保護者は保育者に何を求めているのか。
本章では、障害児の保護者が、就学に向けて求めていることについて述べていく。
そして、それらを踏まえ保護者や家庭への支援について言及する。

1. 就学に向けた保護者の思い

1 子どもが抱える就学に対する不安やストレス

　障害の有無にかかわらず小学校に入学すること（就学）は、保育所や幼稚園、認定こども園（以下、保育所等）、療育施設[*1]などで過ごしてきた環境から大きく変化する。

　特に療育施設などで過ごしてきた障害児にとっては、少人数での療育を過ごしてきたため、集団で過ごすことに慣れていない子どももいる。

　物的環境の変化は、勉強するための机や椅子などが置かれている教室や職員室などの校舎、大きな運動場、体育館、敷地面積の広さなど、保育所などとは異なるため、圧倒される子どももいる。大きいからこその期待と不安が入り混じり、障害児にとっての物的環境の変化は、心身ともにストレスがかかるものである。障害児の多くは障害の特性によって違いはあるが、新しい環境に対し不安を感じて環境に馴染めない子どもも多い。

　例えば、自閉スペクトラム症（ASD）の子どもは、こだわりが強くパターン化した行動が特性とされることから、教室に置かれている机や椅子の配置や、荷物などの置き場などに慣れるまでの時間を要する。環境の大きな変化によって混乱してしまい、新しい環境に馴染めないために、学校に行けなくなる子どももいる。また、校内の同じ場所や物などにこだわってしまう、何度も同じことを繰り返し行うために行動がスムーズにいかない、などがある。

　次に、注意欠如・多動症／注意欠陥多動性障害（ADHD）の子どもは、不注意衝動性、多動性などを特性としているため、一定時間着席して勉強すること

*1
　療育施設は、障害児通所支援事業を行っている児童発達支援センターや児童発達支援事業所など、障害児入所支援事業を行っている障害児入所施設のことをいう。

ができないことがある。

　学習障害（LD）の子どもは、読む・書く・計算する、のいずれかが苦手で、授業を受ける環境によっては、内容が理解できないため集中できず、楽しい学校生活ができないままということもある。

　このように障害児にとっては小学校という新たな環境が心身ともに非常に大きなストレスとなっていくのである。

　また、人的環境においても同様のことがいえる。新たな友だちや、多くの先生ともかかわることになるが、それらも障害児にとっては、非常に大きな負担となることがある。

　このように、就学するということは、それまでの物的環境、人的環境という大きな課題がのしかかってくるのである。

2　保護者が抱える就学に対する不安やストレス

　障害の種類によって、子ども一人ひとりの特性が異なるため、保護者自身の就学に対する不安やストレスも異なってくる。それらの不安について、主に次の3つがあげられる。

❶先が見えない不安

　就学しなければならないことはわかっているが、先が漠然としていて何をどこからどのように順備、活動してよいのかがわからないといった、見通しが立たないことへの不安感である。小学校の障害児に対する方針の不明確さや情報の少なさなどによる不安も大きい。

❷勉強面や言葉や会話についての不安

　言葉の発達に遅れがある子どもの場合、言語を理解できていなければ学習についていけないという不安が保護者に生じる。そのため、個別対応などの加配教員の有無などが不安要素となる。

❸集団生活に馴染めるのか、という不安

　授業は主に教室内の机に着席して受けることになる。授業中は歩き回ったり、自由に過ごしたりすることはできない。障害の特性によっては、授業中に座って過ごすことができない子どももいる。そのため、保護者には、授業に集中して着席していられるのか、他児への影響はないだろうかなどの不安が生じる。

　以上のような点が、就学における保護者の抱える不安としてあげられる。

　これらは、先にも少し触れたように障害の特性によっても異なるが、保護

者は、小学校の対応の有無などさまざまな就学不安を抱え悩み、入学までの間は大きなストレスのなかで過ごすこともある。

3 保護者の不安を受容する

障害児の保護者の就学不安について、保育者は受容し、その子どもに応じた順備や対応を共有していく必要がある。そのためには、保護者の就学不安を理解し、軽減していくための障害についての理解が必須となる。

4 相談できる環境

障害児の保護者には、就学に関すること以外に、さまざまな不安や悩みがある。そのようなことをまわりで相談できる環境は多いとは言い難い。相談したり、話せたり、聞いたりできる環境があれば、さまざまな情報を得ることができ、不安の解消につながる。

保護者同士のコミュニティで、情報交換等はするものの、障害についての専門的なことや就学に向けて必要なことなど、保護者同士だけでは得られないことがある。そのため、支援に携わる保育者や療育施設等が中心となって、相談支援ができる環境を整えていくことが必要とされる。

5 保護者や保育士など人とのつながり

保護者ニーズの一つに保護者同士が集う環境があげられる。障害児の保護者は、家族以外にも気持ちを分かち合える人が欲しいと求めているため、そのような環境があることで、情報を得られるだけでなく、保護者同士のつながりができ、話を聞いてもらえる、気持ちをわかってもらえる、という心の拠りどころになるというメリットもある。最も保護者にとって身近な寄りどころは保育者である。特に、療育施設の保育士に対しては、障害のことについて遠慮なく相談することができ、日々の困りごとなども気軽に相談できる。例えば子どものこだわり行動を軽減するにはどうしたらよいかといったことや、食事の時の食べ方や箸の持ち方など、障害についての質問や悩みを話すことができることが、保護者の不安軽減につながる。

6 児童発達支援センターとの連携

　児童発達支援センターでは、保育所等訪問支援を行っている。図10－1の通り、児童発達支援センターを拠点に、保育所、幼稚園、認定こども園、小学校、特別支援学校などに訪問し、当該施設における障害児以外の子どもとの集団生活へスムーズに入れるように専門的な支援等を実施する。

　訪問する支援員は、経験豊富な保育士や児童指導員、療法士などの専門職である。保護者が保育所等で行ってほしい支援等があっても、なかなか伝えづらかったり、遠慮してしまったりと言えないことがある。保護者からの話を訪問者が聞くこともできるため、保育所等訪問支援は、本来は施設側への支援が中心であるが、ときに保護者への支援にもつながることもある。

図10-1 保育所等訪問支援の概要

◆事業の概要
保育所等を現在利用中の障害児、又は今後利用する予定の障害児が、保育所等における集団生活の適応のための専門的な支援を必要とする場合に、訪問支援を実施することにより、保育所等の安定した利用を促進。

◆対象児童

保育所や、児童が集団生活を営む施設に通う障害児	相談支援事業や、スタッフ支援を行う
＊「集団生活への適応度」から支援の必要性を判断 ＊発達障害児、その他の気になる児童を対象	障害児等療育支援事業等の役割が重要

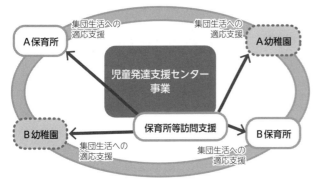

◆訪問先の範囲
● 保育所、幼稚園、認定こども園
● 小学校、特別支援学校
● (H30より追加) 乳児院、児童養護施設
● その他児童が集団生活を営む施設として地方自治体が認めたもの

◆提供するサービス
● 障害児が集団生活を営む施設を訪問し、当該施設における障害児以外の児童との集団生活への適応のための専門的な支援等を実施。
　①障害児本人に対する支援 (集団生活適応のための訓練等)
　②訪問先施設のスタッフに対する支援 (支援方法等の指導等)
● 支援は2週に1回程度を目安。障害児の状況、時期によって頻度は変化。
● 訪問支援員は、障害児施設で障害児に対する指導経験のある児童指導員・保育士 (障害の特性に応じ専門的な支援が必要な場合は、専門職) を想定。

出典：こども家庭庁支援局障害児支援課「障害児支援施策について」p.42
　　https://www.cfa.go.jp/assets/contents/node/basic_page/field_ref_resources/4b173922-946b-4e5d-8c3a-fc9551
　　ccc4cb/de87b7f9/20230628_councils_shingikai_shougaiji_shien_M3J3scNP_01.pdf (2023年9月6日閲覧)

2. 就学支援までのプロセス

1 併行利用の仕組み

　障害児が就学するにあたって、まず考えることは集団生活に慣れることができるかという点である。就学後は、主に集団生活が中心となる。療育施設では、発達段階や障害の特性に応じた少人数制のクラス編成での療育であったため、個々に応じた小単位での活動が中心である。しかし、療育施設と保育所等との併行利用*2を活用することができる場合は、就学に向けて集団生活に慣れていくことができる。併行利用の方法は、その子どもの障害の特性や保護者の考え方をふまえ、療育施設や保育所等と相談の上、通園方法を決めることができる。

　例えば、5歳児の障害児は、一週間のうち3日間は保育所等に通園し、残り2日間は療育施設に通園する、という方法や、一週間のうち1日だけ療育施設に通園し、残り4日間は保育所等に通園する、というような利用方法である。このように、子どもの年齢と発達段階、障害の特性を踏まえ併行利用を行うことができる。

　併行利用については、子どもの年齢が上がるにつれて、希望する子どもが多くなっていく。それは就学の際、集団生活に馴染みスムーズに学校生活に移行できるようになるための機会として有効と考えられているためである。しかし、併行利用をしたからすぐに集団生活に馴染めるかは子どもの障害の特性や、受け入れる保育所等の方針や受け入れ体制などにかかわってくる。

　原則、保育所等での受け入れには、加配職員がつくことになるが、その加配職員が配置できないという保育所等もあるため、その場合、障害児への細やかな支援をすることが困難な状況になってしまう。

　多くの保護者は併行利用をすることで、就学に向けて徐々にではあるが、効果的に進んでいると感じている。

＊2
　併行利用は、児童発達支援センター等と保育所や幼稚園や認定こども園とどちらも利用できる制度である。

2 就学先決定の仕組み

　障害児の就学先決定にあたっては、障害特性や、子どもの状態等に応じた、将来の自立や社会参加のために必要な力を培うということを考え、一人ひとりに合った支援を行うことが必要である。また、就学先については、本人と保護者の意見を可能な限り尊重し、障害の特性や必要な支援の内容などの総

合的な観点から、市町村教育委員会が決定することとなっている。

　図10−2は、文部科学省が公表している「障害のある子どもの就学先決定のモデルプロセス」である。就学先については、原則、地域にある小学校か特別支援学校に就学することになる。子どもの状態やニーズに応じて、地域の小学校（特別支援学級*3と通級指導*4）、または特別支援学校のいずれかを検討することになる。その際、本人、保護者の意見を踏まえて、最終的には市町村教育委員会が決定することになる。

　このように、就学支援までのプロセスは、子どもの障害特性や保護者のニーズによってさまざまであるため、状態を見極め、一人ひとりに合った支援が重要となる。

*3
　特別支援学級は、地域の小学校に設置されている障害児たちが集まって学習するクラスで、障害の種類や程度に応じた教育が行われる。

*4
　通級指導とは、障害によって学習や生活に困難がある子どもが、通常の学級に在籍しながら一部の授業を別に受ける制度である。

図10-2 障害児の就学先決定のモデルプロセス

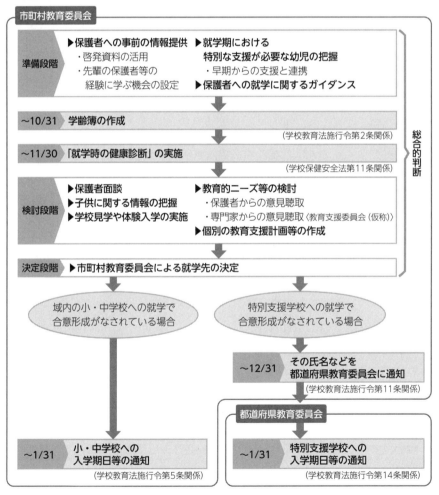

出典：文部科学省「障害のある子供の就学先決定について」
　　　https://www.mext.go.jp/a_menu/shotou/shugaku/detail/1422234.htm（2023年9月6日閲覧）

184

◆参考文献

- 堀智晴・橋本好市・直島正樹編「ソーシャルインクルージョンのための障害児保育」ミネルヴァ書房 2014年
- 柘植雅義・渡部匡隆・二宮信一・納富恵子編「はじめての特別支援教育　教職を目指す大学生のために」有斐閣　2022年
- 汐見稔幸・大豆生田啓友監修、榊原洋一・市川奈緒子・渡邉英則編「障害児保育」2021年
- 文部科学省「障害のある児童生徒等に対する早期からの一貫した支援について（通知）」
  https://www.mext.go.jp/a_menu/shotou/tokubetu/material/1340331.htm　（2023年9月6日閲覧）
- 文部科学省「障害のある子供の教育支援の手引 ―子供たち一人一人の教育的ニーズを踏まえた 学びの充実に向けて― 手引第1編・第2編」
  https://www.mext.go.jp/content/20210629-mxt_tokubetu01-000016487_01.pdf　（2023年9月6日閲覧）
- 文部科学省「障害のある子供の就学先決定について」
  https://www.mext.go.jp/a_menu/shotou/shugaku/detail/1422234.htm　（2023年9月6日閲覧）

障害のある子どもの就学支援に向けた取り組み

E児（5歳4か月）は、3歳から月に2回、児童発達支援センターへ通っている。保育所の2歳児クラス在籍時に発達に遅れが見られ、保育所が児童発達支援センターを保護者に紹介したことがきっかけであった。

5歳児クラスの4月、室内活動中に園庭へ飛び出すなどの行動が多く見られるようになり、E児の担任保育士であるH先生は集団での生活に難しさを感じていた。また、座っている時に上半身が傾くことがあり、かかとを浮かせて歩くなどの様子が見られた。医師の診察の結果、発達障害と診断されたため、加配保育士を配置することにした。E児は、担任保育士と加配保育士と関係性を築いており、保育士のそばで積み木遊びや砂遊びを好んで行っていたが、製作活動や昼食時は落ち着かない様子が見られた。

5月になり、H先生は『就学相談資料』の作成に向けて、E児の保護者に就学に関する考えについて尋ねる個別面談を行った。H先生は、保育所での様子を伝えた上で、小学校の特別支援学級（以下、支援学級）への入学を勧めた。しかし保護者からは、保育所で楽しく生活できているため、通常学級で問題ないのではないかという思いが語られた。その理由として、支援学級では勉強をする機会が減ってしまうことや友だちができないのではないかといった心配があ

るとのことだった。

そこで、H先生は保育参観を計画し、E児の保育所での様子を保護者に見てもらった。一斉保育や昼食時など、さまざまな場面で落ち着かない様子のE児を見た保護者から、「Eは、先生の言葉をどこまで理解できているのでしょうか？」といった質問がなされた。E児の現状を知った保護者は、個別的な支援の必要性を感じたようだった。

さらにH先生は、保護者に支援学級の実際を知ってもらう必要があると考え、H先生付き添いのもとで9月に見学の機会を設けた。見学では、小学校の校長と支援学級の担任から支援学級でのカリキュラムの説明がなされ、子ども同士が活発にコミュニケーションを取る姿や、個別の指導のもとで勉強に取り組む姿を見ることができた。再度、個別面談を行った結果、保護者から支援学級への入学を決意したと話された。

わが子に障害があると診断された保護者は、例えば卒園後の進路選択において、通常学級・支援学級・特別支援学校など、複数の選択肢から一つを選ばなければならないという葛藤が生じる。そのため、どのような選択をすることが最善であるかを保育者がともに寄り添い、考えながら、保護者が自己決定できるよう支えることが大切である。

考えてほしい視点

▶ 特別支援学級への入学に向けて、保育者と保護者はどのようにかかわり合い、検討を重ねていくのかについて考えてみよう。

▶ 障害のある子どもに対する幼小接続のあり方について多角的に検討してみよう。

第11章

障害児保育実践における家庭・関係機関との連携
～ネットワークの意義と実際～

学びのポイント

今日、我々の社会では、多様な文化、多様なニーズのある人々のあり方を認め、共生していくことが求められ、障害といった特別な保育（教育）的ニーズのある子どもや家族をどのように支え、ともに育つ関係を育んでいくかが課題となっている。
そこで本章では、共生社会におけるネットワークの重要性、連携の際に保育者に求められる基本的な考え方、家庭や地域・関係機関等との連携の実際、就学支援と小学校との連携といった内容を学んでほしい。

1. 共生社会におけるネットワークの重要性

　今日、我々の社会では、多様な文化、多様なニーズのある人々のあり方を認め、共生していくことが求められている。保育所・幼稚園・認定こども園など（以下、園とする）においても、障害といった特別な保育（教育）的ニーズのある子どもや家族をどのように支え、ともに育つ関係を育んでいくかが課題となっている。その際、障害の有無にかかわらず、同一の場所において保育・教育するインテグレーションの理念を発展させたインクルーシブな支援システムの構築が目指されるべきである。

　では、個々の特別なニーズに対する適切な支援を保障するインクルーシブ保育を実現するためにはどのようにすればよいだろうか。一つの重要な取り組みとして、園だけの閉じた支援だけではなく、園が家庭やさまざまな関係機関と連携し、ネットワークを形成することをあげることができる。つまり、園・家庭・関係機関がネットワークの一員として、子どもの保育・教育的ニーズに応える課題や目標を共有し、かかわっていくことが求められているのである。

　本章では、一人ひとりの子どもの特性や発達に応じた支援を実現するために、子どもや保護者にかかわる園、家庭、関係機関が果たすべき役割を認識し、それぞれの強みを活かす連携の重要性を述べていきたい。乳幼児期という生涯発達の基盤となる時期、保育者には、子どものより良い成長、発達のために積極的にネットワークをむすんでいくことが求められている。

2. 連携の際に保育者に求められる基本的な考え方

　ここではまず、家庭や関係機関との連携の際に求められる保育者の基本的な考え方をまとめておく。

1 ▶ 子どもや保護者が主体となる連携が求められる

　家庭と関係機関との連携を考える場合、何のための連携か、誰のための連携か、連携の目的を意識した取り組みが求められる。言うまでもなく、連携の目的は、子どもの最善の利益の実現が優先されるべきであろう。また、保護者の意向や事情を踏まえた連携であることも大切である。つまり、園や保育者の意向を優先されるのではなく、子どもや保護者の思いに寄り添い、その自己決定が尊重される連携を行うことが求められる。

2 ▶ チームとして子どもの思いや育ちを共有することが求められる

　ここでいうチームとは、目的や目標を共有して活動に取り組む人々と広くとらえられる。つまり、保育者（園で働く調理員、栄養士、看護師なども含む）、家庭や地域、関係機関の人々がチームとして子どもの思いや支援の目的や目標を共有していくことがまず大切といえる。子どもの思いや生活や遊びを通した育ちに応じた支援を行うためには、保護者との日常の交流、保育者同士の話し合い、地域や関係機関の人々との顔の見える関係をつくっておくといったことが大切になる。

3 ▶ 家庭や関係機関をよく知ろうとする姿勢が求められる

　連携のためには、保護者や地域の関係機関のことをよく知ることも大切となる。保護者がどのような思いで子育てをしているか、家庭を取り巻く社会資源はどのようなものがあるかなど、家庭の状況に配慮した連携が求められる。また、表11−1に示したように地域にはさまざまな関係機関が存在している。連携先の関係機関の役割や内容をある程度把握しておくことが求められる。最近は市町村のホームページから情報を容易に得ることができる。また、可能であれば、必要なときには連絡できるように関係機関のスタッフと顔の見える関係になっておくとよい。

表11-1　保育者が連携先とする主な機関・事業

課題の内容	関係機関等
子どもが障害や発達上の課題のある場合	● 障害児通所支援 　児童発達支援センター、児童発達支援事業所 ● 市町村の発達相談窓口 ● 児童相談所 ● 保健機関（保健所・保健センター）、医療機関 ● 学校、教育委員会　など
虐待が疑われる場合	● 市町村の虐待対応窓口 ● 児童相談所 ● こども家庭センター ● 保健機関（保健所・保健センター）、医療機関 ● 学校、教育委員会　など
保護者が子育ての不安や孤立感を感じている場合	● こども家庭センター ● 地域子育て支援拠点 　（子育て広場・子育て支援センターなど） ● 保健機関（保健所・保健センター）、医療機関　など
特別な配慮を必要とする家庭の場合 （外国籍家庭やひとり親家庭、 貧困家庭等）	● 市町村の子育て支援・福祉窓口 ● 保健機関（保健所・保健センター）、医療機関　など

出典：小原敏郎・三浦主博『保育実践に求められる子育て支援』ミネルヴァ書房　2019年　p.115を筆者が一部改変

4 ▶ 対等な立場での連携が求められる

　家庭や関係機関と連携する際、「保護者には保育者の意見に従ってもらう」、一方で「関係機関のスタッフにはすぐに役に立つアドバイスをもらいたい」といったように、「指導する－される」といった関係が強調される場合がある。このような関係性では、子どものための有効な支援方法を導き出すことができない場合が多い。保護者に対しても関係機関のスタッフに対しても対等な立場でかかわることが求められる。対等な立場でいるためには、日頃から保育者としての専門性や主体性を意識して支援を行うことが大切となる。

5 ▶ 個人情報の管理を徹底する

　連携の際の保育者の対応として、個人情報の管理の徹底があげられる。安易に子どもや保護者の情報を関係機関に伝えることがないように注意しなければならない。原則として個人情報のやり取りは保護者の承諾が必要であり、園全体で機関の間で共有する情報の範囲や内容、管理する方法を明確に決めておく必要がある。

3. 家庭との連携・協働の実際

1 家庭との連携の際に保育者に求められる専門性

　まず考えられるのが、保護者への「受容」、保護者の「自己決定の尊重」があげられる。「保育所保育指針」の第4章「子育て支援」では、「保護者に対する子育て支援の基本的態度」として、保護者の気持ちを受け止め、相互の信頼関係を基本に、保護者の自己決定を尊重すること、と述べられている。また、「保育所保育指針解説」では、家庭との連携の際には、子どもの困難な状況だけでなく、得意なことを含めて園や家庭での状況を伝え合うことや、保護者の抱えてきた悩みや不安を理解し、子どもの育ちを共に喜び合うことが大切であるとされている。さらに今、特に求められるのは、保護者が自身の思いや気持ちを伝えられる場をつくり出し、保護者自身が子どもに対する責任や役割を果たせるように保護者の強みをエンパワーメントする力や、園での生活を通して子ども達が育ち合う姿を伝え、園の保護者に対して障害についての理解や共感を育む力、と考えられる。

2 「家庭」「園・保育者」「関係機関」の関係性

　ここでは、図11−1で示しているように「家庭」「園・保育者」「関係機関」の関係を俯瞰的にとらえてみる。家庭との連携の際に、家庭と園や関係機関がどのような関係にあるかを整理することで、より良い関係を築くための見通しを持つことができる。

1 「家庭」「園・保育者」と「関係機関」が外接している関係

　園・保育者は、障害のある子どもの支援や保護者支援は自分たちですべて行うべきだと考えており、自分たちのできること・できないことの境界があいまいになっている。このような姿勢は、障害のある子どもの支援に対する強い役割意識を持っていると受け取られるかもしれないが、長期的には問題が生じることがある。すなわち、多くのことを担おうとするため、園・保育者の負担が増大し、結果として支援の質が低下する可能性がある。関係機関との連携が不足しているため、多様な視点や支援に欠ける場合があり、家庭のニーズに応えられない場合もある。

2 「家庭」「関係機関」と「園・保育者」が外接している関係

　園・保育者は、障害のある子どもの支援や保護者支援の役割をほとんど意識しておらず、園以外の関係機関に支援を任せるべきだと考えている。このような姿勢では、園・保育者が役割を回避していると受け取られ、保護者と園・保育者との信頼関係が築けなくなる可能性がある。子どもの支援も自分達の保育とは切り離して考える場合が多くなる。すなわち、関係機関で特別な支援が行われているのだから、園での特別な支援や個別の支援は必要がないと考えてしまうことがある。

3 「家庭」を支援するために「園・保育者」「関係機関」が協働している関係

　このような関係では、家庭、つまり、子どもや保護者を真ん中にして、園・保育者と関係機関との役割分担や協力体制を考え、園や関係機関では何ができるか、その内容や範囲を明確にし、適切な支援を分担して提供できるように努めている。

　しかし現状では、1 2 で示した外接している関係に多少でも偏っている園が多いのではないだろうか。そのため次に、「家庭」を支援するために「園・保育者」「関係機関」が協働している関係を構築するには何が求められるか、その内容について考えてみたい。

図11-1　「家庭」「園・保育者」「関係機関」の関係性

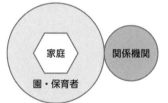

1 「家庭」「園・保育者」と「関係機関」が外接している関係

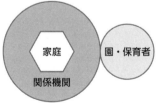

2 「家庭」「関係機関」と「園・保育者」が外接している関係

3 「家庭」を支援するために「園・保育者」「関係機関」が協働している関係

出典：著者作成

　まず園・保育者や関係機関は、家庭と協働する関係になるために保護者に対して次のことを考える必要がある。

> ①関係するスタッフが共通の目標や方針を設定し実践する。
> ②お互いの役割や責任を明確にすることで効果的な支援を行う。
> ③保護者会や保護者の自主的な活動（子育てサークルなど）といった保護者同士の交流を促す機会や場をつくる。
> ④保護者の心情をとらえながら、理解、共感に基づいて説明、助言を行う。
> ⑤保護者が園の保育方針や内容に意見を言える機会や場をつくる。

　一方、保護者も受け身の存在になってはいけない。保護者が園・保育者や関係機関と協働する関係になるために次のことを考える必要がある。

> ①保護者自身が何を求めているか、どのような支援が必要かといったニーズや期待を明確にする。
> ②家庭におけるより良い養育環境をつくる（例えば、一緒に生活のルールを考える。子どもの興味・関心に合った遊具や絵本などを用意する）。
> ③子どもの日常の家庭での様子などを積極的に伝える。
> ④より良い支援を願って園や関係機関の支援方針や内容に対して意見を伝える。

　協働とは、一方が教える、一方がそれに頼るという関係ではない。その意味では、わが国ではまだまだ保護者が園や関係機関へ参加することや意見表明を行うことが少ないといえる。お互いが開かれた関係で協力し合い、それぞれの強みが最大限に発揮される真の連携が、子どもたちの育ちを支えるために必要不可欠と考えられる。

4. 地域・自治体・関係機関との連携・協働の実際

1 関係機関の理解

　表11－1に示した園が連携する関係機関のなかで、特に「子どもが障害や発達上の課題のある場合」に連携する頻度が高いと考えられる「障害児通所支援」「児童相談所」「保健機関」との連携について説明する。

1 障害児通所支援

　2012（平成24）年度の児童福祉法改正によって、それまでの障害種別ごと

に分かれていた施設体系（知的障害児通園施設、難聴幼児通園施設、肢体不自由児通園施設、重症心身障害児（者）通園事業、児童デイサービス）が、障害児通所支援に一元化された。新しい障害児通所支援には、「児童発達支援」、「保育所等訪問支援」*1、「放課後等デイサービス」*2がある。ここでは児童発達支援の概要を見ていく。

　児童発達支援は、図11－2の通り、身近な地域の障害児支援の専門施設（事業）として、集団療育及び個別療育を行う必要があると認められる主に未就学の障害児が主な対象児であり、医学的診断名または障害者手帳取得などの障害認定がなくても利用可能とされている。

　児童発達支援を行う施設としては、「児童発達支援センター」と「児童発達支援事業」の2種類がある。センターと事業は、どちらも身近な地域における通所支援であることは「共通」である。違いとしては、「センター」は、施設の有する専門機能を活かし、地域の障害児やその家族への相談、障害児を預かる施設への援助・助言を合わせて行うなど、地域の中核的な療育支援施設と位置づけられている。一方、「事業」は、専ら利用障害児やその家族に対する支援を行う身近な療育の場とされている。

＊1　保育所等訪問支援事業

　保育所・幼稚園・認定こども園等に通う障害児に対して、集団生活への適応のための支援を図るため、児童指導員、保育士、心理担当職員等が直接訪問し、①障害児本人に対する支援（集団生活適応のための訓練等）、②訪問先施設のスタッフに対する支援（支援方法等の指導等）、を行うとされている。

＊2　放課後等デイサービス

　障害のある子どもの学童期における支援の充実のために、学校（幼稚園・大学を除く）通学中の障害児に対して、放課後や夏休み等の長期休暇中において、生活能力向上のための訓練等を継続的に提供し、放課後等の居場所づくりを推進するとされている。

図11-2　障害児支援の体系　〜児童発達支援〜

◆対象児童

集団療育及び個別療育を行う必要があると認められる主に未就学の障害児
※通所給付決定を行うに際し、医学的診断名又は障害者手帳を有することは必須要件ではなく、療育を受けなければ福祉を損なうおそれのある児童を含む（発達支援の必要については、市町村保健センター、児童相談所、保健所等の意見で可）。

◆事業の概要

サービス内容　日常生活の基本的な動作の指導、知識技能の付与、集団生活への適応訓練、その他必要な支援を行う（通所）

事業の担い手　①児童発達支援センター（児童福祉法第43条）
　　　　　　　　　通所利用障害児への療育やその家族に対する支援を行うとともに、その有する専門機能を活かし、地域の障害児やその家族の相談支援、障害児を預かる施設への援助・助言を行う（地域の中核的な支援施設）
　　　　　　　　②それ以外の事業所
　　　　　　　　　もっぱら、通所利用障害児への療育やその家族に対する支援を行う

◆提供するサービス

児童発達支援 身近な地域における通所支援 発達障害、知的障害、難聴、肢体不自由、重症心身障害等の障害のある子どもへの発達支援やその家族に対する支援	児童発達支援センター	左の機能に加え、地域支援を実施 主な人員配置 ●児童指導員及び保育士 4：1以上 ●児童指導員 1人以上　●保育士 1人以上 ●児童発達支援管理責任者 1人以上
	児童発達支援センター以外	主な人員配置 ●児童指導員又は保育士 　又は障害福祉サービス経験者 10：2以上 ●児童発達支援管理責任者 1人以上

出典：こども家庭庁「障害児通所支援・障害児入所支援の概要」
　　　https://www.cfa.go.jp/assets/contents/node/basic_page/field_ref_resources/7612b45c-aad3-4503-9026-12d01277b181/859e07e2/20230401_policies_shougaijishien_01.pdf （2023年11月8日閲覧）

2 児童相談所

　児童相談所は、市町村と適切な役割分担・連携を図りつつ、子どもに関する家庭その他からの相談に応じ、子どもが有する問題または子どもの真のニーズ、子どもの置かれた環境の状況等を的確にとらえ、個々の子どもや家庭に最も効果的な援助を行い、子どもの福祉を図るとともに、その権利を擁護することを主たる目的として都道府県、指定都市などに設置される行政機関である。

　障害児（者）に対する相談援助事業としては、「障害相談」がある。児童相談所運営指針では、子どもの生育歴、身体の状況、発達状態などについて調査・診断・判定をし、必要な援助に結びつけるとともに、子どものみならず、必要に応じて、家族全体に対する相談援助も行うとされている。また、「1歳6か月児、3歳児精密健康診査及び事後指導」[*3]「在宅重症心身障害児（者）訪問指導事業」「在宅障害児指導事業」「特別児童扶養手当、療育手帳に係る判定事務」といった事業が行われている。

＊3　1歳6か月児、3歳児精密健康診査及び事後指導
　1歳6か月児及び3歳児健康診査において、より精密な検査が必要と判断した子どもに対して実施され、疾病や障害の早期発見、早期援助を図ることを目的にされている。

3 保健センター

　ここでは保健センターについて説明する。保健センター（市町村に設置）は、地域において乳幼児に対する保健指導、訪問指導や乳幼児健康診査等、身近なサービスを提供している。母親の妊娠期から子どもの誕生、そして乳幼児期から成人後へと親子の生涯にわたる支援を行うことができるのが特徴である。現在、障害の早期発見の場として大きな役割を果たしているのが、母子保健法第12条で定められている1歳6か月児健診、3歳児健診である。健診で、医師や保健師、心理士などから「気になる子ども」としてフォローアップが必要となった場合、保健センターの親子教室や個別相談を受けることができる。また、乳児家庭全戸訪問事業（こんにちは赤ちゃん事業）によって、保健師等が、生後4か月までの乳児のいるすべての家庭を訪問している。乳児期の早期段階で、親子の心身の状況や養育環境等の把握や助言を行い、支援が必要な家庭に対しては地域の適切な関係機関につなげている。

2 関係機関を利用するプロセスを理解する

　障害のある子どもの場合、園と並行して関係機関を利用する場合も多い。すなわち、保育者にとって関係機関の利用を促すことがゴールになるのではなく、利用までのプロセスや利用後も子どもや保護者に寄り添うことが求められる。そのため、子どもや保護者が関係機関を利用するまでのプロセスを

理解することが重要となる。ここでは例として、自治体によってその流れが若干異なる場合はあるが、子どもや保護者が児童発達支援を利用する際のモデルプロセスを紹介する（図11－3）。

　保育者は、それぞれの段階で子どもや保護者が経験する思いや気持ちを理解し、支援することが求められる。例えば、保護者が子どもの障害を初めて発見する段階では、保護者自らが通所を希望する場合は除き、戸惑いや認めたくない気持ちを持つことが多い。また、「障害児支援利用計画案」*4や「サービス等利用計画案」*5を作成する過程では、保護者は意向を聞かれるなかで、わが子の障害を認め、受け入れることを求められる。中田洋二郎の指摘にあるように、保護者の障害受容の過程では、肯定と否定の感情が螺旋状に繰り返される1)。このように考えると、一度障害を受け入れた保護者であっても、状況によって困惑や不安を繰り返し感じることがほとんどであろう。保護者のこのような気持ちの揺れ動きは子どもの生活にも影響する。保育者は、このような複雑な感情の揺れ動きを理解し、子どもや保護者がおかれている状況に応じた支援を行うことが求められる。

　また、保育者にとって関係機関の利用を促すことがゴールではないと述べたことは、子どもの保育にとっても同じである。図11－3に「一定期間ごとの計画の見直し」とあるように、園と関係機関が定期的に話し合う機会を持ち、子どもの理解を深め、互いの工夫されている内容や環境等を子どもへのかかわりに反映させ、支援を見直しより良いものにしていくことが大切となる。

＊4　障害児支援利用計画案

　児童福祉法第6条の2の2に示される「障害児の心身の状況、その置かれている環境、当該障害児又はその保護者の障害児通所支援の利用に関する意向その他の事情を勘案し、利用する障害児通所支援の種類及び内容その他の内閣府令で定める事項を定めた計画」。

＊5　サービス等利用計画案

　障害者総合支援法第5条に示される「障害児の保護者の障害福祉サービス又は地域相談支援の利用に関する意向その他の事情を勘案し、利用する障害福祉サービス又は地域相談支援の種類及び内容その他の厚生労働省令で定める事項を定めた計画」。

図11-3　児童発達支援を利用するまでのモデルプロセス

1歳6か月児健診や3歳児健診、通っている園などでの発見、保護者自らの通所希望
さまざまな機関や事業、園などで発見の可能性がある。

児童発達支援センター等の見学や体験入所
保護者の同意が必要となる。

障害児支援利用計画案の作成
「指定障害児相談支援事業者」によって利用計画案が作成される。

支援決定（契約）
「サービス等利用計画案」などを踏まえ、市区町村が支給決定し、受給者証を交付する。

一定期間ごとの計画の見直し
サービス利用等の状況を定期的に確認し、計画の見直し等を検討する。

出典：著者作成

　関係機関との情報共有の際には、園で作成した「個別の指導計画」が用いられる場合が多い。指導計画を作成するには、一人ひとりの子どもの園での生活や遊びの様子や子どもにとっての課題に着目する必要がある。そのため、日頃から「いつ、だれが、どこで、どのようなことがあったか」などを意識して子どもの記録をしておくことが求められる。記録の方式としては、近年、ドキュメンテーション*6やポートフォリオ*7などが注目されている。これらの記録は、行動やかかわりの実践を記録、収集するだけではなく、子どもの理解を深めて次の計画やかかわりをより良くしていくこと、子どもや保護者との対話、さらには、保育者同士や関係機関との対話に活かしていくツールであることが強調されている。これまで「個別の指導計画」は半年や1年の単位で作成されることもあったが、記録することと計画することはつながっていると考えると、日々の子どもの変化や成長に対応し、短期間でも更新されていくものとしてとらえることが大切となる。

　また、関係機関との情報共有の際には、子どもや家庭の個人情報の取り扱いに注意する必要がある。原則として関係機関との個人情報のやり取りは保護者の承諾が必要となり、なぜ、何を、どの程度、伝えるのかを明確に説明し、それに対する保護者の意向を確認することが求められる。

＊6　ドキュメンテーション
　イタリアのレッジョ・エミリアにおける保育実践と理論の普及により日本でも注目される。写真などを用いた記録として認識されることが多いが、記録としてだけではなく、計画の一部として子どもの学びを可視化し、子どもや保護者と対話すための資料となるもの。

＊7　ポートフォリオ
　もともとは書類を入れるケースのことを指す。子どもの記録や子どもが製作した作品などを個別のファイルにまとめ、一人ひとりの学びをとらえるもの。

5. 就学支援と小学校との連携

1 小学校との連携の取り組み

　近年、幼児期の保育・教育と小学校教育との円滑な連携が重要視されている。この背景には、子どもの発達や学びの連続性を保障していこうとする考え方がある。小学校との連携に関して「保育所保育指針」「幼稚園教育要領」「幼保連携型認定こども園教育・保育要領」ではそれぞれ、「幼児期の終わりまでに育って欲しい姿」を共有するなど連携を図り、幼児期の教育と小学校教育との円滑な接続を図るよう努めることが明記されている。また、子どもに関する情報共有に関しても、子どもの育ちを支えるための資料（保育要録、指導要録など）が保育所、幼稚園、認定こども園から小学校へ送付されることも明記されている。

　指針や要領の内容を踏まえ、今後の小学校の連携がより円滑になるためには次のような点が重要であると考えられる。

①　連携のための体制づくりが求められる。体制づくりは、園や小学校の施設や保育実践・授業の見学、幼児・児童の交流などの人的な連携から始まり、次第に両者が抱える教育上の課題を共有し、やがて教育課程の編成・実施へと発展していくことがのぞまれる。

②　保育・教育の内容、方法の工夫が求められる。小学校との連携を積極的に進めるためには、幼児期と児童期を一体的にとらえ、教育内容等がつながっていくように意識したカリキュラム編成が求められる。一例として、文部科学省は、5歳児から小学校1年生の2年間を「架け橋期」として、幼児教育施設においては、小学校教育を見通して「主体的・対話的な深い学び」等に向けた資質・能力を育み、小学校においては、幼児教育施設で育まれた資質・能力を踏まえて教育活動を実施するといった教育の充実に取り組むことを提言している[2]。

③　保育者・教員の資質向上が求められる。連携に求められる力として、「幼児期と児童期の保育課程・教育課程、指導方法等の違い、子どもの発達や学びの現状等を正しく理解する力」「異なる教育の方法・内容等を見通す力」「他の職員や保護者と連携・接続のために必要な関係を構築する力」等が考えられる。こうした資質の向上を図るべく、保育者と小学校教員の交流を増やすこと、関連する研修の機会や内容の充実を図るなどの研修体制を確立することが必要不可欠である。

2　「小1プロブレム」への対応について

　小学校の連携に関する実際の課題として注目されているのが「小1プロブレム」である。「小1プロブレム」とは、小学校入学した子どもたちが、教員の話を聞かなかったり、授業中に勝手に歩き回ったりするなどして、長期間にわたり授業が成立しないという、小学校への適応に関する問題をいう。このような課題に対応するため、文部科学省は園での遊びや生活を通した学びと育ちを基礎として、主体的に自己を発揮し、新しい学校生活を創り出していく「スタートカリキュラム」の意義や小学校でこれらのカリキュラムを実施するにあたっての留意点等をまとめたスタートブックを作成し、その推進や充実をはかっている[3]。

　今後、子ども一人ひとりが小学校の生活や学習に充実して取り組めるように、子どもの発達や学習の連続性を考慮した一貫性のある園と小学校との連携がますます求められるであろう。その際、注意しなければならないのは、小学校の準備教育としてのみ幼児期の保育・教育をとらえることはできない

ということである。遊びを中心とした幼児期の教育と教科等の学習を中心とする小学校教育のどちらか一方に合わせるといったことでなく、それぞれの役割を尊重し、実情に応じた連携の取り組みが目指されるべきである。

3 ▶ 障害のある子どもの就学について

　障害のある子どもの教育にあたっては、その障害の状態等に応じて、可能性を最大限に発揮させ、将来の自立や社会参加のために必要な力を培うという視点に立って、一人ひとりの教育的ニーズに応じた指導を行うことが必要と考えられる。

　障害のある子どもの就学先については、本人・保護者の意見を可能な限り尊重し、教育的ニーズと必要な支援について合意形成を行うことを原則とし、障害の状態や必要となる支援の内容、教育学等の専門的見地といった総合的な観点を踏まえて市町村教育委員会が決定することとなっている（第10章参照）。

　今後の障害のある子どもの就学を考えると、ますます就学先の決定には本人や保護者の意見が尊重される必要がある。ただ、保護者のなかには、保護者面談（いわゆる就学相談）を受けることがそのまま特別支援学校*8・特別支援学級*9への進学につながってしまうという誤解を持っている人が多いのも事実である。このような誤解を与えないためには、園や教育委員会が保護者に十分な情報を提供することが必要不可欠である。そして、保護者の障害受容の過程では、肯定と否定の感情が螺旋状に繰り返されることを考えると、一度障害を受け入れた保護者であっても、就学の際に困惑や不安を繰り返し感じてしまう場合も多い。保育者は、このような複雑な感情の揺れ動きを理解し、子どもや保護者がおかれている状況に応じた支援を行うことが求められる。

＊8　特別支援学校
　障害のある幼児児童生徒に対して、幼稚園、小学校、中学校または高等学校に準ずる教育を施すとともに、障害による学習上または生活上の困難を克服し自立を図るために必要な知識技能を授けることを目的とする学校。

＊9　特別支援学級
　小学校、中学校等において障害のある児童生徒に対し、障害による学習上または生活上の困難を克服するために設置される学級。

◆引用文献
1）中田洋二郎『親の障害の認識と受容に関する考察 —受容の段階説と慢性的悲哀—』早稲田心理学年報　1995年　pp.83-92
2）文部科学省『学びや生活の基盤をつくる幼児教育と小学校教育の接続について —幼保小の協働による架け橋期の教育の充実—』中央教育審議会初等中等教育分科会　2023年
　https://www.mext.go.jp/content/20230308-mxt_youji-000028085_2.pdf（2023年11月17日閲覧）
3）文部科学省『スタートカリキュラム　スタートブック』文部科学省（国立教育政策研究所）教育課程研究センター　2015年

◆参考文献
・厚生労働省『保育所保育指針〈平成29年告示〉』フレーベル館　2017年
・厚生労働省『保育所保育指針解説〈平成30年3月〉』フレーベル館　2018年
・厚生労働省子ども家庭局通知『児童相談所運営指針について』2022年
　https://cdn.goope.jp/68768/220407223317-624ee81d03394.pdf（2023年11月17日閲覧）

Column
11

児童発達支援センターから保育所に転園した子どもへの支援

C児（女児）は発達に遅れが見られ、3歳児から4歳児クラスまでの2年間はM市立の児童発達支援センターに通っていた。児童発達支援センターでの療育によって、排泄・食事・衣服の着脱等が自立し、DQ（発達指数）も上がったため、5歳児クラスの4月からは、保護者の意向によりM市立の保育所に転園することとなった。C児の特性や、児童発達支援センターでの様子をまとめた個別支援シートがあらかじめ保育所に渡された。

保育所でのC児は、担任のY先生と話をしている時や、一人遊びの時には笑顔が見られた。一方で、椅子に座って過ごす製作活動や昼食などの時間には、足踏みをしたり、不安そうな表情で立ち上がったりする様子が見られた。Y先生は椅子に座ることを強制せず、C児の気持ちに寄り添いながら次の活動をこまめに伝えるなどの工夫を重ねた。しかし、「次は○○するの？」「これは△△ってこと？」とY先生に質問をすることが多く、保育所での生活に見通しが持てないことによる不安を持っていると考えられた。

Y先生は、C児が見通しを持って過ごすことができる方法について悩み、園長先生に相談をした結果、以前通っていた児童発達支援センターを見学させてもらうことにした。児童発達支援センターでは、在籍している子ども一人ひとりに合わせた個別の支援体制が敷かれており、C児が在籍していた当時行われていた支援を保育所でも実践することにした。具体的な実践例は以下の通りである。

・諸活動を示すピクチャーカードを作り、活動の名称を平仮名で併記する
・活動の見通しが持てるよう、活動の終わりの時刻を時計（イラスト）で示す
・椅子の後ろ脚を高くし、座った時に足裏がしっかりと床に接するようにする
・個別支援シートを保育所内で1日に1回は必ず回覧する
・他の保育士から見たC児の様子を共有し、より良い支援方法を検討する
・児童発達支援センターの保育士や作業療法士が保育所でのC児の様子を観察し、保育所にフィードバックをもらう

このように、保育所と児童発達支援センターとの連携によって、生活する環境に変化が生じた子どもの戸惑いや困難さを軽減することが可能である。さらに、児童発達支援センターが有する専門的な支援を保育所保育士が学ぶことで、保育所でも導入できる支援を検討することが大切である。

これらの積み重ねにより子ども一人ひとりの特性を踏まえた支援が生まれ、保育者の専門性向上にもつながるのである。

考えてほしい視点

▶ 保育所で行われる支援と、児童発達支援センターで行われる支援の違いを考えてみよう。
▶ 本事例に限らず、保育所と児童発達支援センターとの連携について適切な方法を考えてみよう。

第12章

障害児（インクルーシブ）保育にかかわる現状と課題

学びのポイント

障害や病気の有無にかかわらず、子どもは遊びや学びのなかで刺激を受け、成長・発達していく。子どもが健やかに成長・発達していくためには、適切な環境が保障され、子どもとしての日常が守られなければならない。

インクルーシブ保育は、すべての子どもが保育や教育の機会に公平にアクセスできることを目指している。しかし、障害や病気がある子どものニーズは多様であり、個別性が高く、専門的なアプローチが必要とされる場合もある。このため、医療・看護・保健・リハビリテーション、教育、福祉、就労等の多職種専門職による、乳幼児期から学齢期・卒業後へと至るライフステージを通じた一貫した支援が求められる。

また、ソーシャル・インクルージョンの実現への取り組みは、民間団体やボランティア等の活動が不可欠な役割を果たしている。多様なニーズのある子どもが、社会の一員として自然かつ積極的に受け入れられるとともに、一人ひとりが必要な支援を受けながら、その全面的な成長と発達が促されるようにするには、公的な支援に加え、地域や民間の柔軟な取り組みとの協働が必要である。地域社会全体での協働によって、長期的な関係性を築き、多様なニーズのある子どもを支えていくことが重要である。

1. 医療・保健における現状と課題

1 多様な医療的ニーズのある子どもの増加

1 低出生体重児

近年、わが国で生まれる子どもの10人に1人が低出生体重児として生まれている。「低出生体重児」とは、2,500g未満で生まれた子どもを指し、低出生体重児のうち、1,500g未満であれば極低出生体重児、1,000g未満であれば超低出生体重児と呼ばれる。「人口動態統計」によると、わが国における低出生体重児の割合は、1975（昭和50）年には5.1％であったが、2005（平成17）年には9.5％まで上昇し、以降は9％台という高い水準で推移（2021（令和3）年は9.4％）している。母子保健や出生前ケアの進歩・充実にもかかわらず、低出生体重児の出生割合が高い水準で続いている現状は、医療・保健にとどまらず、社会的・環境的な要因が複合的に関係する複雑な課題であることを示している。

一方、わが国の新生児救命率は高く、低出生体重児の大半は、生後NICU等での治療を受け、退院後は家族とともに生活できるようになっていく。しかし、退院後も経管栄養、気管切開、酸素投与等の医療的ケアが必要になる

場合もあり、発育・発達の遅れや障害、成人後も含めた健康リスクも指摘されている。こうした状況のなかで、親は、自責の念に加え、子どもの健康、発達、障害、将来についての不安等、子育ての困難を抱えやすくなるため、子どもと親の双方に対するきめ細かな支援が不可欠である。

　例えば、子どもが生まれた病院では、出生直後から、医師、看護師、保健師、心理師（士）等のチームが介入し、医学的管理、発育・発達の評価、栄養面でのサポート、早期療育プログラムの提供等の支援が検討される。退院後も、吸引や経管栄養等の医療的ケアが必要となる場合には、看護師が親とともに医療的ケアの手技を練習し、在宅生活の具体的な計画を立てて、家庭での生活に徐々に慣れていけるように支援が行われる。また、在宅医療や養育をシームレスに支援するために、入院中から地域の保健師が家族にかかわり、入院中の子どもの状況を地域の小児科医や関係機関と共有することも検討される。

2 医療的ケア児

　厚生労働省によると、医療的ケアを必要としながら、自宅で生活している医療的ケア児は、2005（平成17）年には9,987人であったが、2021（令和3）年には2万180人となり[1)]、2倍以上に増加している[*1]。

　「医療的ケア児」といっても、一人ひとりの状態や重症度、必要とするケアはさまざまである。医療的ケア児の多くは、重症心身障害児の認定を受けているが、身体障害・知的障害のない子ども、歩いたり走ったりできる、いわゆる"動ける医療的ケア児"も含まれている[*2]。例えば、気管切開をしているものの自由に動き回ることができる状態の医療的ケア児の場合、「日常生活が著しく制限されている」状態には該当しないとして障害者手帳を取得できないこともある。しかし、福祉サービスの受給には、障碍者手帳の所持が前提とされる場合があり、その有無によって、必要なサービスを受けることができるかどうかが左右されることは、医療的ケア児とその家族が直面する社会的な障壁でもあり、子どもへの適切な支援と制度の改善が急務とされる。

3 慢性疾患がある子ども

　医療技術の進歩により、かつて予後不良とされていた小児がんや先天性疾患の多くが治療できるようになった。しかし、一部の疾患は慢性化し、長期にわたる治療が必要となることもある。例えば、国立循環器病センターによると、生まれる子どもの1％に出現する先天性心疾患は、診断や治療の進歩

*1
　医療的ケア児の概要については第6章を参照。

*2
　厚生労働省の調査[2)]によると、医療的ケア児のうち「歩くことができる」は17.0％、「走ることができる」は13.49％とされる。

201

によって、9割以上が成人期を迎えられるようになったとされるが、その多くは、生涯にわたる医療が必要とされる。

保育所等には、慢性疾患のある子どもも在籍しており、時に生活面で特別な配慮が必要となる場合もある。

保育所等や学校での生活において、運動制限が必要な子どもには、学校生活管理指導表を指針として用いることが一般的であるが、安全管理を重視するあまり、活動や行事等で子どもが過剰な制限を受けるケースも少なくない。また、一般的な成長・発達の課題に加え、治療に伴う心理・社会的な課題を抱えることも多く、保育所等や学校等は医療機関と連携して子どものニーズを適切に理解し総合的なサポートを行うことが重要である。

4 発達の遅れや障害が疑われる子ども

母子保健法第12条では、「1歳6か月健診」と「3歳児健診」を市町村の義務として定めているほか、多くの自治体において「3〜4か月健診」や「9〜10か月健診」が実施されている。これらの乳幼児健康診査を通じて、障害やその疑いに気づかれた場合には、「早期発見・早期療育」の考え方により、可能な限り早期に、適切な療育指導を行うことによって、障害の軽減と基本的な生活能力の向上を図り、社会的自立を促すよう支援が行われている。

例えば、ある市町村では、3か月、1歳6か月、3歳児、5歳児健診を実施して、子どもの発達を確認している。発達の遅れや課題がみられる子どもには、保健センター等で実施する親子教室や児童発達支援センター等のフォローアップにつなげていく。また、乳幼児健康診査を受診していない子どもがいる場合には、子育ての状況や困りごと、生活の状況等を確認して、発達支援と子育て支援の両面から親子への支援を行っていく。就学前期には、保育所等に通いながら児童発達支援センター等を利用して支援を受ける子どもも少なくない。子どもの発達を支えると同時に親への支援を担う、こうした包括的な支援体制は、小学校生活への準備を進める上でも重要である。

2 医療・保健における課題

1 早期診断の難しさ

「早期発見・早期療育」は重要であるが、課題もある。2022（令和4）年の文部科学省の調査[3]によると、通常の学級に在籍する小中学生のうち、学習面や行動面に著しい困難を示す児童生徒が8.8％に上ることが示された。近

年、学校現場においても、特別なニーズのある子どもへの着目とともに、その適切な理解や支援のニーズが高まっている。保育所等に入所した後、集団生活を通じて、子どもの発達の遅れや課題に気づかれる場合もある。このような場合には、地域の児童発達支援システムと連携して、子どもの発達と子育てを支援していくが、子どもの発達のあり方は多様で、養育環境にも影響を受ける。

　乳幼児期に発達障害の診断が難しい要因としては、①早期診断は不確実性が高く、乳幼児期では診断がつきにくい子どもの割合が多いこと、②保健師や保育者が発達障害の可能性に気づいても、適切に判断することは難しいこと、③年少の子どもであるほど、親にとっては、障害の受容が困難な時期であること等が指摘されている[4]。

　保育所等では落ち着いて生活できていた子どもが、小学校に入学して課題が顕在化することもある。こうしたケースでは、保育所等において個別の配慮や丁寧な保育支援を受けていたことが多く、保育所等での支援をどのように小学校の支援につないでいくかが課題である。

2 子どもの治療環境と家族への支援

❶付き添い入院の実態

　近年、障害や病気のある子どもの入院時に、親や家族が病院に泊まり込んでケアをする「付き添い入院」の負担や環境が問題提起されている。

　2022（令和4）年にNPO法人が実施した「付き添い入院」の実態についての調査[5]では、「病院から付き添いを要請された」が79.1%、「希望するしないに関わらず付き添いが必須だった」が70.8%であり、大半は病院から要請されて入院に付き添っていた。付き添い入院中に子どものケアに費やした時間（一日あたり）は、「21～24時間」が25.5%、「15～18時間未満」は12.7%、「12～15時間未満」は11.7%であり、付き添い者の6割以上（61.3%）が一日あたり12時間以上のケアを担っていた。付き添い入院の環境は、「子どもと同じベッドで寝ていた」（51.8%）、「病院からレンタルした簡易ベッド」（32.9%）が多く、「モニターのアラーム音や看護師の巡回の音、同じ病室の子どもの泣き声などでゆっくり眠れない」等、睡眠不足の傾向が見られた。付き添い入院中の食事は、「主に院内のコンビニや売店」（65.1%）、「主に院外のコンビニや売店、スーパー」（8.5%）であり、「主に病院から付き添い者に提供される食事」（5.6%）はわずかであった。また「付き添い中に体調を崩したことがある」付き添い者は51.3%と半数を超えたが、「体調を崩した際、病院で何

らかのケアやサポートを受けられた」のは20.1%で、わずか2割であった。

　こうした付き添い入院は、きょうだいの生活にも大きな影響を与える。きょうだいは付き添う家族に会えないだけでなく、家族の生活が治療を受ける子ども中心になりがちで、家庭に居場所を見出せないこともある。また親に認められようとして、きょうだいの世話や家事等を担いすぎることもある。こうした状況が、学習不振や不登校、ヤングケアラー等の問題につながることもあるため、きょうだいに対する適切な理解や支援も求められる。きょうだいもまた一人の子どもであり、その日常を支えるためには、保育所等や学校に加え、地域の社会資源との連携が不可欠である。

❷医療を必要とする子どもへの保育支援

　近年、医療を受ける子どもの権利保障の観点から、子どもの入院・療養環境の改善への取り組みが進められている。1988年に、病院の子どもヨーロッパ協会（EACH：European Association for Children in Hospital）が子どもの権利条約に則って発表した「病院のこども憲章」では、入院中の病気の子どもとその家族の権利保障の原則が示され、「親または親の代わりとなる人にいつでも付き添ってもらえる権利」（第2条）、「子どもに付き添う親がサポートされる権利」（第3条）、「遊びやレクレーション、教育を受ける権利」（第7条）等の10の権利が含まれている。わが国でもこれに倣って、病院や自治体で「こども憲章」が定められ、権利の実現が目指されている（表12－1）。

　医療を受ける子どもの生活は親への依存度が高く、社会的に孤立しやすい。さらに入院治療という環境下では、治療がしばしば優先され、子どもの心理的側面や家族の生活への配慮を含む包括的なケアへの取り組みが重要な課題となっている。わが国では、1954（昭和29）年から子どもの遊びや発達を支援

表12-1　「病院のこども憲章」の例

1. ひとりの人として大切にされます
2. 病院にいても家族といっしょにすごしたり、会ったりすることができます
3. 病院にいても、遊んだり、勉強したりすることができます
4. 自分の気持ちや考えを伝えることができます
5. ほかの人に知られたくない秘密は守られます
6. 病気などについてわかりやすい説明を受け、決めることを手助けされます
7. 1番よいと思われる治療を受けることができます
8. できるだけ心や体に無理のない治療を受けることができます
9. 家族もいっしょに治療に参加することができます
10. 退院した後も続けて治療を受けることができます

出典：福岡市立病院「病院のこども憲章」をもとに筆者作成
　　　https://childhp.fcho.jp/about/childrenscharter（2023年8月23日閲覧）

する保育士が病棟に配置され、2002（平成14）年度には小児入院医療管理料に保育士加算が導入され、病棟保育士の導入が進められている。チャイルド・ライフ・スペシャリスト（CLS）、ホスピタル・プレイ・スペシャリスト（HPS）が勤務する病院もある。これらの専門職は、入院治療を受ける子どもに遊びやレクレーションを提供し、医療行為への理解をサポートするなど、トラウマ体験を含む医療行為による影響を最小限に抑えながら、その成長・発達を支援する重要な役割を担っている。しかし、CLSやHPSを配置している病院は少なく、医療的環境下にある子どもの健康や福祉に関する包括的なケアと保育支援の充実、専門人材の育成、地域社会資源の活用が今後の重要な課題である。

2. 福祉・教育における現状と課題

1 障害や病気のある子どもとライフステージを通じた包括的支援

　近年の障害児（インクルーシブ）保育のニーズの高まりには、障害や病気のある子どもの増加だけでなく、在宅医療の推進、多様な家庭のあり方、親の労働環境や経済的な問題、きょうだいの子育てや心理・社会的問題、学校にかかわる問題等、様々な要因が関係している。

　障害や病気のある子どもは、通常の成長・発達に加えて、乳幼児期や学齢期等の各ライフステージで特有の困難や課題に直面しやすい。例えば、乳幼児期には身体的なケア、医療的ニーズへの対応、障害の早期発見と療育等の支援、就学前期には社会的スキルや自己管理能力の獲得、学齢期には小学校の環境への適応や学習、思春期には心理・社会的な課題等があげられる。また、障害や病気のある子どもを育てる親の不安や負担、親子間のコミュニケーションの難しさが、虐待等の不適切な子育てにつながることもある。

　このような背景を踏まえ、子どもや家族が地域社会とのつながりのなかで適切に支えられながら生活を送れるよう、乳幼児期から学齢期、そして成人に至るまでの成長の各段階において、一貫性のある支援を提供することが必要である。保育者や教育関係者には、子ども一人ひとりの個別のニーズについて適切に理解を深めると同時に、子どもや家族の生活の視点を共有し、子どもの最善の利益の観点からその生活を包括的に支援していくことが求められる。

1 地域における障害児の支援体制と児童発達支援センター

障害がある、あるいは発達上の課題がある場合には、乳幼児期の早い段階から個別の丁寧なかかわりのなかで、発達に必要な刺激や経験を積み重ねていけるように支援が行われる。一般的に、各地域では、児童発達支援センターを中心に、医療機関、児童相談所、発達障害者支援センター、特別支援学校、発達支援事業所等の関係機関がネットワークを組んで、連絡協議会、ケース検討会議、発達検査、巡回訪問、カウンセラーの派遣、特別支援学校との交流、就学に向けた相談支援等に取り組んでいる。

地域の児童発達支援の中核を担う児童発達支援センターでは、医師、看護師、理学療法士、作業療法士、言語聴覚士、心理師（士）、保育士等の専門職が配置され、多職種によるチームアプローチで、子どもの発達を多面的に支援している。例えば、ある児童発達支援センターでは、個別の療育や集団保育のほか、子どもの発達について専門的な知識を持つ保育士や作業療法士等が、保育所や子育て支援拠点等を巡回して相談に応じたり（巡回支援専門員整備事業）、子どもの自宅や保育所、児童発達支援事業所等を訪問して、療育に関する相談や助言、指導を行っている（障害児等療育支援事業）。重い障害があるために外出することが難しい子どもに対しては、保育士等の支援員が自宅を訪問して、さまざまな遊びを通して発達を促す取り組みも行われている（居宅訪問型児童発達支援事業）。

2 保育所等が実施する「障害児保育」

保育所等が実施する「障害児保育」の対象となる子どもは、障害者手帳を持っている子ども、特別児童扶養手当の対象となる子ども、医師等による診断のある子ども等である。また、独自の基準を設けて受け入れを行っている自治体もある。障害児保育を実施する保育所等は、個別のニーズに応じた支援を行うために加配保育士が配置されることが一般的であり、地域の巡回相談支援等のサポートを受けることもできる。

ソーシャル・インクルージョンの推進に伴い、保育所等に在籍する障害のある子どもの数は年々増加している。厚生労働省の資料[6]によると、2021（令和3）年時点で障害児を受け入れている保育所等は、2万1,143施設、受け入れ児童数は8万6,407人であり2010（平成22）年時点の1万3,950施設、4万5,369人と比較して、障害児を受け入れる施設は約1.5倍、受け入れ児童数は約2倍

図12-1 障害児保育の実施状況の推移

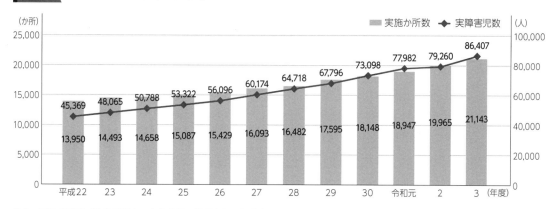

出典：厚生労働省「障害児保育の実施状況の推移」を一部改変
https://warp.da.ndl.go.jp/info:ndljp/pid/12895174/www.mhlw.go.jp/content/11900000/R4gaiyo.pdf
（2024年11月30日閲覧）

に増加している。（図12−1）。

　さらに、保育所等には、障害の診断は受けていないが個別の支援が必要な
子どもや保育所等の生活のなかではじめて、発達の遅れや課題に気づかれる
子どももいる。全国保育協議会による「全国保育協議会会員の実態調査2021」
によると、障害児保育の対象としている子ども以外に特別な支援が必要な子
どもが「いる」と回答している。また、外国にルーツを持つ子どもが「いる」
と回答した保育所等も半数を超えている（54.8%）。

3 保育所等における障害等のある子どもへの支援

❶個別の支援計画と専門職の連携

　保育所等では、障害のある子どもや特別な支援が必要な子どもに適切に対
応していくため、保護者の協力の下、子どもの主治医をはじめ、言語聴覚士
や心理師（士）等の専門職と連携して子どものアセスメントを深め、個別の
支援計画を作成している。個別の支援計画には、子どもの特性やニーズ、目
標、必要な支援内容などが記載され、さらに、学齢期以降の支援にも柔軟に
対応できるよう、定期的に見直しや評価が行われる[3]。

　発達上の課題がある等の「気になる子ども」についても、保育者の「気づ
き」は支援の出発点となる。保育所等においては、巡回相談支援等を活用し
ながら、保育所等での配慮やかかわりのポイントを検討し、保護者に寄り添
いながら、子どもが必要な支援を受けられるようにサポートしていくことが
重要である。

*3
　個別の支援計画につい
ては第7章を参照。

❷就学への支援と多機関連携

　特別な支援が必要な子どもの就学にあたっては、就学前年度に実施される就学相談等で、小学校の環境にどの程度適応できるのか、どのようなことができて難しいのか、どのようなサポートが必要になるか等を具体的に相談できると、スムーズな小学校生活のスタートにつながりやすい。したがって、保育所等には子どもの理解や合理的配慮の提供のあり方等の具体的な内容や方法を小学校の支援に引き継ぎ、子どもが安心して過ごせる学校環境の調整につながるよう働きかけていくことが求められる。

　就学に向けて小学校や教育委員会等と連携する際には、子どもが必要とする支援の資料として個別支援計画を効果的に活用することで、子どもを適切に理解することができるほか、保育所、学校、関係機関等の異なる場所で支援を行う関係者の連携の共通基盤とすることができる。また、個別の支援計画は、保育所等での支援だけでなく、子どもが将来にわたって必要な支援を受けていくための資料として、保護者とともに作成されるものであり、個人情報保護の観点からも有用である。

3　福祉・教育における課題

1　保育・教育への公平なアクセス

　障害や病気のある子どもにとって、保育所等での生活は、社会への参加と包摂の重要な機会である。インクルーシブ保育は、すべての子どもが保育や教育の機会に公平にアクセスでき、多様な背景のある子どもがともに学び合えることを目指している。障害の有無や種別、ケアを受けている場所、住んでいる地域、家庭の環境にかかわらず、すべての子どもに保育や教育の支援が届けられ、その健やかな成長・発達が促されていくことは、インクルーシブ保育の理念に基づいた重要な目標である。

　一方、保育所等が実施する「障害児保育」では、「障害の程度が中・軽度」「集団生活が可能であること」「1施設につき1〜3名の定員」等の一定の条件が設けられている。そのため、保育所等が受け入れる子どもの障害種別は、発達障害、知的障害が大半を占める[7]。特に医療的ケアが必要となる場合には、看護師の配置や保育所の設備・人員体制を理由に、受け入れは難しいと判断されるケースが多い。例えば、厚生労働省による調査[8]では、医療的ケア児を受け入れている保育所等は、2021（令和3）年時点で621施設、受け入れ児童数は768人となっている。2015（平成27）年時点の260施設、303人と比較

図12-2 都道府県別医療的ケア児の受入状況

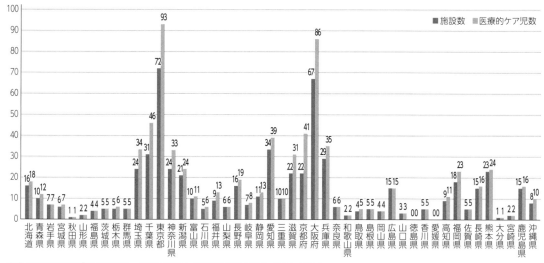

出典：厚生労働省「令和3年度　保育所等における医療的ケア児の受入れ状況」
　　　https://warp.da.ndl.go.jp/info:ndljp/pid/12895174/www.mhlw.go.jp/content/11900000/R4gaiyo.pdf
　　　（2024年11月30日閲覧）

すると、6年間で2倍以上に増えてはいるものの、障害児保育受け入れ児童数
における医療的ケア児の割合は1割に満たない（8.9％）。また、医療的ケア児
の保育所等での受け入れ状況は、東京（72施設、93人）、大阪（67施設、86人）
が多く、受け入れが行われていない自治体もある（図12-2）。

2 「医療的ケア児支援法」と保育所等での受け入れ

　医療的ケア児の保育ニーズの高まりを受けて、2016（平成28）年の改正児
童福祉法では、「医療的ケアを要する障害児が適切な支援を受けられるよう、
自治体において保健・医療・福祉等の連携促進に努める」（第56条の6第2
項）ことが努力義務とされた。2017（平成29）年には、厚生労働省により、保
育所等への看護師等の派遣や保育士が喀痰吸引の認定特定行為業務従事者と
なるための研修の受講等への支援を行う「医療的ケア児保育支援モデル事業」
が開始され、2021（令和3）年には「医療的ケア児保育支援事業」として一般
事業化された。

　2021（令和3）年9月には、「医療的ケア児及びその家族に対する支援に関す
る法律（医療的ケア児支援法）」が施行され、国や地方自治体は、医療的ケア児
や家族への支援に「責務」を負うことが明記された。自治体は、「自主的かつ主
体的に、医療的ケア児及びその家族に対する支援に係る施策を実施する責務を
有する」と規定され、住んでいる地域にかかわらず、医療的ケア児とその家族
が適切な支援を受けられること、家族の付き添いがなくても、医療的ケア児が

希望する保育所や学校等に通うことができるように、適切な医療的ケアができる保育士や看護師の配置を行うこと、また、家族からの相談にワンストップで応じる「医療的ケア児支援センター」を各都道府県に設置すること等が盛り込まれている。

　現在、各自治体において、保育所等における医療的ケア児の「受け入れガイドライン」が作成され、医療的ケア児を受け入れる際の留意点や緊急対応等を定めたマニュアルの整備、保育所等の職員への研修の実施、医療的ケア児の保育所等への入園相談から就学に至る支援体制の整備等が進められている。一部の自治体においては、保育所等に医療的ケア児を受け入れる際の看護師の配置にかかる費用を一部助成する事業、福祉車両を使って通園・通学を支える事業、集団保育が困難な医療的ケア児や障害のある子どもを対象に自宅を訪問して保育を行う居宅訪問型保育事業等が実施されている。また、福祉サービスを利用するための煩雑な手続きのサポートや関係機関の調整を担う「医療的ケア児等コーディネーター」の養成も進められているが、取り組みは始まったばかりである。子どもや家族、保育所等が直面する多様な課題に効果的に対応するためにも、これらの専門家の配置と活用が進められるとともに、さまざまな施策が子どもの生活の視点からまとまりをもって機能するよう、体制の整備・充実が求められる。また、全国的なレベルでの統一された基準やガイドラインのさらなる明確化、保育士や教育関係者への継続的な研修プログラムの提供も必要である。

3. 支援の広がりとつながり

1 児童発達支援・放課後等デイサービス

　2021（令和3）年に公表された「令和3年社会福祉施設等調査の概況」（厚生労働省）によると、児童発達支援事業を行う事業所は1万183施設（利用者数17万8,543人）、放課後等デイサービス事業所は1万7,372施設（利用者数43万8,471人）に達し、2012（平成24）年の制度開設時と比較して児童発達支援事業所は3.6倍、放課後等デイサービス事業所は約5.5倍に増加している。

　児童発達支援や放課後等デイサービスの普及は、地域での身近な発達支援の提供にとどまらず、家庭における子育て支援や社会的孤立にも寄与している。放課後等デイサービスでは、送迎、放課後・休日の余暇活動等を通じて、子どもや家族の社会参加を促進し、また、子育てと就労との両立を強力に支

えている。

　さらに今後は、これらのサービスを含めた地域のリソースの機能的な連携を図り、子どもの多様なニーズに対応しつつ、その健康や福祉を包括的に支える地域支援システムの境界に取り組むことが重要である。すべての子どもがともに育ち、学び合うインクルーシブな環境の実現には保育・教育環境の整備、保育者の専門性向上、施設の改善に加え、すべての子どもが異なるニーズを持っていることへの理解を深め、地域社会全体で取り組むことが求められる。

2 ▶ 民間団体・ボランティアの活動

　障害や病気の有無にかかわらず、子どもは遊びや学びを通じて刺激を受け、成長・発達していく。子どもが健やかに成長・発達していくためには、その適切な環境が保障され、子どもとしての日常が守られる必要がある。

　一方、障害や病気のある子どもは、日常生活における基本的な動作やコミュニケーションの難しさを抱えることがある。発達障害や内部障害等は、外見からはわかりにくく、適切な理解やサポートを得ることが難しい場合も多い。これらに加え、保育所や学校、地域等での偏見や差別、不適切なケア、家族の負担、社会的孤立等の問題も依然として存在する。

　これらの課題に対し、民間団体やボランティア等の活動は、公的なサービスが届きにくいニーズに柔軟に対応することができる。例えば、保育所等に通えない医療的ケア児等のための保育所や日中活動の場を開設して発達を支援する取り組みも増えてきている。また、医療的ケア児の訪問看護やヘル

図12-3 児童発達支援事業所の推移

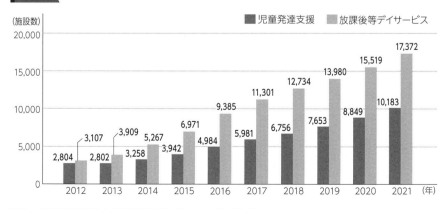

出典：厚生労働省「社会福祉施設等調査」をもとに筆者作成

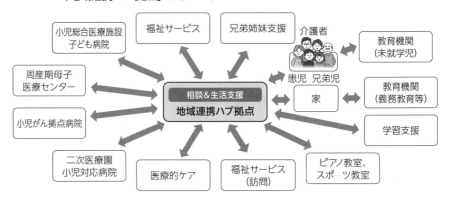

図12-4 障害や病気のある子どもや家族を地域で支える「地域連携ハブ拠点」のイメージ

※地域連携ハブ拠点が繋がる様々な専門家：訪問診療、訪問看護、居宅介護、通所サービス（児童発達支援、放課後等デイ）、療養通所介護、居宅訪問型保育、医療型（特定）短期入所、移動支援、相談支援、地域生活支援、就労支援（子ども、親）、兄弟姉妹支援、福祉系・医療系・教育系サービスetc

出典：日本財団「難病の子どもと家族を支えるプログラム　地域連携ハブ拠点事業について」p.28
https://www.mhlw.go.jp/file/06-Seisakujouhou-12200000-Shakaiengokyokushougai
hokenfukushibu/0000147263.pdf（2023年9月13日閲覧）を一部改変

*4
　日本財団では、「医療的ケアが必要な小児に対応する訪問看護研修」「ICTを活用した退院・復学支援事業」「外出が困難な子どもと家族向け相談カーによる訪問」等、年間を通じて30以上のモデル事業を展開している。

パー等の人材の育成や研修を行う地域支援拠点の設置、障害や病気のある子どもを預けながら、母親が働くことができる事業所の運営等も行われている。そのほか、障害の種別や程度にかかわらず誰もが参加できるキャンプやスポーツイベントの開催等、全国各地で多様な活動が展開されている。

　さらに「地域連携ハブ拠点」*4のように、障害や病気のある子どもや家族が孤立せず、地域で支え合えるコミュニティを形成する取り組みも進められている。これらの活動は、さまざまな領域の専門家やフォーマル・インフォーマルな支援のリソースを地域で集約し子どもや家族の多様なニーズに応じた重層的・包括的な支援を行うことができる。こうした民間団体やボランティア等の活動は、多様なニーズのある子どもを包摂する地域社会の実現に不可欠であり、積極的な協働が重要である。

◆引用文献

1）厚生労働省「医療的ケア児等とその家族に対する支援施策」
https://www.mhlw.go.jp/stf/seisakunitsuite/bunya/hukushi_kaigo/shougaishahukushi/service/index_00004.html（2024年1月30日閲覧）

2）厚生労働省「医療的ケア児とその家族の生活実態調査　報告書」三菱UFJリサーチ＆コンサルティング　2020年　p.27

3）文部科学省「通常の学級に在籍する特別な教育的支援を必要とする児童生徒に関する調査結果について」2022年

4）笹森洋樹・後上鐵夫・久保山茂樹・小林倫代・廣瀬由美子・澤田真弓・藤井茂樹「発達障害のある子どもへの早期発見・早期支援の現状と課題」『国立特別支援教育総合研究所研究紀要（37）』 2010年　pp.3-4

5）NPO法人キープママスマイリング「入院中の子どもに付き添う家族の生活実態調査 2022〈概要〉」2023年

6）内閣府「令和5年版　障害者白書」
https://www8.cao.go.jp/shougai/whitepaper/r05hakusho/zenbun/h2_03_01_02.html#z_03_04（2024年1月30日閲覧）

7）厚生労働省「令和3年度子ども・子育て支援推進調査研究事業 保育所等における障害児に対する保育内容及び関係機関との連携状況等に関する調査 事業報告書」PwC コンサルティング合同会社 2022年

8）「令和3年度保育所等における医療的ケア児の受入れ状況」
https://warp.da.ndl.go.jp/info:ndljp/pid/12895174/www.mhlw.go.jp/content/11900000/R4gaiyo.pdf（2024年1月30日閲覧）

◆参考文献

• NPO法人ホスピタル・プレイ協会「EACH（European Association for Children in Hospital）病院のこども憲章　新訳」2016年　https://hps-japan.net/document/report（2023年8月4日閲覧）

• 厚生労働省「人口動態調査　我が国の人口動態　人口・出生」1975（昭和50）年〜2016（平成28）年
https://www.mhlw.go.jp/toukei/list/81-1a.html（2023年8月4日閲覧）

• 厚生労働省「人口動態統計（報告書）」2017（平成29）年〜2021（令和3）年
https://www.mhlw.go.jp/toukei/list/81-1a.html（2023年8月4日閲覧）

• 厚生労働省「2012（平成24）年〜2021（令和3）年社会福祉施設等調査の概要」
https://www.mhlw.go.jp/toukei/list/23-22c.html（2023年8月4日閲覧）

• 国立循環器病センターホームページ
https://www.ncvc.go.jp/hospital/section/achd/（2023年8月4日閲覧）

• 全国保育協議会『全国保育協議会会員の実態調査2021』社会福祉法人 全国社会福祉協議会　2022年
https://www.zenhokyo.gr.jp/cyousa/r04_07/kaiin2021.pdf

子どもと保護者(養育者)にとって就学はターニングポイント

就学前の保育所や幼稚園、認定こども園では子どもたちは遊びを通してさまざまなことを学び、子どもの生きる力や生涯にわたる人格形成の基礎を培っている。家庭から離れて最初の社会集団のなかで、家族以外の大人である保育者との関係を築き、自分とは異なる考えをもつ他児と出会い、さまざまな感情を引き出す経験を自由に個々のペースで行っているのである。そして、子どもたちの年齢が上がると、教育ステージもステップアップしていくこととなる。

就学後は、これまで自由にのびのびと活動していた園での過ごし方とは異なり、決められた時間、自分の席に座り、先生の話を聞く姿勢を保たなければならない。そして、教師の指示に従ってみんな同じ時間に同じ活動や学習をし、その成果を評価される。このような、就学後の学習形式にすぐに適応できない子どもが一定数いるといわれており、これを「小1プロブレム」と呼んでいる。障害の有無に関係なく小学校入学当初から数か月の間に一時的にみられることが多く、新しい環境で今までと違い、集団のなかで統制される時間が増えると、誰しもが適応に時間がかかることがあり得るということである。

このような「小1プロブレム」を解消するために、文部科学省を中心に幼保小の接続がスムーズに行われるようなカリキュラムが導入されている。小学校では「スタートカリキュラム」といい、小学校へ入学した子どもがこれまでの園での遊びや、生活を通した学びと育ちを基本とし、新しい小学校生活を作り出していけるよう、慣れるまでの間に取り入れてられている。また、幼稚園や保育園、認定こども園では、「アプローチカリキュラム」といい、年長クラスになると徐々に次の教育ステージである、就学に向けて意識できるようなカリキュラムを10月頃から取り入れている。

就学前後は、障害児やその他の特別な配慮を要する子ども、またその保護者の中には不安を抱えている場合もある。適切なカリキュラム作成のためには幼保小の連携が必要不可欠である。

表1 幼児期の教育と小学校教育の違い

	幼児期の教育	小学校教育
教育課程の基準	● 幼稚園教育要領 ● 保育所保育指針 ● 幼保連携型認定こども園教育保育要領	小学校学習指導要領
	● 健康・人間関係・環境・言葉・表現 (5領域)	● 国語　● 生活　● 体育　● 総合的な ● 社会　● 音楽　● 道徳　　学習の時間 ● 算数　● 図画工作　● 外国語　● 特別活動 ● 理科　● 家庭　● 活動
教育課程の構成	経験中心のカリキュラム	教科のカリキュラム (到達目標が設定されている)
教育の方法	遊びを通した総合的な指導	教科等の目標や内容に沿った指導

表2　幼保小の接続を円滑にするためのカリキュラム

アプローチカリキュラム 10月〜3月（年長）	スタートカリキュラム 4月〜数ヶ月（小学1年）
● 幼児期の学びを学校教育につなげるための、5歳児の10月〜3月までのカリキュラム ● 子どもの実態に合わせて、学びの基盤となる経験を積めるよう計画を作成することが求められる	● 入学した子どもが安心して学校生活を送り、主体的に自己を発揮するためのカリキュラム ● 幼児期に親しんだ活動を取り入れ、分かりやすく学びやすい環境を作ることで、子どもが安心して新生活をスタートできるよう計画を作成することが求められる

　特に、子どもに障害がある場合、就学先選びは保護者の多くが直面し悩まされる一つの壁ではないだろうか。通常の学級、特別支援学校、特別支援学級、通級指導教室などの選択肢のなかで、就学時の悩みや、子どもの特性に対してどこが最善なのかといった決断は難しいものである。入学先に迷う親子のために、各自治体で行っている「就学相談」や、就学予定先（特別支援学校、特別支援学級、通級指導教室）への見学・体験を行うことで、どのような課題を抱えた子どもたちが在籍しているのか、また、自分の子ども（子ども本人）がそこへ通うイメージができることで、就学先を判断する一つの情報となるだろう。

　まだ自分では就学先の判断が難しい年齢の子どものために、きっと保護者はたくさん悩んで、たくさん子どものことを考える時間を費やしていることだろう。「一人ひとりに合った教育」と「みんなと一緒に学ぶ」どちらも優先したい保護者の思いがある。大切なのは、その子どもが生き生きと教育活動ができることであり、保護者や教師だけでなく学校や地域も含め、いろいろな大人が、子どもの育ちを見守り応援していくことだろう。もう一方で、その子どもが将来、社会のなかで生きていく力を少しでも備えていくにはどのような教育が必要なのかを視野にいれながら検討していくこともあるだろう。保護者の思いと子どもの特性、理想と現実が合致しないこともあるなかで、各学校が試行錯誤しながら取り組みに励んでいる。ただ、当事者ではない保護者側の特別支援に理解の乏しい人がいるのも事実である。障害のある子どもの理解だけでなく、障害のある子どもを育てる保護者の理解も、地域全体で自然と受け入れ支え合えるような輪が広がってほしいものである。

考えてほしい視点

▶ 就学に関する相談や連携をするにはどのような関係機関との連携や支援の輪を作ればよいだろうか。

▶ 年長クラスでの「アプローチカリキュラム」は、具体的にどのようなことがなされているのか調べてみよう。

索引

▶あ行

ICIDH → 国際障害分類

ICF → 国際生活機能分類

アスペルガー症候群 84

医学モデル 53

石井亮一 .... 32、33

1歳6か月児、3歳児精密健康診査及び事後指導
.... 194

糸賀一雄 114

医療的ケア 116

医療的ケア児 .... 116、201

医療的ケア児支援センター 210

医療的ケア児等コーディネーター 210

岩崎佐一 33

インクルーシブ教育 18

インクルーシブ保育 .... 11、21、174

インクルージョン 21

インチョン (仁川) 宣言 54

ASD → 自閉スペクトラム症

ADHD → 注意欠如・多動症／注意欠陥多動性障害

SDGs 13

LD → 学習障害

応用行動分析 111

音声障害 79

▶か行

学習障害 .... 88、107

喀痰吸引 116

活動 52

感音性難聴 77

環境因子 50

吃音 79

城戸幡太郎 33

気になる子ども .... 20、89、91、173

機能・形態障害 48

基本的生活習慣 155

共生社会 .... 12、13

協働 192

居宅訪問型児童発達支援 60

居宅訪問型児童発達支援事業 206

筋ジストロフィー 94

経管栄養 116

限局性学習症／限局性学習障害 88

健康状態 52

言語障害 78

構音障害 79

広汎性発達障害 84

合理的配慮 15

国際障害分類 .... 47、48

国際生活機能分類 50

個人因子 50

骨形成不全症 94

子ども・子育て支援法 .... 62、63

こども家庭庁 61

子どもの貧困率 119

個別の指導計画 .... 125、127、128

個別の保育支援計画 (教育支援計画) 125

混合性難聴 78

▶さ行

サービス等利用計画案 195

差別 17

サラマンカ宣言 16

参加 52

視覚 (視力) 障害の分類 75

視覚障害 75

自然環境 131

索引

肢体不自由 ……………………………… 73、93
肢体不自由児 ………………………………… 93
肢体不自由の分類 …………………………… 73
失語症 ………………………………………… 79
児童虐待 …………………………………… 120
児童権利条約 → 児童の権利に関する条約
児童相談所 ………………………………… 194
児童の権利に関する条約 …………………… 43
児童発達支援 ……………………………… 193
児童発達支援ガイドライン ………………… 64
児童福祉法 …………………………………… 62
自閉症 ………………………………………… 84
自閉スペクトラム症 ……………… 84、85、109
社会環境 …………………………………… 131
社会的不利 …………………………………… 49
社会モデル …………………………………… 53
弱視 …………………………………………… 76
重症心身障害 ……………………………… 113
重症心身障害児（者）通園事業 …………… 59
巡回支援専門員整備事業 ………………… 206
巡回相談 ………………………………… 149、150
小1プロブレム …………………………… 197
障害児 ………………………………………… 72
障害児支援利用計画案 …………………… 195
障害児等療育支援事業 …………………… 206
障害児入所施設運営方針 …………………… 65
障害者 ………………………………………… 72
障害者権利条約 → 障害者の権利に関する条約
障害者の権利に関する条約 …………… 17、43
障害相談 …………………………………… 194
障害理解 ……………………………………… 15
衝動性 ………………………………………… 87
心身機能・身体構造 ………………………… 52
身体障害者手帳 ……………………………… 66

人的環境 …………………………………… 130
水頭症 ………………………………………… 94
生活機能 ……………………………………… 52
精神障害者保健福祉手帳 …………………… 67
セガン ………………………………………… 28
相対的貧困率 ……………………………… 119
ソーシャル・インクルージョン ………… 12、30
ソーシャルスキルトレーニング ………… 111
阻害因子 ……………………………………… 52

▶た行

ダイバーシティ ……………………………… 14
ダウン症候群 ………………………………… 82
高木憲次 ……………………………………… 93
多動性 ………………………………………… 87
知的障害 ……………………………… 80、81
知的障害者 …………………………………… 81
知的障害の分類 ……………………………… 82
注意欠如・多動症／注意欠陥多動性障害
 ……………………………………… 87、106
聴覚障害 ……………………………………… 77
聴覚障害の分類 ……………………………… 77
通級指導 …………………………………… 184
付き添い入院 ……………………………… 203
津守真 ………………………………………… 34
DCD → 発達性協調運動障害
低出生体重児 ……………………………… 200
伝音性難聴 …………………………………… 77
統合保育 ……………………………………… 23
トゥレット障害 …………………………… 106
ドキュメンテーション …………………… 196
特殊教育 ……………………………………… 17
特別支援学級 …………………………… 184、198
特別支援学校 ……………………………… 198

特別支援教育 ———————————— 18
特別な教育的ニーズ ——————— 16、31

▶な行

難聴 ——————————————— 77
乳幼児健康診査 ———————— 169、170
脳性まひ ————————————— 74
能力障害 ————————————— 48
ノーマライゼーション ——————— 29

▶は行

パール・バック ————————— 28
背景因子 ————————————— 52
発達障害 ————————————— 83
発達性学習症 ——————————— 88
発達性協調運動障害 ——————— 106
場面緘黙 ————————————— 106
バリアフリー ——————————— 49
バンク－ミケルセン ——————— 27
PDCAサイクル ——————— 127、128
非言語的なコミュニケーション —— 157
ヒヤリ・ハット ———————— 115、143
不注意 —————————————— 87
物的環境 ————————————— 130
併行利用 ————————————— 182
ベンクト・ニィリエ ——————— 27
保育所等訪問支援 ———— 59、182、193
保育所保育指針 ———————— 19、63
保育のユニバーサルデザイン ——— 129
放課後等デイサービス —————— 59、193
ポートフォリオ —————————— 196
保健センター ——————————— 194

▶ま行

マルトリートメント ——————— 120
三木安正 ————————————— 33
メアリー・ウォーノック —————— 16、31
盲 ———————————————— 75

▶や行

ユニバーサルデザイン —————— 49
幼稚園教育要領 ———————— 19、64
幼保連携型認定こども園教育・保育要領
———————————————— 19、64
4つのバリア ——————————— 45

▶ら行

療育施設 ————————————— 179
療育手帳 ————————————— 66
ろう ——————————————— 77
ロービジョン ——————————— 76

▶わ行

脇田良吉 ————————————— 33

子どもの育ちと多様性に向き合う
障害児保育
ソーシャル・インクルージョン時代における理論と実践

2024年3月31日　初版第1刷発行

編　　集	小原　敏郎	
	橋本　好市	
	三浦　主博	
発 行 者	竹鼻　均之	
発 行 所	株式会社みらい	

〒500-8137　岐阜市東興町40番地　第5澤田ビル
TEL 058(247)1227（代）　FAX 058(247)1218
https://www.mirai-inc.jp

印刷・製本　株式会社太洋社

ISBN 978-4-86015-619-0　C3337
Printed in Japan
乱丁本・落丁本はお取り替え致します。